田野教学与实践

2021

第一辑

教育部全国高等学校民族学类本科专业教学指导委员会
中央民族大学民族学与社会学学院 编

九州出版社
JIUZHOUPRESS
全国百佳图书出版单位

图书在版编目（CIP）数据

田野教学与实践. 2021. 第一辑 / 教育部全国高等学校民族学类本科专业教学指导委员会，中央民族大学民族学与社会学学院编. -- 北京 : 九州出版社，2022.11
ISBN 978-7-5225-1250-1

Ⅰ. ①田… Ⅱ. ①教… ②中… Ⅲ. ①民族学—教学研究—高等学校 Ⅳ. ①C95

中国版本图书馆CIP数据核字(2022)第189964号

田野教学与实践. 2021. 第一辑

作　　者	教育部全国高等学校民族学类本科专业教学指导委员会 中央民族大学民族学与社会学学院　编
责任编辑	邹　婧
出版发行	九州出版社
地　　址	北京市西城区阜外大街甲 35 号 (100037)
发行电话	(010)68992190/3/5/6
网　　址	www.jiuzhoupress.com
印　　刷	北京捷迅佳彩印刷有限公司
开　　本	710 毫米 ×1000 毫米　16 开
印　　张	16.75
字　　数	260 千字
版　　次	2022 年 11 月第 1 版
印　　次	2022 年 11 月第 1 次印刷
书　　号	ISBN 978-7-5225-1250-1
定　　价	89.00 元

目录

近郊农村“候鸟式”家庭儿童抚育过程的职能分工和代际关系

——以北京市怀柔区长哨营满族乡八道河村为例①

中央民族大学民族学与社会学学院 2019 级民族学（孝通班） 李欣然

指导老师 刘思遥 胡 琰

摘要：伴随着社会转型，中国家庭类型和变迁过程的多样化成为当前学界关注的重要问题。本文通过人类学田野民族志的方法，以北京市怀柔区长哨营满族乡八道河村为调研地，将当地的一种特殊家庭类型——“候鸟式”家庭作为研究对象，探究“候鸟式”家庭儿童抚育过程中的代际合作和权力关系。论文发现，“候鸟式”家庭在儿童抚育过程中呈现出“养”“育”分离和资源向下倾斜的特点。伴随着家庭成员在两地的移动，代际间呈现出职能变动和权力流动，祖辈对于家庭的作用重新凸显。基于家庭现代化理论，本研究认为“候鸟式”家庭的代际合作体现了中国家庭的发展与变迁并不完全趋同于西方国家家庭变迁的道路，而依然具有差序格局的亲情伦理特点。

关键词：家庭现代化；“候鸟式”家庭；儿童抚育；隔代教养

① 本文为“教育部首批新文科研究与改革实践项目《民族学、社会学、考古学交叉培养复合型人才的创新与实践》（2021100016）”的中期成果。

一、问题的提出

家庭是最基本的社会细胞，是实现儿童社会化、经济合作、情感支撑的基本单位，而家庭的变迁发展也能反映时代的发展与变化。当下中国正处于快速的社会转型时期，城乡发展变化、生育政策转变、育儿观念的转变等对中国家庭特别是农村家庭产生了重大影响。农村地区的隔代教养不再是传统的仅有祖辈（指儿童的祖父、祖母或外祖父、外祖母）长期照顾的形式，近郊农村家庭中的父辈（指儿童的父母）在休假之时就会回到村中，平时也利用互联网远程参与到儿童的教养中。农村家庭模式发生改变，不同于早期家庭现代化理论提出的从传统大家庭向小家庭的单线进化模式——八道河村出现了祖辈与父辈联系紧密、家庭成员在两地移动的特殊家庭，笔者将这种家庭类型称为“候鸟式”家庭。基于此现象，本文想探寻如何定义和理解“候鸟式”家庭。具体而言，即“候鸟式”家庭中祖辈和父辈在儿童抚育过程中各自承担了何种职能，儿童抚育中具体事务的决策和话语权如何在代际间分配，以及新型的家庭模式是否会影响家庭内部的代际关系和权力关系？

本文希望基于家庭现代化理论，通过对田野地“候鸟式”家庭成员的访谈和参与式观察，结合个案分析新型家庭模式中祖辈和父辈参与儿童抚育的模式，探究儿童抚育过程中的代际合作和权力关系，探讨现代化城乡发展背景下中国家庭的变化与转变。

二、文献综述

1. 家庭现代化理论

现代化理论自 20 世纪 60 年代以来一直是家庭社会学研究者的主要分析工具。早期的现代化理论一方面受进化论思想的影响，认为家庭现代化的历程是按照西方国家家庭发展范式演进的，另一方面受帕森斯结构功能主义学说的影响，从结构分化的角度强调核心家庭、夫妇式家庭与个人主义价值观念和工业化之间的适

应性。在这种视角下，家庭现代化理论提出，随着工业社会和后工业社会的转型，家庭模式发生了从扩大家庭到核心家庭、从核心家庭到个体化家庭的变迁。①

但伴随着后发展国家家庭变迁的多样化，越来越多的学者开始反思和批评以西方为中心、将传统与现代划分过于割裂的家庭现代化理论。一些学者对于帕森斯的观点提出了质疑，从以往强调个人主义的研究转变为重新肯定传统的大家庭亲情和亲属网络在社会转型中的积极作用。苏斯曼通过已婚女儿在生育后仍然与母亲保持高度联系的现象，发现工业社会的地理距离并没有破坏家庭纽带，亲属间相互援助的模式和情感上的支持依然存在。②

面对中国社会转型过程中多样化的家庭类型和变迁过程，国内学者认识到，家庭现代化理论中家庭类型的概念适用于对中国家庭的分析，但该理论并不能提供对中国家庭变迁的全面解释。唐灿提出中国的家庭有其特殊性，是基于中国传统演变而来的，中国家庭变迁方式是适应中国社会变迁的，在研究中更应该关注中国家庭变迁的过程是如何发生并如何平衡传统和现代的态度的。③

2. 中国家庭的隔代教养和代际抚育

（1）中国传统家庭的抚育和代际分工

费孝通在《生育制度》中提出，中国传统社会呈现的是差序格局的社会结构，社会关系是逐渐从个人推的，是由无数私人关系构成的网络，这个网络的每一个结都附着着一种道德要素。在家庭中，亲属关系也建立在这种血缘伦理上。中国传统家庭中存在父子纵轴关系和夫妻横轴关系，父子关系是家庭亲属关系的核心。家庭中的决定权主要在父亲手中，而在婆媳之间，儿媳也必须听从婆婆的话语。在小农经济生产中，中国家庭是组织计划生产最重要的主体，以家庭、家族、宗族为单位，聚族而居、协作生产。在多世同堂的家庭中，祖辈作为家庭中的长

① 唐灿：《家庭现代化理论及其发展的回顾与评述》，《社会学研究》2010年第3期，第199—222页。

② 唐灿：《家庭现代化理论及其发展的回顾与评述》，《社会学研究》2010年第3期，第199—222页。

③ 唐灿：《家庭现代化理论及其发展的回顾与评述》，《社会学研究》2010年第3期，第199—222页。

者，对于后代的教养也在宗族制的家庭中完成。[①] 为了实现父子关系的延续，中国家庭往往“分家同宅”。许烺光指出，为了实现大家庭的理想，家庭往往采用同宅分家的形式，使得大家庭依然存在，小家庭有一定自由而祖辈在权力上形成退让。[②]

在中国传统宗族制度社会中，婚姻家庭主要是为了满足生殖和抚育需要而建立的。家庭实行的是以两性分工为基础的双系抚育，强调了夫妇和亲子的三角关系。在中国传统“严母和慈父”的两性分工中，女性承担了生理抚育的主要职责。祖辈女性会参与到尚未自立门户的夫妻照料幼儿的工作中。[③]

（2）社会转型中家庭的代际抚育

伴随着中国社会的发展，阎云翔发现国家在集体化时代对道德的社会主义改造和非集体化商品经济与消费主义的冲击，造成了个人主义的兴起和孝道的衰落。为了应对这种变化，祖辈往往更积极地帮助下一代分家，努力加强与下一代的交流。相比于以往分家同宅的形式，祖辈的这种变化体现出他们在权力上更主动和更多的退让。同时，计划生育政策的实施推动了家庭结构和生育观念的改变，女性在家庭中的权力和地位有所上升。总之，在改革开放后，中国家庭以往的大家庭形式发生改变，传统家庭中纵向的父权衰弱，夫妻横轴间亲密关系的地位日益重要。[④] 换言之，在这一阶段，家庭现代化理论中提及的扩大家庭向核心家庭的转变确实在中国出现了。

但是当阎云翔近年来重新回到下岬村时，他发现现代家庭核心化和个体化的趋势已经发生改变，新婚夫妇建立家庭后不再选择脱离原先的大家庭，反而与祖辈的联系更加紧密。祖辈为家庭提供了很多帮助，特别是在儿童抚育方面。[⑤] 区别于传统的代际抚育，农村家庭呈现出代际合作抚育的局面。一方面，随着移动

① 费孝通：《乡土中国：生育制度》，北京大学出版社，1998，第 20—55 页。

② 许烺光：《祖荫下：中国乡村的亲属人格与社会流动》，南天书局，2001，第 93—105 页。

③ 费孝通：《乡土中国：生育制度》，北京大学出版社，1998，第 100—210 页。

④ 阎云翔：《私人生活的变革：一个中国村庄里的爱情、家庭与亲密关系（1949—1999）》，上海书店出版社，2006，第 237—257 页。

⑤ 阎云翔、杨雯琦：《社会自我主义：中国式亲密关系——中国北方农村的代际亲密关系与下行式家庭主义》，《探索与争鸣》2017 年第 7 期，第 4—15 页。

通信技术和互联网的发展、农村与城市的关系越发密切，农村父辈和祖辈的育儿观念和方式受到冲击；另一方面，农村育儿也逐渐呈现出半精细化、半科学化、高成本和高期望的发展趋势，由于父辈和祖辈在育儿实践中观念和能力的差异，儿童抚育中的职能分工、权力分配、代际关系等问题也日渐突出①。

在关于儿童抚育的职能分工和权力分配研究方面，肖索未总结提出代际抚育家庭内部“严母慈祖”的分工和权力格局，母亲是育儿的“总管”，掌握儿童成长事物的话语权和决策权；祖辈则以“帮忙者”的身份进入儿童抚育和家庭照料的工作，在家庭事务的决策和话语权上位于边缘地位。②王兆鑫加入了性别视角，提出了“台前幕后”式的农村代际抚育模式和权力格局。一方面，祖辈女性承担起儿童日常照顾的任务，即“台前”；祖辈男性在幕后提供经济和劳务支持，即“幕后”。另一方面，儿童抚育进程中的相关决策权呈现出父辈“台前”强权力，祖辈“幕后”弱权力的代际权力关系。③祖辈参与家庭儿童的抚育减轻了父辈照顾家庭和养育儿童的压力，有效弥补了农村地区育儿市场的缺位。对于祖辈来说，这也是一个丰富自身生活，不断学习提升自我的过程。与传统家庭不同的是，情感要素在当代家庭关系中占据十分重要的地位。④

可见，随着中国的城乡发展与社会转型，家庭结构发生变化，家庭内部隔代教养和代际间的合作抚育成了许多学者关心的话题。现有研究关注到了传统家庭的以父子纵向关系为主轴和父权的特点发生了变化，当前家庭具有更强的核心化特点，夫妻横轴的情感因素增强，虽然祖辈参与儿童抚育，但决策权和话语权主要由父辈尤其是母亲掌握。但是笔者想指出，祖辈这种具有牺牲性质角色的参与，显然依然是代际纵向关系的体现，是家庭资源代际向下倾斜的特点。此外，这些研究注重的是家庭关系的讨论，但社会变迁也带来了家庭模式的转变，尤其是因

① 王兆鑫：《“台前幕后”：农村家庭儿童抚育过程中祖辈、父辈的职能分工和代际关系》，《社会建设》2020 年第 2 期，第 54—65 页。

② 肖索未：《“严母慈祖”：儿童抚育中的代际合作与权力关系》，《社会学研究》2014 年第 6 期，第 148—171 页。

③ 王兆鑫：《“台前幕后”：农村家庭儿童抚育过程中祖辈、父辈的职能分工和代际关系》，《社会建设》2020 年第 2 期，第 54—65 页。

④ 唐晓菁：《城市“隔代抚育”：制度安排与新生代父母的角色及情感限制》，《河北学刊》2017 年 1 期，第 160—164 页。

注重儿童教育而形成的周期性流动。

3. 流动家庭与家庭两栖化

本文提出的“候鸟式”家庭与流动家庭和家庭两栖化的研究息息相关。早在2000年就有学者提出了“流动家庭”这一概念。伴随着农村流动人口的增加，有学者进一步提出了“流动家庭化”的概念，认为农村人口流动在规模不断扩大的同时发生了由分散的流动向家庭化的结构转变[①]。“流动家庭”逐渐成为学界关注的重要农村家庭类型，学者们重点探讨了流动家庭对家庭结构和功能的影响。

从家庭整体结构功能的角度来看，流动家庭成员长期分居会带来农村家庭离散化趋势，对农村家庭结构功能产生巨大冲击[②]。从家庭教育的角度来看，“流动子女”家庭教育要更优于“留守子女”，这种比较优势是促成农民工外出家庭化的重要原因之一[③]。但由于社会经济的发展与农村土地制度和养老服务体系不健全，家庭代与代之间异地居住和农村流出家庭返乡的情况增加。这种农村人口在城市拥有住房并长期居住的同时，依然没有放弃农村宅基地使用权，即农村居民在城市和农村均进行居住的现象，称为家庭两栖化[④]。在本研究中，城市近郊农村的家庭流动的情况相对复杂，流动具有周期性且这种周期性流动以儿童抚育为中心，虽然存在两栖化的形式但不能全面概括村内所有的周期性流动家庭类型，故而本文将家庭中有成员随时间有规律地在两地来回移动的家庭模式用“候鸟式”家庭这一概念加以概括。

在农村地区，由于青壮年的流出，留守儿童和代际抚育成为学者研究的焦点。伴随着城乡之间流动性增加，农村流动家庭和家庭两栖化随之出现，促进了家庭内部的代际合作抚育。目前学界对于农村劳动力流动形成的儿童抚育代际间职能分工和关系的研究还较为缺乏，因此，本研究以笔者2021年7月中旬至8月中旬在北京市怀柔区长哨营满族乡八道河村的调研为基础，希望通过对当地“候鸟

---

① 郭江平：《农村人口流动家庭化现象探析》，《理论探索》2005年第3期，第56—58页。

② 金一虹：《流动的父权：流动农民家庭的变迁》，《中国社会科学》2010年第4期，第151—165页。

③ 许传新：《家庭教育：“流动家庭”与“留守家庭”的比较分析》，《中国青年研究》2012年第5期，第59—62页。

④ 李国祥、王克强：《基于规模变迁视角的家庭两栖化研究——来自新中国成立70年的经验证据》，《农业技术经济》2019年第9期，第4—15页。

式”家庭内部儿童抚育的代际合作和关系的分析，丰富这方面的研究。本文基于田野材料的分析指出，在“候鸟式”家庭中，家庭中纵向的权力关系继续呈现出祖辈主动退让的形式，但是在儿童抚育的环节中，祖辈对于整个家庭的作用也在重新凸显，这是家庭中纵向关系在当前新的变化形式。独生子女政策和儿童抚育成本的不断提升，促使家庭将更多的资源投入到下一代中。在两性分工的环节中，儿童抚育仍呈现出双性抚育的形式，但男性与女性之间的职能分工发生了交融。后文将围绕村中三种“候鸟式”家庭类型展开论述。

三、田野地介绍与研究方法

1. 田野地介绍

此次田野地点是北京市怀柔区长哨营满族乡八道河村。八道河村位于长哨营满族乡西北部，是满族村之一，距怀柔城区 80 千米，据长哨营乡政府 12 千米。村庄位于 G111 国道旁，交通十分便利。

据 2021 年村委会统计，八道河村现有 266 户，总人口为 577 人。村民多为满族人，且以彭姓为主。村中 40—60 岁年龄段的人口最多，有 234 人。20—40 岁的青壮年为 109 人，20 岁以下的青少年和儿童共 66 人。虽然青壮年在人口中占比不少，但是村中平日生活最多的是中老年人和儿童，大部分青年人都到了乡镇或者城市工作生活。很多家庭甚至已经全家搬到了城区生活，仅在周末或者寒暑假时回到村中居住。

八道河村民的收入主要由工资收入、家庭经营收入、转移性收入、财产收入组成。其中，工资收入主要是外出打工，占收入比例的大部分。八道河村村民的日常生活深受现代化影响。虽然村民居住的房屋建筑仍然保留着传统的结构和形式，但是内部装修风格逐渐向城市靠近。电视、电冰箱、微波炉等已经成为家庭的常见家具。无线网络在村中十分普及，智能手机成了许多中老年人必不可少的工具，玩手机成了许多村民打发时间的方式。

八道河村的教育资源比较匮乏，村中没有任何学校。离八道河村最近的学校是位于隔壁七道河村的幼儿园，村中很多儿童都在那上学。整个长哨营满族乡只

有一个长哨营满族乡中心小学。这个小学位于长哨营乡镇，距离八道河村 7.7 千米。由于八道河的教育资源比较落后，八道河村的很多家庭都选择让儿童到城区更好的学校就读。

2. 研究方法

参与式观察是此次研究的主要方法。首先，笔者选择在村民聚集的地方参与他们的日常聊天，与村民们建立关系并了解村落和他们家庭的基本情况。笔者也选取了诸如篮球场和广场这些儿童聚集场所作为参与式观察的地点。通过日常接触，笔者主要与 13 个属于“候鸟式”家庭的村民建立了联系和信任，成功进入他们家庭内部观察并参与到儿童抚育的进程中。

在参与式观察的基础上，笔者结合八道河村的具体情况与“候鸟式”家庭的特点，制定了访谈提纲，并在征得报道人同意后，进入其家中进行深度访谈，每次访谈时间平均为 1 小时左右。由于祖辈是村中儿童抚育的主要参与者且父辈因工作原因主要停留在城市，祖辈成了笔者主要的受访对象。笔者也在日常的参与式观察中对报道人和其他村民展开了不同程度的非正式访谈。

四、“候鸟式”家庭类型与个案介绍

1.“候鸟式”家庭的发现与定义

“候鸟式”家庭是指家庭中有成员随时间有规律地在两地来回移动的一种家庭模式。流动性是“候鸟式”家庭最主要的一个特点，流动的方式是固定的，通常是在乡村和城市之间来回移动，并且家庭在两地都拥有一个固定住所。规律性和时间性也是“候鸟式”家庭的重要特点。八道河村“候鸟式”家庭的流动时间基本是固定或者有规律的，大部分家庭都在周末或者寒暑假时发生流动。相比于传统安土重迁的家庭模式和从前的流动家庭与家庭两栖化，“候鸟式”家庭有着自身的独特性。伴随着时间和地点的迁移，家庭中儿童抚育的职能分工也会随之变动。而在“候鸟式”家庭中，祖辈和父辈的联系仍十分密切，两代人都参与了儿童的抚育。因此，探究这种新型“候鸟式”家庭中儿童抚育过程中的代际合作和权力关系成了本次研究主要关注的问题。

2. 三种“候鸟式”家庭类型与个案介绍

经过调查走访，笔者依据家庭中流动成员的身份和家庭流动程度将在八道河村接触到的“候鸟式”家庭分为三类，分别是父母候鸟型家庭、儿童候鸟型家庭和复杂候鸟型家庭。下面笔者将结合个案分别介绍这三种“候鸟式”家庭类型。

（1）父母候鸟型家庭

父母候鸟型家庭指家庭中儿童和祖辈长时间共同生活在一起，由祖辈负责平日儿童的抚育，而儿童的父母在外工作，休假时回到村中。

冯阿姨家中一共六口人，分别是冯阿姨、冯阿姨的丈夫、冯阿姨的儿子和儿媳、大孙子君君和小孙子林林。冯阿姨和她的丈夫与儿子、儿媳、孙子分房而居。但两个房屋紧挨在一起，房门大部分时间呈现开放状态，方便家人在两个房屋间移动。冯阿姨今年 64 岁，平日主要待在家中从事家务劳动，负责照顾两个孙子。冯阿姨的丈夫今年 66 岁，和冯阿姨一起居住在村中，平日在村中干一些零活。儿子在长哨营的电厂工作，儿媳在长哨营的加油站工作。两人平日都在乡镇工作和居住，休假时才回到村中，回村的时间一般间隔两到三天。大孙子君君今年 13 岁，之前一直在长哨营小学上学，今年刚刚毕业。小孙子林林今年 4 岁，现在在七道河村的幼儿园上学。

（2）儿童候鸟型家庭

儿童候鸟型家庭指家庭中儿童平日里和祖辈或者父辈共同居住生活，当儿童放假时，儿童就来到父辈或者祖辈的居住地与其共同生活。

章阿姨今年 43 岁，目前和丈夫在八道河生活并经营一个小卖铺。章阿姨和丈夫的老家是河北省丰宁县，但两人已在八道河生活了十几年。章阿姨有两个孩子，大女儿颖颖今年 19 岁，下学期上高三，小儿子琪琪今年 10 岁，下学期上五年级。两个孩子都在丰宁读书，大女儿平时寄宿在学校。他们在周末和寒暑假就会来八道河村和章阿姨一起居住。

（3）复杂候鸟型家庭

复杂候鸟型家庭指儿童平日与祖辈和父辈共同生活在一起，在放假时祖辈或者父辈带儿童回到村中生活居住。相比于前两者类型，复杂候鸟型家庭中有更多的家庭成员在两个居住地之间移动，移动的情况也更为复杂。

汪阿姨的家庭是村中复杂候鸟型家庭的一个典型代表。汪阿姨家中有五口人，分别是汪阿姨、汪阿姨的丈夫李叔叔、汪阿姨的儿子、儿媳、孙子。汪阿姨今年 64 岁，李叔叔今年 63 岁，两人都已退休在家。儿子在一个合资企业上班，儿媳是北京市区某三甲医院的护士。孙子帅帅今年 10 岁，下学期读小学五年级。一家人现在已经搬到了丰台区居住，孙子也在丰台区上学。放假时汪阿姨和她丈夫带着孙子回到村子居住，平时周末也会偶尔回来。儿子和儿媳周末不上班时也会回到村中。

孙阿姨的家庭也属于复杂候鸟型家庭。孙阿姨和老伴一起生活在村中，家中经营着一个民宿和小卖铺。孙阿姨的老伴在村委会任职，负责村中的文娱活动，偶尔也会帮忙打理民宿和小卖铺。孙阿姨的女儿现在没有正式工作，在空闲时间经常会到民宿帮忙，她在民宿的建立和经营上提供了很多建议。女儿和丈夫的家人一同居住，为了孩子的教育，全家从朝阳区搬到了海淀区，周末和放假时女儿和丈夫会带着孩子回村中。外孙女星星今年 11 岁，下学期读小学六年级。

五、祖辈与父辈的职能分工："养""育"分离

1. 被迫缺位与望子成龙的父辈

在"候鸟式"家庭中，儿童的父辈因为工作原因缺少照顾和陪伴儿童的时间，因而只能选择将儿童托付给祖辈照料。但父辈长时间的离开并不意味着他们不参与儿童的抚育和成长，相反，他们会创造各种机会参与儿童的抚育过程。冯阿姨家君君和林林的父母在休假时就会从县城回到村中，章阿姨在周末和寒暑假时就会把儿女接到八道河村和自己居住在一起。汪阿姨带帅帅回到村中时，帅帅的父母也会在周末从城区来到八道河村。除了利用休息时间尽可能地待在儿童身边，儿童的父辈在平时也会利用手机联系儿童，询问他们生活和学习的状况，和儿童聊天，加强感情联系。父辈对自己在儿童成长中重要作用的认知和对祖辈照料孙辈的不信任是其积极参与儿童抚育的重要原因。

父辈在抚育过程中格外重视儿童的教育，包括学业成绩、兴趣培养、个人素质等方面。其中，对于儿童学业成绩的关注是最多和最突出的。帅帅的妈妈每天

下班回到家中就开始辅导帅帅写作业，坐在一旁监督直到帅帅写完作业。为了提高帅帅的学习成绩，父母给他安排了英语和语文补习班，由母亲负责接送。帅帅还需要完成父母额外布置的学习任务，比如阅读一本名著并写读后感。父母也为他报名了书法班，并且特意找了一个有名的书法老师。

作为两个孩子的母亲，章阿姨也表示出了她对两个孩子教育的重视。大女儿颖颖即将面临高考，章阿姨对于她的学习成绩和未来方向十分关注。小儿子琪琪在读小学，章阿姨平时不在琪琪身边时，会让小儿子通过拍照或者视频的方式让自己检查他的作业。章阿姨特别提到，自己常常去和琪琪的老师沟通，因为她觉得父母平时都不在琪琪身边，希望老师可以多费点心，多帮忙照看下琪琪。

孙阿姨家中星星的母亲也格外重视孩子的教育。星星一家人之前居住在朝阳区，为了能让孩子受到更好的教育，他们搬到了海淀区居住。在平日里，星星的母亲主要负责作业辅导。在访谈时，星星的母亲经常会提到星星平日里写作业的状态。为了培养星星，星星的父母从小就为她报名了舞蹈和声乐的兴趣班。

对于儿童的父辈来说，自身没有办法长时间陪伴在儿童身边并参与儿童日常生活的照料是一种无奈之举。父辈的工作收入是家庭中主要的经济收入，因此，为了能给家庭提供必要的经济支撑，他们选择将更多的时间和精力投入工作。而又因为八道河村的经济比较落后，工作机会比较少，许多村民都选择带着家人前往城市生活，或者自己到外面工作生活。在生活的负担与压力之下，家庭中的祖辈自然承担起了儿童日常照顾的任务，也就是“养”的环节。而父辈虽然缺失了“养”的环节，但他们并没有完全退出儿童的养育过程，而是将大部分时间和精力投入到儿童的教育，也就是“育”的环节。在儿童父母的心中，教育是孩子成长中非常重要的一个部分。特别是在今天的教育环境之下，儿童的学业成绩与儿童的未来紧密相关，因而大部分家长都格外重视孩子的学业。除了每天辅导儿童写作业，家长们为了让孩子能够拥有或者保持一个好成绩，还会给儿童安排额外的作业和课外辅导。为了能让儿童接受更好的教育，儿童的父母也是尽自己最大的努力帮助儿童上一个更好的学校，比如星星的妈妈特意从朝阳区搬到了海淀区，君君和林林的妈妈也要辞去工作带孩子去怀柔区上学。同时，兴趣爱好和综合素质也是当前父母看中的一点。大部分家庭都给儿童报名了一至两个兴趣班。对于儿童的父母来说，无论是对学业还是兴趣方面的重视，最终都是为孩子的未来做打算。帅帅的父母对帅帅有很大的期望，特别是在学业成绩上要求很严格，希望他将来能读一个好学校。星星的母亲安排孩子学习舞蹈和声乐，也是考虑到她以后可能有机会通过艺术特长进入到更好的学校。

2. 日常照料与情感培育的祖辈

"候鸟式"家庭中的祖辈在儿童抚育过程中发挥了很大的作用。父辈在儿童抚育过程中"养"环节的被迫缺席，让祖辈承担起了儿童日常生活照料的主要职责。从衣食住行到上学接送，这些环节基本都是由祖辈完成。

"两个孩子都是我带大的"，这是冯阿姨在谈话中经常提到的一句话。由于儿子和儿媳都在县城工作，老伴要外出干活，两个孩子平时都由冯阿姨照顾。小孙子林林平时常常和冯阿姨待在一起，母亲不在家中的晚上也和冯阿姨一起睡。即便是妈妈回到村中，林林也更愿意和奶奶一起睡。

对于汪阿姨来说，照顾孩子是她目前最主要的一件大事。在帅帅出生后，汪阿姨为了能更好地照顾他，辞去了一份自己很满意的工作。在城市居住时，汪阿姨负责给全家人做饭，孙子帅帅的食物包括正餐、水果、酸奶等都是由汪阿姨准备的。汪阿姨也负责给帅帅准备每天所穿的衣物，帮帅帅清洗衣物，送帅帅上下学等。总之，汪阿姨基本负责了帅帅衣食住行的所有环节。当汪阿姨和老伴带着帅帅回到八道河村时，帅帅的衣食住行依然由汪阿姨主要负责。除了照顾帅帅日常生活的点点滴滴，每天晚上，汪阿姨或者李叔叔还会带着帅帅到村中的篮球场打篮球。

祖辈是儿童抚育过程中的一个"主力军"。相比于父辈，祖辈在日常生活中对于儿童的陪伴和照料更多，付出的体力劳动也更多，他们也愿意为了儿童的抚育和家庭的发展而做出一些牺牲。在长时间的照料中，儿童和祖辈之间也会形成一种亲密关系。儿童往往很依赖祖辈，有的儿童对其的依赖甚至超过父辈。在大众的印象中，祖辈往往是一个"溺爱"子女的形象，他们常常不会对儿童做出太多管教，对儿童百依百顺。但是这些家庭中展现出来的事实却并非如此。一方面，大部分受访者都觉得相比于父辈，祖辈对待儿童的管教会更宽松，这对儿童的成长非常不利。另一方面，祖辈也会监督儿童的日常行为，甚至会实施相应的管教措施。

对儿童作业的辅导和监管是祖辈对儿童管教最重要的一部分。在受访家庭中，基本上所有的祖辈都承担了父辈不在儿童身边时儿童作业的辅导和监管的职能。比如汪阿姨每天都会在帅帅旁边监督他写作业，只有当他完成规定的任务，才允许他放松和出去玩耍。祖辈对于监管儿童写作业的重视，背后体现的也是他们对于儿童教育的重视和关注。冯阿姨曾向我表示长哨营的教育资源比较落后，并且现在儿童在学业上的竞争是十分激烈的。所以对于儿媳要辞去工作带儿童去怀柔区上学的决定她十分支持。汪阿姨也十分重视儿童的教育问题，虽然她认为帅帅的学业压力很大，但自己并不心疼他。“我非常赞同儿媳的教育理念，作为家长应该严格要求孩子。很多老人对孩子很溺爱，但这样反而会害了他。如今的社会竞争十分激烈，如果现在孩子不好好学习，将来就没有优势。”汪阿姨这样表示道。汪阿姨的老伴李叔叔也认可孩子教育的重要性，特别是学业教育的重要性。当帅帅的母亲因为学业教育帅帅时，他尽管心疼孙子，也不会上前阻止。

受访家庭中的祖辈都会格外重视儿童的一些不良行为，比如语言表达。“我平时会特别注重不让孩子说脏话。不像我们村中有一些孩子，平时经常说不文明的话。我们家的孩子要是敢说，我都会教育他。”这是冯阿姨在访谈时告诉我的，她觉得说脏话是一种不文明和缺乏教养的事，所以她在平时会格外纠正他们说脏话的不良行为。帅帅的奶奶汪阿姨也格外重视这一点，当孙子说出一些不文明的语言时会立刻教育他。为了不让帅帅养成坏习惯，汪阿姨还会特别注重帅帅玩伴的素质。

祖辈对儿童的监管还体现在对儿童电子产品使用上的管控。大部分祖辈都表示，电子产品会给儿童带来不良影响，因此他们会限制儿童使用电子设备的次数和时间。汪阿姨带帅帅回村中居住时会限制帅帅玩 ipad 的时间，每次 20 分钟左右，家中 ipad 的网络连接的是汪阿姨手机的数据流量，汪阿姨也能借此严格控制帅帅上网的时间。同时，帅帅玩手机和看电视的时间也是有严格限制的。孙阿姨在采访中也提到了电子产品对孩子的负面影响，因为外孙女在家中会长时间的玩电子产品，所以自己也会监督她使用的时间。

相比儿童父辈在教育上的严厉管教和望子成龙的期待，祖辈对于儿童的管教更多体现的是一种情感培育，侧重的是对儿童日常行为和素质的管教。在长久的日常照料中，祖辈与儿童培育出了深厚的感情。而祖辈也很乐意看到儿童对自己表现出依赖、信任与喜欢的感情。因此，尽管祖辈不会溺爱儿童，但他们在进行管教时还是会注重情感的维护。“现在孩子长大了，也没什么好管的了。以前我对孩子的管教还是挺严的，但是她后面似乎有些怨言和情绪。有次我和孩子的妈妈打电话，说要看看孩子，她就在一旁说外婆总是很喜欢管她。平时她也不怎么喜欢和我视频。后面我就管得少了，还是让孩子的妈妈管她。”孙阿姨提到的这段话是很多祖辈内心的想法。当面对儿童对自己的疏远时，祖辈的内心会感到伤心和难受，为了能继续保持和儿童的亲密关系，在这种情况下，祖辈也会改变自己对待儿童过于严厉的方式。

对于祖辈来说，照顾儿童也不是一件轻松的事，他们也面临着很多挑战。对电子设备和互联网操作的不熟练与自身知识和身体的限制，是大部分祖辈面临的共同问题。随着儿童的年级上升，难度日益增长的作业也给祖辈带来了很多苦恼，他们没有办法帮忙检查和辅导儿童的家庭作业。由于承担了儿童抚育中的很多职能，祖辈也感受到了压力和辛苦，他们自身也认为祖辈在儿童抚育中的压力过重，一些老人甚至将自己比作“保姆”。但由于父辈要承担家庭经济压力的客观条件与祖辈对于家庭和孩子的情感，即使祖辈感到辛苦和疲惫，也不会过多地抱怨或者退出儿童抚育的过程。祖辈们认为自己的付出是值得的，是出于对孩子的爱，也是为了整个家庭。

六、“迁徙”中权力关系的强弱转变：祖辈的退场与补位

在“候鸟式”家庭中，尽管父辈和祖辈时常会分居两地，两代人之间的联系仍然是比较紧密的，对儿童的共同抚育是祖辈和父辈之间最为重要的连接点。在儿童抚育的过程中，父辈常常扮演着决策者的身份，特别是儿童的母亲在决策上往往拥有很大的话语权。而祖辈则扮演着执行者的身份，负责儿童的日常照料和辅助型的家庭事务。代与代之间如何处理好职责的冲突与权力的分配，成了家庭儿童抚育代际合作的核心问题。面对这种情况，祖辈们往往会做出退让，他们选

择不过多干涉父辈对于儿童抚育的相关决策，在抚育的过程中努力维护代际的亲密关系。

在汪阿姨家中，儿子和儿媳是家中大事的决策者，儿童的相关事务都由他们决定，包括帅帅学校、辅导班和兴趣班的选择，给帅帅布置学习任务等。特别是帅帅的母亲对于帅帅学习方面的教育十分严格。而汪阿姨对帅帅母亲在学业上的严格要求不仅没有表示反对和不满，反而十分支持帅帅的母亲。“现在的孩子是挺累的，但我一点儿也不心疼他。我非常支持我儿媳的教育理念，对待孩子就是要严格一些。其实她（儿媳）也是很辛苦的。每天下班回到家就坐在旁边陪孩子写作业，孩子写完作业才会离开，十分不容易。”面对儿媳对于帅帅教育的严厉要求和付出，汪阿姨表示了理解。她甚至作为孙子和儿媳之间的“和事佬”，劝说帅帅要体谅和理解母亲对他的严格要求。

祖辈在抚育儿童时会形成一种独特观念，他们认为相较来说孙子（女）、外孙子（女）是女儿或者儿子的孩子，而不是自己的孩子，自己抚育儿童的过程只是帮儿童的父母照顾孩子，和照顾自己的孩子的情况有所区别。因此，在这种观念下，祖辈在照顾儿童时会格外小心谨慎，不会多加干涉父辈对儿童的管教。冯阿姨在访谈中这样对我说：“孙子和自己再怎么亲，始终都不是自己的孩子。我平时都会特别注意，不敢让他磕磕碰碰。”汪阿姨也有相同的想法，在谈到老人溺爱孙子的问题时，汪阿姨表示：“现在的很多老人都不太注意，随便就把自己的手机给孩子玩，导致他们对手机上瘾。但是我从来都不会给孙子玩自己手机的机会。要是我把手机给孩子玩了，孩子不好好学习，那就是我的责任，到时候可能就会说是奶奶惯的。如果我不给他玩，我的责任也就推卸了。虽然平时孙子的爸爸妈妈也会给孩子玩手机，但是那就是他们的事情了，不是我的责任。”在面对儿媳和自己教育理念的分歧时，王叔叔也表示：“毕竟（孙子）不是自己的儿子，是别人的儿子，也不太好插嘴。”在祖辈看来，祖辈和父辈共同参与儿童的抚育离不开两代人之间的亲密关系。因此，祖辈不愿意过多参与父辈对儿童的教育，甚至也不愿参与家庭中一些重大事务的选择和决策，而是将它们交由父辈决定。在日常生活中，祖辈也会尽力去维护两代人的亲密关系。

祖辈和父辈之间良好的代际关系是“候鸟式”家庭形成的重要内部原因。祖辈经常说到的一句话是:“要是他们不放心我，也不会把孩子交给我”。正是因为两代人之间的彼此信任，父辈才愿意将儿童留在家中给祖辈照顾，或者是由祖辈在周末和寒暑假时带儿童回到村中。一方面，祖辈为了维持代际的良好关系，选择适时的放手和退场。另一方面，当儿童的父辈无法承担抚育儿童的某些责任时，祖辈就会代替和帮助他们完成。在来回地迁移中，祖辈和父辈之间发生了某些职能的转变和权力的流动。

汪阿姨的家庭是祖辈在儿童抚育过程中起到补位作用和代际间在复杂“候鸟式”移动下发生职能变动和权力流动的典型家庭。汪阿姨的家庭类型属于复杂候鸟型家庭。在城区时，汪阿姨和李叔叔就承担了照顾孙孙的职责。汪阿姨主要负责帅帅衣食住行等方面的日常照料，而帅帅的妈妈则主要负责孩子的教育和其他管教，比如陪伴帅帅写作业，检查帅帅的作业等。当汪阿姨和李叔叔带着帅帅回到八道河，汪阿姨和李叔叔不仅仅承担了帅帅的日常生活照料，也承担了一部分父母监督和教育帅帅的职责。在八道河村居住时，汪阿姨对于帅帅日常生活的照料可以说是全权做主的。因为帅帅的母亲不在身边，监督帅帅写作业的职责也落在了汪阿姨身上。汪阿姨每天早上监督帅帅上语文辅导班，中午监督帅帅完成假期作业和学习任务。汪阿姨也加入了帅帅学校的家长群，以随时获取帅帅学校学习的相关信息。可以说，相比于城区的生活，汪阿姨在八道河生活时承担了更多儿童抚育的责任，并且有一部分职责是从帅帅的父母那儿转移过来的，汪阿姨在儿童抚育过程中的话语权和决定权也变得更大。

总之，在“候鸟式”家庭这样的特殊家庭类型中，儿童的抚育是依靠代际合作完成的。伴随着家庭在两地的迁移，家庭内原有的职能分工和权力关系也会随之改变。为了能更好地应对这种变化和代际合作，祖辈在迁移中根据情况的变化做出适时的退场和补位，而祖辈对于家庭的支持和灵活策略也为“候鸟式”家庭的建立和维持提供了必要保障。

七、候鸟式迁徙：现代化中的家庭调适

“候鸟式”家庭中既呈现出了现代化的特征，又保留了家庭的传统性。一方

面，父辈的经济收入是整个家庭最主要的经济来源，是支撑家庭生存的“顶梁柱”。他们在一些重大事务的决策上拥有更大的话语权和决策权。祖父孙三代人的居住形式并不是传统的共居一屋，而是会随着时间发生改变的。但另一方面，祖辈和父辈之间仍然保持紧密的联系，祖辈为整个家庭提供了很多劳务和情感支持，特别是在儿童的抚育中发挥了重大的作用。

祖辈在儿童抚育中“退场”和“补位”的选择也是面对传统和现代的一种适应性策略。祖辈认识到自己在家庭中处于一个“尴尬”的位置，因此选择不过多地干涉和参与家庭决策，将自己放在一个相对较弱的关系中。而当家庭需要祖辈的支持时，他们也会积极地发挥自身的作用。“候鸟式”家庭所做出的调适也不是一成不变的，家庭成员会根据家庭的需要进行或者改变自身的流动。其中，儿童未来的成长需求是影响家庭变化的最重要的因素。例如，冯阿姨的家庭虽然现在是父母候鸟型的家庭类型，但为了让儿童接受更好的教育，孩子的母亲要辞去工作带着两个孩子去城市生活。而如果将来家庭的经济压力过大，冯阿姨和老伴会去到城市帮忙照顾孩子，孩子的妈妈则重新找一份工作。在未来，冯阿姨的家庭有可能变为有多位家庭成员流动的复杂候鸟型家庭，也有可能成为定居在城市、祖孙三代共同生活的家庭。对于任何“候鸟式”家庭来说，家庭的形式都有可能会在将来发生改变，它们或许会变为两代分居的现代家庭，也有可能回归三代共同居住的传统家庭。总之，儿童的幸福是祖辈和父辈共同关心的目标，家庭会根据现实的需要做出自我适应和调整。

“候鸟式”家庭的性别分工不同于传统家庭中男主外、女主内的家庭模式，传统的性别分工被打破，女性不仅参与到公共劳动中，在家庭中也付出了更多的劳动和情感支持，特别是在儿童抚育的过程中发挥了重大作用。一方面，父辈中的女性与男性一样在外工作，共同为家庭的发展提供经济支持。另一方面，父辈的女性相比与男性在家庭中的劳动和付出更多，女性不仅要应对平日的工作和事业，也负责儿童的日常监管，包括作业的辅导和检查。但当工作与儿童抚育发生冲突时，一些女性会选择放弃公共领域的工作，而专心投身于儿童的抚育中。在祖辈中，女性在家庭劳务中发挥的作用也更大。在村中，祖辈中的很多男性为了减轻家庭的经济负担，在空闲时间会选择做零工以补贴家用，家中的园子大多也由男性负责打理，祖辈中的女性便相对地承担了儿童抚育和家务的主要重担。

对于中国的家庭来说，祖辈在儿童的抚育过程中一直发挥着重要的作用。“候鸟式”家庭中的祖辈也同样如此。但由于时代和环境的变化，祖辈的育儿观念和行动也在发生改变。在重视教育的社会环境下，儿童的学业和素质培育成了很多祖辈关心的重点。当祖辈聚集在一起谈论到儿童时，往往都逃不开教育这个话题。激烈的社会竞争也让祖辈感受到了危机，他们对于儿童的爱不再仅是刻板印象中的溺爱。祖辈关于生育的概念也在慢慢发生改变，“儿孙满堂，承欢膝下”的传统思想有所松动，很多老人现在都赞同只生一个孩子的观念。他们认为如果一个家庭中有多个儿童，不仅要花费更多的时间和精力照顾儿童，也要承担着很大的经济压力。在儿童的抚育中，祖辈处在一个不断学习和更新自我的阶段。为了能满足儿童教育的要求，很多之前没有接触和使用电子产品的祖辈都开始努力学习并掌握使用它们的方法。同时，互联网和电子产品的普及也让祖辈开始接受一些新型观念，他们了解了很多新鲜事物和年轻人的想法，教育理念也开始发生改变。[①]

八、结论

“候鸟式”家庭是指家庭中有成员随着时间有规律地在两地来回移动的家庭。流动性、规律性、时间性是“候鸟式”家庭的主要特点。“候鸟式”家庭在儿童抚育的过程中都共同呈现出代际合作的特点。祖辈与父辈在儿童抚育的合作模式上具有“养”“育”分离的特点。祖辈负责儿童日常生活的照料和辅助性的家庭事务，而父辈主要负责儿童的教育，特别是学业上的培育和辅导。女性在儿童的抚育中发挥了重大的作用。在平日的生活中，虽然祖辈会承担一部分儿童教育的功能，但是父辈在儿童教育上的话语权和决策权更大，而祖辈自身也认为不应该过多插手儿童的教育问题。一方面是祖辈认识到自身的不足，包括电子鸿沟、知识水平较低、容易造成孩子的溺爱等。另一方面，从核心家庭的角度出发，祖辈

① 王兆鑫：《“台前幕后”：农村家庭儿童抚育过程中祖辈、父辈的职能分工和代际关系》，《社会建设》2020 年第 2 期，第 54—65 页。

认为这是父辈自己的责任，如果自己过多地干涉会引起家庭的矛盾，因此他们往往会选择放权和退让，并尽力维持良好的代际关系。而伴随着家庭成员在两地的迁移和变动，祖辈和父辈之间的权力关系存在着一种具有张力的弹性。面对父辈在儿童抚育过程中的缺位，祖辈在儿童抚育中的权力有所扩大，对于儿童日常的照料有了更多的自主权和决策权。八道河村“候鸟式”家庭的出现也表明现代家庭的发展模式从来都不是一元的，中国家庭模式的变化并不只是从传统的大家庭到核心家庭的单线转化，也会有新型家庭类型。一个家庭的模式也并不是始终不变的。这都体现了基于血缘亲情的伦理上的相应调适和与之相应的家庭关系的弹性。

现代化虽然会影响传统家庭向核心家庭的转变，但是并不会减少祖辈和父辈的联系，反而在流动性加强的社会背景下增加了父辈对于祖辈的依赖，特别是对于有儿童的家庭来说。如今，双职工核心家庭难以独自面对市场和社会的巨大压力，不得不在代际、性别分工方面重新协商。三种候鸟型家庭中，孩子的父辈基本上都在外工作，祖辈的人力、物力、财力等资助成为很多核心家庭喘息、存续、前行的坚强后盾，这依然是代际纵向关系的体现，出现了资源向下倾斜的特点。即便祖辈需要在儿童抚育的过程中花费大量的时间和精力，但他们还是会主动承担，依然具有差序格局的亲情伦理特点。“候鸟式”家庭的出现，也展示出随着社会的发展，家庭的支持日益重要，家庭中代际亲密性在一定程度上增强，两代人开始团结起来为第三代的幸福而努力。

移植优秀和制造区分：全日制远程直播教育技术的远端实践

中山大学社会学与人类学学院2016级人类学系　曾　玥

指导老师　张文义

摘要： 本研究将全日制远程直播教育技术视为连接两种生活世界的桥梁，使用人类学参与观察和访谈的方法，调查了远端师生使用直播技术、实施配套措施和制度的情况，讨论这项技术所负载的“优秀”和“成功”的价值如何渗入远端的日常实践，同时，远端学生如何面对这些与他们原有的生活结构并不一致的技术、知识和价值观念。通过对结构和行动者的分析，讨论这项技术在何种程度上强化了本来存在的两端差异。

关键词： 远程直播教育技术；文化再生产；区分；科学、技术与社会

一、田野点概况

本田野点所在中学位于成都市郫都区西北边缘的唐昌镇。据2017年末统计，全镇户籍人口中，农业人口占比73%。曾获“中国十大农业示范镇”荣誉的唐昌镇可以说是全区的农业重地，2017年唐昌镇的粮食总产量是全区唯一上十万吨的。除此之外，唐昌镇还为成都市主城区提供饮用水资源，域内水源保护地共达4万亩。为保障成都市饮用水资源供应，唐昌镇配合水厂建立厂区和管网，并在水源

保护区内组织生态搬迁、土地复垦和企业关停工作[①]。

创立于1941年的郫都C中学是唐昌镇的唯一一所高中，其初中部和高中部分布于同一栋教学楼的两侧。高中部每个年级有8个或9个班，文科和理科班各占一半。每年新招的学生中，中考分数最高的学生进入"直播班"，其中理科直播班的准入分数线比文科直播班更高。直播班的学生在高一入学前接受为期一周的学前衔接课程，并在此阶段分班，其余普通班学生则在高一下期进行文理分班。

郫都区内现有8所高中，其中5所公办高中，3所民办高中。除C中学外，另外几所公办高中均位于中心城区或更为靠近成都市区的镇，每年中考录取分数线都比C中学更高。2000年之后，郫都区逐步引入了3所民办高中，均为挂牌成都四中、七中、九中的民办高中——尽管这些学校与所挂靠的几所知名中学并没有实际上的从属关系，但它们也凭借着自身的实力受到较好的评价。

总体而言，郫都区高中教育水平在成都市排名属中游，郫都区内部高中数量较多，区域发展并不均衡，竞争压力也较大，C中学的生源水平和办学质量都处于郫都区的最末端。出于对现实环境的考虑，C中学在2008年引进了与成都七中同步的全日制远程直播教学，打造出"异地同堂入名校，原汁原味读七中"的标语，希望借助成都七中（以下简称"七中"）在四川省内的名气和资源，吸引优生、培养教师。

二、直播技术在C中：历史与日常

1. 镜像世界和日常生活

每个星期日，学生们从公交下车，鱼跃涌入这扇校门。他们的家大多离这里很远，分散在成都市的各区县，距这里的车程从半个小时到三个小时不等。也有住在唐昌镇区的通校生，每晚步行或骑车回家。学生们对校门口"成都七中直播教学点"这几个大字已然视若无睹。左侧门牌上的字排列拥挤，是这所学校的名字。本文沿用当地师生的称呼，称其为"郫都C中"或"C中"。

---

① 《2018年成都市郫都区国民经济和社会发展统计公报》，成都市郫都区统计局，http://data.pidu.gov.cn/index.php?m=Opendata&a=detail&typeclass=0&id=358，2019.4.19。

校园中央的主教学楼被初中部和高中部分割为两个部分。高中部每个年级有 8 或 9 个班，每个班大约 40 人。在一些学校中最为优秀的班级被称为“实验班”“火箭班”，在这里，它们被称为“直播班”。在 C 中学高中部，每个年级的 1 班和 2 班分别为理科和文科的直播班。

高二 1 班的班主任谢老师在班上新添置了一张课桌，于是我得以坐在学生中间，与他们一起观看成都七中 11 班的上课直播，参与下课的各种实践活动。“同时备课、同时授课、同时作业、同时考试”的“四同时”模式保障直播班的教学活动能够正常、重复地运转。成都七中的教学时间、教学安排和教学要求被移植到远端的土壤，学生虽然身在远端，却如同在成都七中就读一样，“异地同堂接收名校资源”①。

教室里张贴着一张高中部课表。其中每个年级的直播班绝大部分课程被涂成了灰色，意味着直播课。剩下的少量课程，则由 C 中学老师自行授课和自习课组成。

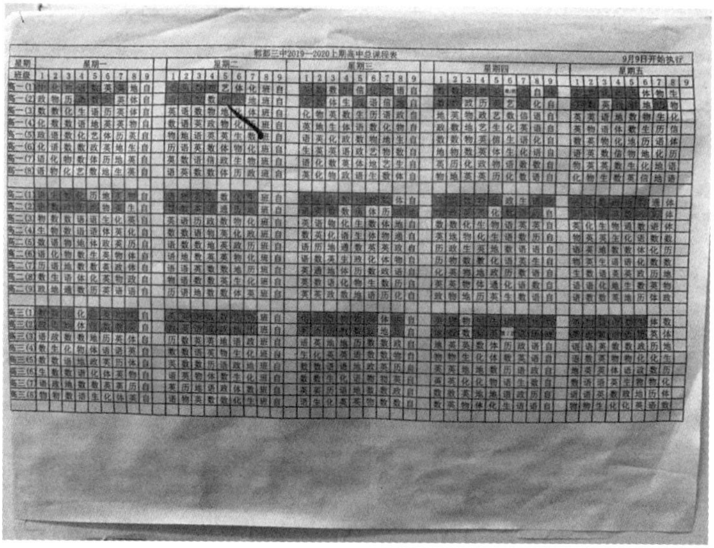

图 1 C 中学高中部课程表 作者 / 摄

① 王晓明：《成都七中网校落地偏远山区 谱写区域优质均衡“教育梦”》，《中国教育信息化》2014 年第 12 期，第 24—26 页。

就高二 1 班而言，每周 48 节课（不含晚自习）之中，直播课有 36 节，比例为 2/3。一般来说，课程安排按照课表进行，偶尔有直播课程难度较大，或七中临时调整课程安排的情况，那节课则由对应的科任老师自行评讲。

每天早上，语文或英语早自习之后，就进入直播的准备阶段了。每个班都有一个负责管理电脑的学生，高二 1 班的“网管”是一个上课爱接话的卷发男生 YY，他负责在每节课开始之前打开屏幕，并启动后台软件进行录屏，结束录制后将视频分类放入文件夹——由于课程调整偶尔与课表有出入，他有时会错过记录，不过他认为这无关紧要，毕竟全班只有一两个同学有回看录屏的习惯。

当直播课开始，这间教室里最为醒目的就是一张投影在白板上的巨大屏幕，占据超过白板一半的位置。C 中学教师们使用黑色马克笔在剩余的领地写字，白板的最右侧记录着每日课程和作业安排。

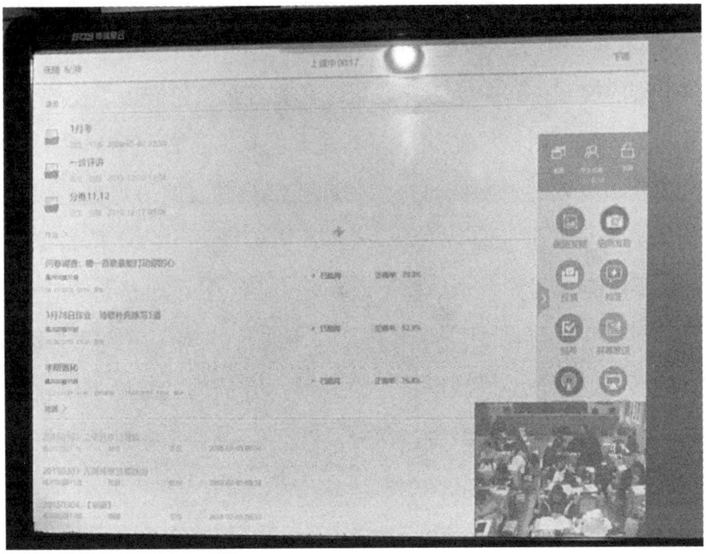

图 2　拍摄于课间的直播屏幕　作者 / 摄

这一块屏幕接近正方形，播放教学 PPT 或七中教师授课平板上的内容。来自前端成都七中的教室画面仅在屏幕中占据了一个小小的角落。当教室画面遮挡住 PPT 内容的时候，这块右下角的实时屏幕便“自动”转移到另一个角落；当学生回答问题时，实时屏幕便精准显现学生的镜头——其实并非如此智能，皆因一位专门提供技术支持的网校老师在后台操控着一切。据七中网校宣传，每一堂直播课是由四位老师协同完成的，远端的学科教师、七中的前端教师、把关教师和技术教师，这是七中网校开创的“四位一体”教学模式，尤其凸显两端授课教师共同配合传道解惑的“双师效应”[①]。

“双师效应”是七中网校所认可的直播的益处之一，但实际上却给刚接触直播的远端学生和教师造成了困扰。每个远端教师上课风格各异，也难和七中前端教师的风格形成配合。比如，语文老师大多时候沉默不语，只维持课堂纪律，她解释是因为七中语文老师上课节奏感很强，她很难插入也无须彰显存在感；化学课上远端、前端两位老师的配合则与之相反，甚至有些“火药味儿”，在七中老师话音刚落甚至还在讲话之时，化学老师常常在一旁指导全体学生背诵化学反应口诀或延伸至另一个相关知识点，甚至抽取班上学生回答问题。学生们也感到不解，“好像在唱双簧，不晓得听哪个的”。两端教师的配合并非一蹴而就，而是经历了漫长而艰难的摸索，其中伴随着远端教师对自我角色被边缘化的怀疑和反思，以及学生不知道“到底听谁”的纠结与不适。但是，这种摸索只会对远端造成困扰。尽管远端教师可以通过网校对接老师向前端教师反应讲课难度大、速度快等问题，但正如英语吴老师的自我开解，“我觉得可能更多的还是要我们自己去适应别人，人家不可能为了你一个学校，改变他自己的教学风格”。

C 中学教室和直播画面中呈现出的是一个看似相似，实则互为镜像的世界。用“世界”来形容这两个空间或画面，意在显示它们的差异绝不仅在于那些显而易见的实体，诸如授课教师、学生、教室环境——用 C 中学师生普遍的说法，是两端学生的“气质”差别。远端师生对于七中学生的“优秀”已经达成共识，在他们对七中学生的评价中，“厉害”“有才华”“勤奋”“智商高”等形容词屡屡出现，但对本端学生的评价则普遍是非常低的。

梁老师对学生听不懂七中直播做出解释：“智力因素占 40%，非智力因素占 60%。非智力因素里面有家庭、习惯，这些很多的东西堆积在一个人身上，十几

---

① 王晓明：《成都七中网校落地偏远山区 谱写区域优质均衡“教育梦”》，《中国教育信息化》2014 年第 12 期，第 24—26 页。

年，积重难返，好像一辈子也没有办法让他们改变。”其他的老师也或多或少表达出学生的家庭背景与他们行为习惯、学习态度之间存在关联——这种观点完全贴合了布尔迪厄的文化资本概念——只拥有少量文化资本的 C 中学学生在学习上表现为消极后进。即便面对着学生，教师们也能说出同样的话，不会由于顾及学生自尊心而稍有委婉。但是这些苦心劝说依然无法让教室里的学生安心学习。于是他们只好开解道，“(C 中学生）爹不疼娘不爱的，经历过太多挫折了，抗压能力强，骂他（他还）笑嘻嘻（的)”。

2.“在农村读名校”：直播班的建立和发展

外地学生说起自己来到 C 中学的机缘巧合时，屡次提到对 C 中学的第一印象——“偏僻”。而本地学生说起 C 中学，则离不开对它的数落，如 1 班学生 LH 谈到邻居听说自己读 C 中学之后“撇了一下嘴”的神情，表示理解，“我晓得，C 中学在郫县（当地人对“郫都区”的惯称）是家喻户晓地差，家长们都不想让自己的孩子来读”。回顾一下 C 中学的历史，我们可以理解它为何得到如此评价，以及它为何引进直播课堂。

20 世纪八九十年代，郫都区在普通高中招生时推行类似于初中的“就近入学、划片招生”的政策，四所普通高中分别辐射一个片区[①]。C 中学承担了唐昌镇和与之毗邻的新民场镇片区普及高中教育的任务，当地的所有学生都只能在 C 中学就读高中。严格的招生政策阻碍了本地学生的外流，在经济并不发达的年代，少有家庭能够负担高昂的转校费以换取在郫县镇区高中的入学机会。C 中学由于自身位置偏僻，反而偏安一隅，获得了相对稳定的优生资源，“那时候考清华、北大、复旦的很多”。

2006 年，区教育局宣布取消“划片招生”，允许学生在全区范围内填报高中志愿。郫都区改立郫都 X 中为区域内标杆示范高中，于是将优质师资转移至 X 中，又在招生时引导优生就读 X 中。与此同时，经济迅速发展，住在边缘镇区的人们向中心城区流动，在那里赚取更高的收入，购置房产，过上更便捷丰富的生活，也让子女“考进城去”。李老师形容，“招生越自由的时候，我们学校生源越

① 颜振：《努力促进基础教育均衡发展，推动城乡一体化进程》，四川郫县基础教育改革与发展状况调研，http://old.moe.gov.cn//publicfiles/business/htmlfiles/moe/moe_915/200506/8539.html，2004-12-01。

不好”。

C 中学所处的唐昌镇在 2010 年之后被划为饮用水源保护地。郫都区政府为确保成都市饮水安全，按省、市饮用水源保护条例规定，在唐昌镇内进行了水源保护区内的生态搬迁及土地复垦工作，关停镇内多家工业企业、畜禽养殖企业、农家乐、洗车场等，同时也限制农业生产上农药化肥的使用。[①] 童晶 [②] 对成都市饮用水源保护地的考察指出，在大城市周边的乡镇划定饮用水水源保护地、按照法律法规来严格控制当地的生产生活，以保障饮用水安全，势必会对水源保护地所在的乡镇造成发展阻碍。具体表现在工业和服务业招商引资受限，只能发展传统农业和生态农业，土地利用效率较低。基于此，唐昌镇大力建设乡村旅游业和现代农业。从 2017 年数据可见，农业用地占据本镇大约 90% 用地面积，但产值依然不敌工业。并且，唐昌镇地区总产值 9.36 亿，仅占当年全区总产值的 2%[③]。水源保护地与经济发展的矛盾让大城市周边乡镇承受着产业滞后带来的巨大损失，进一步凸显了城乡之间经济社会发展的不均衡。

图 3　C 中学门前公路上有关水源保护的标牌　作者 / 摄

① 《2018 年成都市郫都区国民经济和社会发展统计公报》，成都市郫都区统计局，http://data.pidu.gov.cn/index.php?m=Opendata&a=detail&typeclass=0&id=358，2019-04-19。

② 童晶：《新型城镇化建设背景下的水源保护研究——以成都郫县饮用水源地保护为例》，《中共成都市委党校学报》2015 年第 6 期，第 59—63 页。

③ 《2018 年成都市郫都区国民经济和社会发展统计公报》，成都市郫都区统计局，http://data.pidu.gov.cn/index.php?m=Opendata&a=detail&typeclass=0&id=358，2019-04-19。

当直播班学生回忆自己是如何来到C中学就读时，他们都描述了在报名C中学之前，分数达不到郫都区另外三所公立高中的录取线的经历。它们的中考录取分数线比C中学高出10到20分不等，均坐落于本区经济、交通最为发达的乡镇。相比之下，C中学所在的唐昌镇位于三区交界的边缘地带，同时也受水资源保护区的限制，难以发展大型工业和服务业，在区内经济发展水平并不靠前。C中学许多教师都已在生活更为便捷丰富的城区购置房产，城区距离C中学大约一小时车程，有诸多不便。近年来，C中学的成熟师资、校领导层都有向中心城区高中流动的趋势。在教学质量和升学指标上并不突出的C中学，更因其偏僻的地理位置，在学生和家长的择校排名中往往排在最末。

“重点中学热”是城乡二元体制和资源分配不均所导致的社会现象。我国目前教育制度安排中存在着城市中心取向和重点学校制度[①]。政府和公众对中心地区重点中学的追捧，进一步导致C中学和区域其他几所高中之间学校办学资源和学生教育上升机会的不均等，使得位于区域经济发展结构和教育体系双重边缘地位的郫都C中学落入办学受挫的境地。

在取消“划片招生”政策之后的两年，郫都C中学于2008年引入直播教学，也是试图通过借用更靠近市中心的重点中学资源来完成突围。由于合同限制，郫都区其他高中自此便不能再引进“七中网校”。当时的校领导们希望能够凭借直播班的开办吸引成都市内的优质生源，他们将“异地同堂入名校，原汁原味读七中”打造为学校最知名的标签。同时借助直播班和成都七中在线集体备课的机会，培养青年教师，以弥补成熟优秀师资调离C中学所造成的损失。

2000年，成都七中被四川省教育厅评定为首批“国家级示范性普通高中”，并被教育部确定为全国四所国家级示范性高中建设项目样板学校之一。2014年，七中加挂“成都中学”校名[②]。成都七中过去以知名校友、清北升学率和丰富多彩的素质教育为傲，如今它更乐于展示自己在远程直播教学方面的成就。2002年，

---

① 顾辉：《教育：社会阶层再生产的预演——一项对H市两所高中的研究》，博士学位论文，上海大学，2010。

② 《成都七中（成都中学）简介》，成都七中，http://www.cdqz.net/detail.html?newsId=5583&categoryId=139&subCategoryId=139，2019-03-01。

成都七中和成都东方闻道科技发展有限公司合作建立“成都七中东方闻道网校”，以卫星传输方式传送教学画面，在远端地区推行与成都七中同步的全日制直播教学。至今已有十个省区，超过260所高中、1300个班级加入“远端”的队列[①]。根据现在高一任教的李老师向我提供的一份“七中网校2018年高考成绩收集模版”显示，远端合作学校中很大一部分是各少数民族地区的中学，尤以四川省内甘孜藏族自治州、阿坝藏族羌族自治州和凉山彝族自治州的民族高中为主。在惊叹于七中全日制远程直播教育的辐射范围之广的同时，我们需要意识到“远端”这一概念绝不仅仅等同于本研究中的郫都C中学——事实上，模糊而广阔的“远端”涵盖着整个中国西南最为边缘的地区。地区间发展的差距是一个比远程直播技术的应用更为艰难的命题，并且在很大程度上决定了后者的进程。而由于远程直播技术实施过程中只有“前端”七中是清晰可辨的，来自中心的声音时常淹没了地区间的固有差异以及这种忽视所可能造成的深远影响。

引入直播教学模式，不仅意味着与七中同时上课，更重要的是相应的教学制度的植入。《网校教师工作考核办法》《网校备课基本细则》等文件成为重要的规章条例。远端教师们与七中前端老师一同备课，学生们接受与七中同样的作息时间、作业内容与考试安排。除了自习课可以由C中学老师自行安排，前端的教学模式被完全复制到远端的直播班。为了加强两端的联系，每年C中学可以将两个学生送去七中进行为期一周的交换，这项计划被称为“留学七中”。

凭借直播班这一“噱头”，C中学在最初几年的确招收到了较为优质的生源，但近几年间生源质量已经呈现出非常明显的下滑趋势。梁老师感到最近两年直播班和普通班学生的“层次”已经差别不大了。从C中学直播班“二本”上线率来看，2011—2014年平均上线率为75.9%[②]，2018年上线率为72.9%[③]。自2015年起，四川省合并“二本”和“三本”，“二本”批次省控线开始降低，如果C中学继续保持2014年以前的教学和生源水平，“二本”上线率理应更高。但在招生简章中，从2015年开始，C中学选择用“完成率”（实际上线人数与目标上线人数之比）而

① 《成都七中东方闻道网校（高中）简介》，成都七中东方闻道网校，https://cdqz.open-school.com.cn/cdqz，2019。

② C中学教师提供：《直播班招生简章（2018版）》。

③ C中学教师提供：《2018年高考学校信息C中学最新统计》。

非“二本上线率”来显示直播班的高考成绩。因此，只要将目标任务设置降低，最终呈现的完成率数字就会相对变大——比如2017年的统计，“学校一本任务完成率600%，本科任务完成率247%，完成率连续三年居全区第一”。不难理解C中学这样做的用意，通过对数据的巧妙运用来掩藏学校近几年高考指标不如从前的态势。

总之，自实行高中阶段志愿填报以来，C中学学生存在着准入低、生源差，且质量逐年下滑的趋势，且这一颓势并未由于直播教学的引进而得到改善。新任领导上任后，近几年对直播班的投入已经有所减少，包括取消平板未来课堂、停办“留学七中”、缩减直播班规模、减少对直播班教师的侧重（如晋级机会、外出学习机会、教研费补助），甚至C中学刚引进直播教学时规定的“年轻老师每周必须至少听3节七中的课以学习教学方法”，现在也没有要求了。

通过分析2017—2019届C中学学生的户籍信息和家庭住址信息，我们可以获知学生来源与C中学在教育分层和经济社会结构中地位的关系：

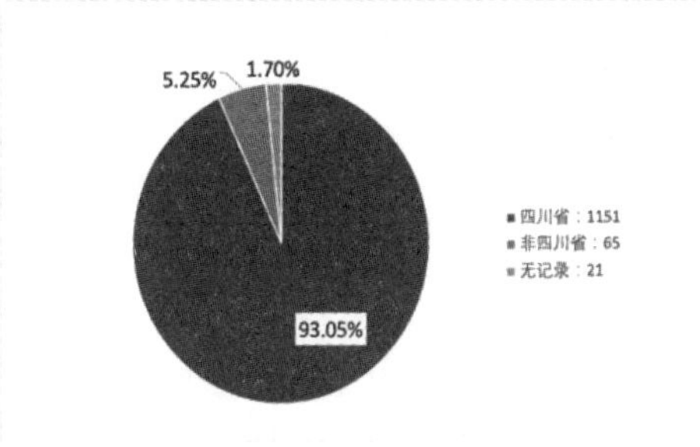

图4　学生户籍信息：省内外对比

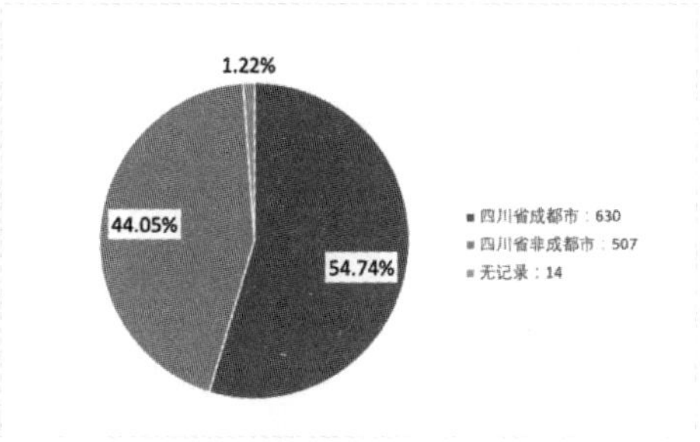

图5　学生户籍信息：市内外对比

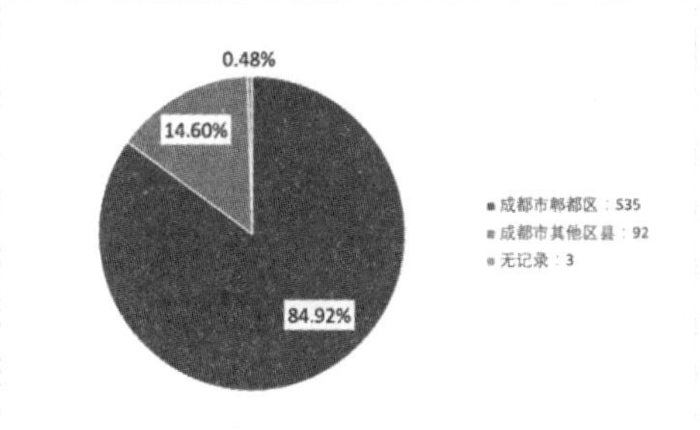

图6　学生户籍信息：区内外对比

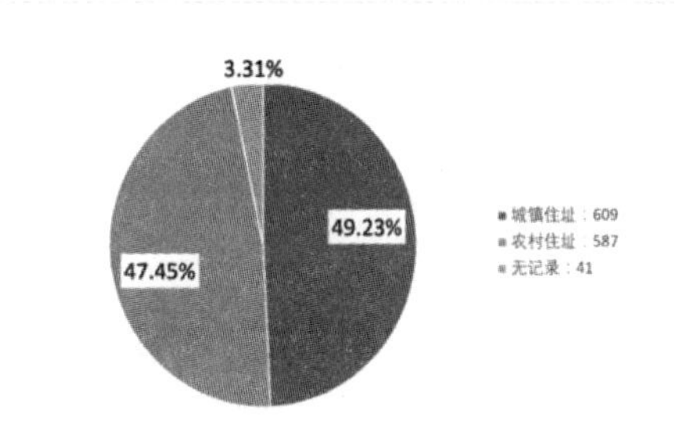

图7　学生城乡住址分布

由以上图表可知，近三年郫都 C 中学高中部学生来源以四川省内为主，成都市户籍的学生比非成都市户籍的稍多，在成都市户籍的学生当中，本地（郫都区）学生占据主流（84.92%）。在学生家庭住址的城乡分布中，来自城镇住址的学生与来自农村住址的学生占比几乎相当。

受我国城 / 乡和重点 / 非重点这样双重的二元结构的学校制度影响，高中教育呈现十分明显的阶层化特征。中上阶层的子女更容易进入重点中学，而中下阶层的子女则更多分布于普通中学[①]。郫都 C 中学有将近 50% 的学生来自农村地区，非成都市户籍的学生也占据近一半的人数。梁老师曾向我总结了 C 中学学生的三类来源，“一类是唐昌本地的，一类是成都市成绩不好的，一类是外来务工的。家庭条件都不能说很好——家庭条件好和成绩好，这两种中但凡有一种，都会送去更好的学校”。

正如学生和教师所经历的那样，学生们（尤其直播班学生）在 C 中学就读的选择在很大程度上来说都是被动的。他们的家庭并不占有优势的文化、经济和社会资本，使得他们没有足够优秀的成绩、无法支付高昂的择校费，或者“托关系”进入那些比 C 中学更为优质的中学。随着这一类别学生的源源不断涌入，C 中学在教育体系当中的弱势地位也得到佐证和强化。具有讽刺意味的是，C 中学学校和学生之间产生了互相轻视的情绪，双方都蔑视对方在结构当中的地位。可以说，七中网校所声称的“在农村读名校”仅是一个充满浪漫温情的想象，它试图通过一根网线抹平乡村和城镇、弱校和名校的对立，但结构性的二元冲突早已深深嵌入在了农村学校和学生的生活世界之中。

三、想象与现实：什么是优秀？

1. 屏幕的呈现与未呈现

屏幕的力量是巨大的，在广泛的信息中有选择地呈现出某一些内容，编码和解码的过程也可以理解为创作者与受众之间意义的分享与价值的传递，当然，这

① 杨东平：《高中阶段的社会分层和教育机会获得》，《清华大学教育研究》2005 年第 3 期，第 52—59 页。

种传递基本是单向度的。而远程直播技术的这块屏幕，是远端学生们日常凝视的对象，并且观看行为被学校强制为一种规范，屏幕的意义值得深入探讨。技术本身是带有偏见的，如米勒（Miller）[①] 对技术中立论的批评，认为价值在技术中是存在的、可被识别的。技术的确可以影响人们，促使他们行动，而人们在决定自己行为的过程中会受到技术所负载价值的引诱。这有助于我们认清屏幕所要传达的价值，意识到前端师生和网校技术人员对于价值建构并在促使远端师生行动的方面是负有责任的。李老师说，直播最大的意义在于“让他们看到别人（指七中学生）有多优秀”。在这一节中，我们将关注屏幕是如何展示七中学生的，以及在屏幕影响下远端学生对前端学生的评价和想象。

教师是屏幕中绝对的主体，但也有一些例外，比如：理科课上老师请学生上讲台屏幕书写计算过程、英语课上学生以组为单位表演课堂短剧——这时技术老师将大小屏幕置换，学生的行为被屏幕放大。

在一次英语课上，七中老师安排学生上台表演。其中一组学生扮演的是一对重逢的初中同学，在问候中，一名学生“透露”了自己的中考分数，600 多分——我还没有听清她的具体数字，便被班上同学们的纷纷回应所掩盖了，“600？！”教室里四面八方传来这样的语句，我的同桌和他前面的男生对视，眼睛里露出惊异的神色。与远端的纷闹相反，屏幕中的班级并未对此有任何反应。而那个女生，以及屏幕里坐着的其他同学、老师，会想象到在他们所看不见的远端班级的惊呼吗？

分数是最明显的区分两端学生的标志。2018 年，七中林荫校区统招的分数线为 635，稳居四川省第一名，超过第二名的高中 7 分[②]。同年，C 中学理科直播班招收的最高分是 540 分，全班同学普遍在 510 分左右。通过考试分数进行区分的过程被简化、美化为优生和名校之间的双向选择。城乡和阶层差异借助分数被合理化为个人努力程度和天赋水平的差别。布尔迪厄指出：“什么也没有比考试更能

---

① B. Miller, “Is Technology Value-Neutral?” *SAGE Publications* 1(2021), Sage CA: Los Angeles.

②《2016 年至 2018 年成都中考高中学校录取分数线》，成都招生考试网，http://www.cdzk.com/cont/18/2019/5/8/19697.shtml，2019-05-18。

启发所有的人，承认他们使之合法化的学校判决和社会等级的合法性。”① 考试选拔看似在程序上满足公平，实则掩盖了文化资本代际传递的实质，使得权力和资本的获得合法化与自然化②。优生借由名校资源的培养跃升更高的层级，名校通过招纳和垄断优生来保障升学指标、提升知名度、稳固其在区域教育体系中的优势地位。

杨东平③ 对高中阶段社会分层的研究表明：拥有更多经济、社会和文化资本的家庭在教育分流中更有优势，社会中上层家庭子女进入重点中学的入学机会比低阶层家庭子女高得多。因为这些家庭能够支付起择校费或者“托关系”让子女升入重点中学，并且，他们也能够将文化资本传递给子女，以帮助子女获得更多学业成就，在激烈的入学竞争中脱颖而出。对此，布尔迪厄有关“选择”的论述指出，学生的个人选择受到“学校、学科、专业结构”的支配，导致的结果是不同机构的学生群体的习性存在巨大差异④。

来自七中学生的例子可以印证这一点，他们的生活方式、学习信念与他们所属的阶层相匹配，构成他们优秀的底气。我曾在 2013—2016 年就读于成都七中。在我还是个新生，对这所学校一无所知时，班上一些同学已经相处得比我想象得要更为亲密，甚至在其他班也有许多认识的同学，他们在这所学校如鱼得水，构成一张紧密的关系网络。这些同学全部来源于成都七中下属的几所初中学校，他们中的一些人甚至在学前阶段时就已经互相认识。这一类学生的教育经历几乎全是成都市内的知名学校，从幼儿园开始，他们便走上了一条非常明确的优质教育路线。高度重合的教育经历使得他们之间比与其他同学更能够维持长久的关系，并在之后的人生阶段中将之转换为社会和文化资本。他们全都居住在市内，一些家庭甚至有多套房产，只为在不同教育阶段都能够享有最优质资源。每当他们自然地谈论起发生在高中之前的事，透露出他们对学校里人情、规则的掌握，便在

---

① ［法］布尔迪约、［法］帕斯隆：《再生产：一种教育系统理论的要点》，邢克超译，商务印书馆，2002，第 174 页。

② 陈治国：《布尔迪厄文化资本理论研究》，博士学位论文，首都师范大学，2011。

③ 杨东平：《高中阶段的社会分层和教育机会获得》，《清华大学教育研究》2005 年第 3 期，第 52—59 页。

④ ［法］皮埃尔 · 布尔迪厄：《国家精英》，杨亚平译，商务印书馆，2004，第 242—243 页。

无形中印证了他们与这所学校的契合度——正是由于他们过往的教育经历和家庭环境，他们得以如此淡定又自信地表达着自己的身份。

在英语短剧中透露分数的小插曲或许可以解释为出于那名学生个人未知的动机，但并不证明技术就是中立和无辜的。这块屏幕无时无刻不在间接塑造着“优秀学生”。

成都七中在高二分班之后，会组织全年级学生参与“立志成才”教育，邀请各个领域的专家学者前来学校举办讲座，并对远端进行直播。李老师认为这些内容的呈现是让远端学生认识差距而后“立志”。而一些在课堂上进行的活动，比如语文的辩论赛、英语的课前展示，甚至在前端老师的调侃中暗示着的某某已被国外名校录取的信息——李老师肯定这一切内容的价值，“让他们看到别人有多优秀”。

一个非常有趣的现象是，屏幕中成都七中学生的缺席，甚至可以成为他们优秀的佐证。和 HB 的聊天让我意识到这一点。HB 很少和其他男同学一块儿聊天玩闹，看起来他是班上最沉默寡言的人之一，较少社交也让他有更多的时间坐在座位上学习。一天中午，我试探性地邀请他聊天，他的健谈却让我大吃一惊。说到七中学生，HB 有些兴奋：

他们特别有才华，而且特别厉害！他们会去参加各种能展示他们才华的项目，一会儿去国学朗诵，一会儿参加乐器表演。从这些能侧面感觉到他们的才华。而且从他们上英语课唱歌也能看出他们是蛮厉害的，会唱的还是有两个的。

还有一次，七中年级组临时决定，让全体同学去参加诗朗诵。那次物理老师赶忙跑过来说，这节课临时有（其他）安排，上不了。

事实上，HB 所说的这些项目和活动都是不会直播的。他通过师生的言语、互动，教室里空缺的座位，这些“零碎的细节”，推测出七中学生的“才华”。他认为，相较于课堂表现的出色，在课堂之外的才华是真正“优秀”的象征。因为他们不在课堂上，而是去参加更能体现个人全面素质的才艺比赛，或者展现优越智力的理科竞赛。

成都七中的学生活动十分丰富。才艺类活动有全校范围的舞蹈大赛、科技比赛等；语言类活动有年级上组织的诗朗诵比赛、英语配音大赛等；竞赛类活动则是七中大力扶持的项目，如信息竞赛、数学竞赛等的培训，每个年级都有一部分学生通过在竞赛中获取优异名次从而取得大学的降分录取资格，这成为成都七中学生在高考之外的另一条通往顶尖大学的升学路径。C 中学的学生们只拥有着非常有限的课外活动，比如运动会。尽管学校里开设了一些社团，但直播班的班主任却并不允许同学们参加，以免分心，学生也对社团的情况并不了解。当在直播里得知七中学生拥有不上课而参与课外活动的“特权”，他们未能认知到机会是由学校提供的，而认为这种机会是学生凭借天赋或能力自己获取的。也就是说，远端学生们在对七中学生完美形象的想象和认可中，忽略了一个重要的事实，即高中教育资源分布不均的现实——作为成都重点学校的成都七中每年投入大量经费支持各种学生活动的开办，位于远端的资源弱校却无能为力。作为直播班数学老师的李老师也向我表达过对于学校不愿扶持竞赛训练的无奈。

在 HB 口中，我逐渐了解到远端学生眼中的“七中学生”已然成为一种不太真实的象征符号。

说他们厉害，其实是同学之间传的——不对，应该也就是事实——他们一天可以完成我们三四倍的任务量，而且是高效地完成。听说前 50 名的人更是“怪物”，每天只有几小时睡觉时间，（其余时间都在）高强度学习。

在远端流传的故事里，七中学生的特质是“非人”的，像“怪物”一样聪明、勤奋、不知疲倦。在将七中学生神化为“完美学生”之时，远端学生一次次放大了两端学生之间的差别和对立。类似布尔迪厄描述过的出身高贵、就读高等教育机构的“文化贵族”，通过“神化”自己拥有“德智兼备的所有美德”，以获取自己占据领域霸权地位的合法性①。而在远程直播教育技术影响下，远端处于边缘地位的学生能够直接地意识到七中学生的“美德”，对七中学生进行象征性神化。这一过程通过技术的直接、间接塑造而完成——透过这面屏幕，学生们潜移默化

① ［法］皮埃尔 · 布尔迪厄：《国家精英》，杨亚平译，商务印书馆，2004，第 264 页。

地理解和接受了两端学生的根本不同是在于他们所具备的个人能力的差别。神化的同时也是异化，在将七中学生描述为“优秀的怪物”之时，他们放弃了模仿七中学生学习方式的可能性，以及在现实中与之比肩的可能性。甚至，七中学生所代表的努力学习以达成“优秀”的这一套价值，也被一起否定了。

2. 观看直播：资格、身份和认同

成都七中的校长解释这项技术旨在“打开七中的围墙，让薄弱地区学校教师和学生‘走进’成都七中”，它的意义是开放的、公益的、扶贫的，“无损地放大优质教育资源，真正实现教育的精准扶贫，从而切实推进教育均衡和教育公平”[①]。但就远程直播技术而言，远端学校中只有最为优秀的学生才有资格进入直播班。C 中学如今的高三一届曾组织过入学测试，按照测验分数，择优录取理科和文科直播班学生，但老师们在后期的教学中却发现学生们质量参差不齐，“跟不上七中的进度”，因此在之后的高二和高一年级直播班的选拔中，均按照中考分数从高往低录取。这导致 C 中学直播班和普通班学生的入口（中考分数）相差 60 分。远端教师和学生认为，普通班听不懂直播课。在 C 中学，“听得懂”俨然成为直播班学生的资格和身份象征。

而在直播课堂上，“听得懂”则是区分班级内部优等生与后进生的标志，同时也划分了两种“观看直播”的状态。同一时刻下，直播班学生的状态各异，与七中教室的联结程度和参与感也各异。一些听得懂、跟得上的学生，感到自己与成都七中的学生同处于一间巨大的教室，作为七中直播老师的学生而平等地存在。这时，他们与自己原本直播班同学和老师的联结被打破，物理空间被虚拟空间取代。而更多的人，如 ZZY 所说，“很多人看直播，看一会儿要一会儿，怎么可能学得好，像我一样。我知道但是我不改”，因此，当他们在因为听不懂而走神、睡觉的时刻，这种基于虚拟教室的身份感便不复存在了。有着多年教学经验的潘老师告诉我：“他们似乎在听课，似乎在努力，但是你把他抽起来，叫他回答问题，‘不晓得！’”纯粹的观看而不参与，是直播课上的常态。从课堂表现上看，这是由学生主动选择的，正如有的人选择积极互动，有的人选择沉默，有的人选

① 易国栋、亢文芳、李晓东：《“互联网 +”时代百年名校的责任与担当——成都七中全日制远程直播教学的实践探索》，《中小学数字化教学》2018 年第 4 期，第 83—85 页。

择埋头做自己的事。当学生们选择了做旁观者的角色，他们便主动将自己与直播课堂划分界限。这时，七中师生的教学变得没有意义，与他们无关。

LH 这样向我描述上课时候“听不懂”的状态和感受：

数学、物理上课听不懂了，我就走神——终归我还是 C 中学的学生，做不来七中的题。没什么，无所谓。

“听不懂”所带来的并非懊恼和丧气，而是走神和无所谓。而面对语文、英语这些非理科、少互动的课程，他们也会因为“听腻了”而选择不听。布尔迪厄已经批判过这种看似主动、实则被动的选择①，学生的无意识行为及后果植根于他们的阶层地位和文化惯习，正是教育体系与社会结构的合谋，而不是他们自身，导致了他们被放逐。这种说法猛烈批判了教育机构维护社会阶层的功能，但不可避免地忽视了学生的能动性和心理需求。C 中学的实践提供了一种相对温和的思路来看待这一事件——当“听不懂”被日常化、合理化，学生们在心理上便将这件事的性质逆转为自己主动选择的结果。在他们幽默和轻松的讲述中，展现出的都是具有课堂主动权的自我形象。他们将被动的承受转化为主动的选择，从心态上而不是事实上逆转自己的地位，从而获得一种安慰。

这种应对策略所产生的实际效果是，远端学生们强化了自己归属于 C 中学的身份感。C 中学学生的身份给予了他们一个充分自我的弹性空间，这个空间对应着相对低的期望值和约束力，于是他们得以回避七中高难度的学业压力。当然，他们接受“七中的优秀是理所当然的”同时，也与他们神化和异化七中学生所产生的后果一致，即再度地加深了两端学生之间的区分。

但在日常生活中，相比于 C 中学学生的身份，直播班学生们更愿意作为“1 班学生”而存在。作为整个年级最优质的生源、“考大学的主力军”，他们自觉地想要取得比普通班更高的成就——无论是在每次考试中，还是班级集体意识的比拼中。学生们试图将他们在 C 中学层面上的优秀与七中区分开来。他们指出，并

① ［法］布尔迪厄、［法］帕斯隆：《再生产：一种教育系统理论的要点》，邢克超译，商务印书馆，2002，第 7 页。

不是直播课让他们有别于普通班而显得更优秀，这种比较更多源于学校的重视，让他们体会到自己是与众不同的——比如学校为直播班配置了最优秀的师资以及最高级的教室技术支持系统。直播班学生拥有区别于普通班学生的听直播课的权力，但是他们很难从观看直播的实践中获得持久而稳定的愉悦和满足——因为听不懂的人数与时刻总是占多数，反而是“被授予特权”这个行为本身，使得他们感受到在这个学校的优越感。

直播班学生的身份感是飘忽不定的、模糊的。造成这种多重变幻的身份感的原因不仅仅在于直播技术营造的虚拟教室和现实教室的切换，还来自直播班的优越特质与 C 中学“人尽皆知的差”之间的割裂。这种割裂所造成的直接后果就是直播班学生在表达自我身份以及对“优秀”认同上的模糊不清。在和普通班做比较时，他们难掩自信；但当谈论起 C 中学和七中，甚至 C 中学和区域内另几所中学的差距时，这些直播班的学生便用那种标志性的自嘲语气说，“终归我还是 C 中学学生”“毕竟比我们高 100 多分”……从一个悲观的论调来说，他们通过观看直播教学，将自己置身于一个更大的结构中。他们原有的生活结构并没有被打破，但是受到了强烈的质疑和冲击，随之而来的是这些年轻人的迷惘、无奈和阿 Q 精神。

四、达成优秀的可能性

1. 教师角色和期待

课堂师生互动的缺乏是远程直播教学最受诟病的一点。以往对远程教育交互体验的研究表明，传统课堂对学生产生的学习效果最好，其次是有交互的远程学习系统[①]。在直播教育产生初期，一些学者认为它可以支持进行同步或非同步的交

① Marco Casarotti, “Educational Interaction in Distance Learning-Analysis of a One-way Video and Two-way Audio System,” 转引自金天允《网络环境下教育交互的研究》，《现代远程教育研究》2004 年第 1 期，第 16—20、63 页。

互[1]。但对成都七中远程直播教学的分析则表明，课堂互动性低、学生参与度和主动性低是远端课堂的常态，尽管远端教师在直播课堂上插空提问、增加个性化交互处理、注重辅导课和课间的辅导答疑，但仍然无法完全弥补这一类直播教育存在的交互问题[2]。

在传统课堂中，面授教师拥有绝对控制权，他们可以通过眼神交流、点名提问等形式强迫学生听讲和思考问题。直播形式的介入，导致课堂参与转变为个人行为。学生自主学习习惯的欠缺和学习环境的高度自由化之间存在矛盾——也正基于此，C 中学格外强调本校教师的辅导和监督功能。

出于各种原因，现实情况是远端教师让位于直播，因此这些远端教师在课堂中的参与度和存在感都较低，一些教师形容他们在直播课堂中的地位是“被边缘化”的。讲台不再成为教师权力的领地，为了不阻挡屏幕同时方便自己观看，教师们不能站在讲台上。教师们的主要停留区域包括两处：教室最后方的空地，以及位于讲台和前门之间的位置。前者方便教师观看直播，及时提醒学生要点；后者易于教师监察学生的学习状态。高二 1 班的物理老师曾在前门口站了一整节课，期间一言不发，扭头看一会儿直播，便会回头扫视一圈教室。每当有同学跟着直播中的提问回答正确，物理老师就会向他投去赞许的目光。更多的教师则会在教室中往来巡视，随时俯身叫醒低头酣睡的学生，有时停留在一些学生身旁，为他们进行一对一讲解，这一过程并不会干扰其他人观看直播。对于在课堂上捣乱的学生，教师们很难真正对其做出约束和管教，大多数情况下他们只能在非直播课时间对学生进行批评。他们时常向我表达不满，认为学生们耽于享乐，“心根本不在学习上”。

技术重构社会关系。由于直播技术的介入，传统的教师丧失了主讲地位以及课堂的主导权。教师独占知识的权威性受到削弱，作为绝对价值代言的权威也逐

---

① Marco Casarotti, “Educational Interaction in Distance Learning-Analysis of a One-way Video and Two-way Audio System,” 转引自金天允《网络环境下教育交互的研究》，《现代远程教育研究》2004 年第 1 期，第 16—20、63 页。

② 李爽、王磊、白滨：《基于卫星的远程直播教学模式评价研究——以成都七中网校为例》，《开放教育研究》2009 年第 15 期，第 86—92 页。

渐式微[①]。即便远端教师的在场一定程度弥补了权威的缺位，但无论从远端教师的“被边缘化”感受，还是课堂教学纪律的相对松散，以及学生专注度的下降，均可以看出远端教室内的师长权威已经被直播技术分散和弱化。学生自主权的增长给予他们选择听讲或开小差、做其他作业、闲聊的权力，于是在传统课堂中不被允许的活动反而在直播课堂上有了更大的发生空间。

这并不意味着远端教师完全接受了自己的弱势地位，老师们始终通过自己的方式加入和试图掌握课堂。直播班的老师们有时会选择关掉直播，自行授课。这和科目、课程内容与难度有关。一般来说，文科课程都会跟着直播上课，学生们通常都能够理解七中教师所讲授的内容（但学生大多埋头做别的事）。理科课程中，老师们一般会选择在直播评讲试卷、较难的习题时关掉屏幕。因为在评讲课上，七中老师通常会为了照顾七中学生而忽略掉他们问题较少的基础题、简单题，把大量时间花费在难题上。甚至数学老师会为了讲解一道难题占用半节课时间，列出 5 种解法。这对于 C 中学的学生来说是本末倒置和不可接受的。教师们反映，学生找他们问的许多问题都是基础题，在基础知识不牢固的情况下去攻克难题实在太不现实。因此教师会在自行授课的内容中着重强调基础知识的演练和评讲，在上课时“见缝插针”地对七中老师的思路进行评述和补充。

在 C 中学，教师充当的角色类似于缓冲带，为直播班学生降低课业难度和完成标准，使直播课成为更适合他们的内容。除了关闭直播自行授课以外，在必要时他们也会划掉当日作业、额外布置一些基础类型的题目、去掉考试中的难题或者在算分时多算一些。这些务实的策略得到学生的爱戴。在得知数学老师因为腿伤而缺席课堂之后，班上同学对着数学课代表起哄：“这周作业好多啊！数学课代表你要肩负起谢老师的责任——减作业！”

这些举措可以理解为教师和学生对七中直播难度的主动调适。高考是当前高中生最为重要的目标。教师们对于教学内容的替换和难度的调整是可以理解的——无论是为了学生能够在高考选拔中获得更高的分数，还是为了学校升学率。但一个有趣的事实是，学生和教师的期待并不一致。学生并没有以高考分数为导

① 黄启兵：《教师权威的消解与学生自主性的确立——论教育技术对师生关系的影响》，《教师发展研究》2018 年第 2 期，第 51—55 页。

向，受其驱使而勤奋学习。否则，他们就不会被关心学生的潘老师教训是“懒散”的、“皇帝不急太监急”。

另外，还需要指出的是，高考并非绝对公平。将学生家庭背景和社会阶层引入讨论，我们发现，对于学生学习态度和老师教育期待之间相互关系的探讨可以有更深刻的见解。教师对学生的低期待不仅来源于学生消极怠惰的学习态度（尽管他们表现如此），在教师对于学生态度的解释中，他们习惯于将这一切归因于学生家庭教育的缺失和先天智力的缺乏。

直播教学的介入将差距具象化。透过这项技术，远端学校得以与前端享有丰厚资源与声誉的重点中学相联结，直播班学生得以与在屏幕中窥见前端学生的“优秀”。直播不仅仅是让学生获取知识，也让他们在与前端保持“同步”的实践中，在妥协和调适的过程中，接受了与七中并不同步的“C 中学生的应有水平”。在这一层面上，可以说他们主动选择了一条现实的道路，即坦然面对自我的“不优秀”，转而寻找“适合自己的难度”，对这一事实的承认所带来的消极后果是他们将“达成优秀的可能性”大大减弱了。

2. 艰难同步与随性态度

根据七中网校发布的《2021 届学前衔接教育安排》，在开学前一周的学前教育中，七中教师已向学生们介绍了成都七中“三高一大”（高起点、高难度、高速度、大容量）的课堂教学设计，以帮助学生做好对直播教学模式的心理预设。并且，为应对这一跨度，C 中学教师也进行了学前衔接，带领学生预习了一些高中的学习内容，以期学生能够尽快适应。

但在教学实践中，成都七中教学难度的突然拔高对 C 中学师生的教与学仍然产生了不小的影响。特别是理科直播班，学生自高一起就有“知识拉裂”的情况。面对这种高强度的学习模式，即便是往届还算优质的生源也难以很快适应。具有多届直播班数学教学经验的梁老师告诉我：“每一届都有学生上完课后适应不了，泪流满面的都有……只要他在认真地学，但是自己的水平又跟不上，他就会着急。”

从学习状态和成果两方面来看，远端教师们都认为学生并不适应直播教学。如梁老师所说，直播班有两类学生，第一类是感到痛苦但依然继续的，这类学生还抱有学习的动力，另一类则是对学习毫不在意，“他一直在睡觉，根本就不在乎，他就不管了”。直播教学的成果反映在最近几届直播班的成绩上，显然并不能让远端教师和校领导满意，这一点已在前文中有所论述。在高二1班，尽管没有出现像梁老师描述中往届学生“泪流满面”和“发狂、崩溃”的状态，但他们的学习经验表明，适应直播的确不是一件容易的事。

完成作业对他们而言是艰难的挑战。ZHH形容自己的状态是“被动式学习”，每天都被课业压得无法喘息，仿佛被推着向前走。他每天都无法完成作业，晚上回寝室和第二天早上到教室之后还需要补作业。学生们对待各科作业的态度不同。由于他们普遍对理科更感兴趣和更重视，一般会最先完成理科作业。如果作业量太大或者难度太高，一些人则会选择做一部分之后抄答案。再加上，数学老师是班主任，他们在理科作业当中则会更注重先保证数学作业的质量——语文老师告诉我这是“班主任效应”，也是一种面对班上同学不重视语文的自我开解。对于语文和英语，学生们大多有技巧地抄答案。英语作业可以直接抄，语文作业则容易被识穿，于是就将答案改编。基于与七中同步的繁重课业负担，学生们每天都期待着能够减少作业量。事实上，远端教师们也的确减少了七中老师布置的一些不必要的题目——通常是难题。但这对学生们来说依然是杯水车薪。除了抄作业的做法之外，一些学生则会直接选择不做作业。

抄作业、不交作业、考试作弊、不合时宜地插话、请假逃课、上课吃零食等越轨行为，与班级中（尤其男生群体中）存在的一种对学习“无所谓”的氛围相伴而生。他们并没有意图反抗或瓦解学校与教师的权威。一旦他们发现老师已经识破他们的伎俩，便不敢再继续行动了。比如YY上课时最爱接话，但当老师态度强硬，他也会乖乖闭嘴。他们随性和无所谓的态度一方面让这些行为不具备明确的目的和指向性，可以根据情境随时发生和停止，另一方面则降低了他们对于这些事件的严重性的预设，于是一次次地激化师生间的矛盾。

他们会刻意营造出不关心学习的随性态度，维持平和的心态，以抵抗考试成绩和学业压力造成的冲击。ZZY说：“我们就是懒。都说不要看成绩，看了心态就炸了，偷偷出去看一眼，发现别人也在看……我们的想法都是，高三再努力吧。现在先快乐两年，高三再努力，都是这样的。”他们寄希望于高三再努力，于是肯定了当下追求快乐的正当性。这并不意味着高考的压力不存在，但他们只是选择了主观上的逃避，因此他们不会表现出焦虑、忧惧的心情——这正是他们所极力想避免的。事实上，他们对高考的逃避和对未来的不关心是一致的——比起未来的不可预测或者可见的压力，他们更愿意享受当下的安定。

某种程度上来讲，学生的随性态度意味着对主流学校文化（崇尚追求学业优秀的价值观念）的排斥，对直播技术所承载的精英式生活和学习状态的拒绝——尽管他们没有强烈表达抗议。

他们随性的学习和生活态度何以形成？习性植根于他们的出身、境遇和实践。类似于品味的养成、文化资本的代际间传递，习性也是一样的，尤其是学习态度——作为一种具身化的文化资本而存在。

在 C 中学，许多家长对于孩子学校教育的参与度和教育期待并不高，同时他们几乎不能向子女提供足够的文化和经济资本，也就无法与学校教育相互配合，以支撑子女取得学业成就。教师们解释："家长的态度一般是两种，第一种是完全不管，另一种则是管了，但方法不对。"直播班的情况也大致如此。教师们普遍认为，学生的学习习惯差主要是源于家长的管理和陪伴出了问题。LH 告诉我："我从小到大都是被放养长大的。我长这么大，我亲爹亲妈只开过一次家长会。"尤其在孩子手机使用的管制上，教师希望家长能够制止学生沉迷游戏，但高二 1 班有半数同学不交手机，甚至有一些学生是在与家长合谋之下不交手机的。家庭环境中类似于"放养"的状态，意味着来自家长的引导、激励和约束非常微弱，于是学生的行为得以具有极大的自主意志。其中一个表现是，他们拥有在学习以外的事物上投入大量金钱和时间的自由。

当直播取代传统教师，成为一种新型的知识和价值权威，远端学生在被动承受直播的高强度、高难度和高标准的同时，也接收了屏幕里所承载的优秀价值。但这并不意味着优秀价值能够顺利移植远端，引发学生的模仿和同步。根本原因在于他们原有的习性、态度和文化观念占据上风，摈弃了直播技术和学校教育所宣扬的那一套追求优秀和实现优秀的价值观。因为优秀价值与学生的生活结构和社会历史背景是脱节的，他们的经验、境遇和出身所带给他们的，其实是与之相反的一种随性的、安于现状的、关注个体内心的价值观。直播技术仅仅提供一块屏幕，难以完整和深刻地改变他们的生活环境，也就无法移植优秀了。甚至，这块屏幕反而加深了他们对差异的理解和接受。在学校、学生和教师层面上对七中进度所做的诸多妥协和改造，以及学生对七中学生的“异化”，这些现实策略的后果在于远端师生已然接受了两端学生的不同，并将实现七中学生那种优秀的可能性排斥在远端学生的日常生活之外。

五、总结与讨论

由成都七中和东方闻道公司发起的“高中全日制远程直播教学”以“四同步”和“四位一体”为基本特点，在要求远端学生观看直播的同时，还要在作业、考试等环节一并与七中同步。本研究将远程直播技术视作连接两个世界的桥梁。在教育分层制度下，两个世界是指位于市中心的重点高中和位于城市边缘的普通高中。C 中学学生来源的城乡分布展现了家庭背景深刻影响着教育分流的结果[①]。本研究认为，全日制直播技术提供了超越时间和空间而进行文化再生产的可能性。

本文首先描述了 C 中学直播班学生的日常生活面貌和 C 中学直播班建立的历史渊源，展现两端的学生和学校分别在社会阶层结构和校际分层体系当中的地位。正如“在农村读名校”的口号所展现的那样，远程直播技术衔接了两种完全不同的生活世界、社会结构和价值信念。

其次，本文分别从屏幕展示和学生观看这两个角度讨论了远端如何移植“优秀”，并制造了两端学生在气质、品味上的区分。屏幕对前端学生的学习和生活状态进行有选择地呈现，远端学生在课堂上通过观看、互动等技术参与接受了屏幕所传达的信息，并对前端学生的形象进行自主的加工。在这一过程中，远端学生完成了对前端学生和他们具备的“优秀”品味的想象和异化。但与此同时，远端学生在不断确认的身份认同中强调和凸显了想象和现实的界限、前端与远端的分别。

之后，本文呈现了远端学生的学习生活和实现优秀的可能性，讨论了技术强

① 杨东平：《高中阶段的社会分层和教育机会获得》，《清华大学教育研究》2005 年第 3 期，第 52—59 页。

化的第二层区分，即两端学生在实现优秀的可能性上的区别。分别从教师期待和学习状态这两个层面论述了面临直播的远端世界的调适和妥协。从根本上来说，学生和教师的策略均与他们所处的社会阶层结构和 C 中学在教育体系中的弱势地位挂钩。学生“随性生活”和“快乐至上”的态度以及生活目标的缺失，可以从他们的成长环境、家庭背景当中找到根源。这些习性观念、态度倾向与远程直播技术所试图移植的“优秀”价值背道而驰，但却在他们的生活世界中根深蒂固。因此可以说，正是由于忽视了技术的社会背景，这项技术反而在实践过程中深化了区隔。

家庭背景、直播技术和教育者，共同制造了两端学生的区分。这一过程是通过对“优秀”价值的呈现，以及对与之脱离的现实情况的强调（包括教师期待和学生自我认知的转变）而进行的。

这项技术所承载的优秀价值，本质是达成优秀的可能性。对于来自较低阶层、成长于资源匮乏环境、缺少目标和行动力的远端学生来说，达成优秀的可能性和未来生活的面貌一样是虚无缥缈的。来自精英文化的“优秀”价值在远端并不适用，学生们将其看作来自教师和学校的微不足道的“谎言”。直播屏幕对于“不可实现”的优秀的强调，以及远端教师对学生的成见和低教育期待，分别从理想和现实的维度，共同促使学生将“实现优秀”排斥在日常生活之外。远程直播教育在设计和推广之初所宣称的“教育均衡”和“精准扶智”落入了有关开放性和不平等的悖论：教育技术看似扩大了受教育机会，但也的确制造了区分。

安宁疗养中的逗趣与照护

——老年慢性病患者人文关怀护理的医学人类学研究

西南民族大学民族学与社会学学院、西南民族研究院2017级　刘佳玥

指导老师　陈韵竹

摘要： 随着我国老龄化加速，老年慢性病成为影响老年人社会生活的重要问题，庞大的老年慢性病群体隐藏着巨大的长期照护的服务需求。同时，人们在对疾病与健康的关注中，对个体权力和生活质量的认识更为全面，伴随生物—心理—社会医学模式的提出，针对老年慢性病患者需求实行的人文关怀护理逐渐引起社会各方面的广泛重视。本文立足于医疗机构中的田野调查，通过参与观察、深度访谈等人类学方法，从医学人类学角度出发，聚焦讨论医护人员对于慢性病患者的话语策略及照护实践。借马斯洛的需求层次理论与医学人类学的疾痛理论，深入理解老年慢性病患者多元需求的内在层次性，以及疾病对患者心理、行为的影响，进而强调人文关怀护理对于老年慢性病患者的重要意义。

关键词： 医学人类学；心理需求；老年慢性病患者

一、研究背景

1. 我国的老龄化趋势

（1）社会抚养负担

20 世纪 90 年代以来，中国的老龄化进程不断加快。预计到 2040 年，65 岁及以上老年人口占总人口的比例将超过 20%。[①] 在广泛老龄化的趋势下，中国社会的一大特点是 80 岁及以上的高龄老年人口的规模正加速膨胀。除此之外，随着老龄化进程的深入，未来中国老龄人口抚养比与未成年人口抚养比之间的关系处于不断变化之中。其中，作为被照料者之一的未成年人口规模会出现一定的波动；而另一类被照料者——老年人口的规模，在近期与未成年人口规模基本相当，但随后则将出现明显的膨胀，并大大超过同期的未成年人口规模。作为照料者的劳动年龄人口的规模则随时间推移出现明显的收缩。全社会的抚养负担日益加重，且逐渐以老年抚养负担为主。[②]

（2）老龄化下的城乡差异

未来，我国城乡人口老龄化程度将继续上升，城乡人口迁移规模将在很大程度上影响城乡人口老龄化的差异结果。人口流迁规模越大，对城镇老年人口比重和抚养比缓解作用越强，而对于农村则相反。现在，我国农村老年人口比重高于城市地区，但是在 2022 年之后，城镇老年人口规模将会开始超过农村，农村和城市老年人口比重之间的差距将呈现出由扩大至缩小的趋势。未来我国的城镇将面临更大的老年人负担和经济压力，而农村地区将在家庭护理和长期护理方面面临严峻考验。[③]

---

① 刘棣：《中国人口老龄化现状与趋势》，中央电视台，http://www. cctv. com/special/1017/-1/86774.html。

② 翟振武、陈佳鞠、李龙：《中国人口老龄化的大趋势、新特点及相应养老政策》，《山东大学学报（哲学社会科学版）》2016 年第 3 期，第 27—35 页。

③ 童玉芬、李玉梅、刘传奇：《我国城镇化进程中的城乡人口老龄化趋势及政策启示》，《人口与经济》2014 年第 6 期，第 12—21 页。

2. 当今我国老年慢性病患者的主要养老问题

在中国传统社会里，养老是宗族自身具备的保障功能。赡养老人不仅是宗族所恪守的无形的道德准则，还是其具体的实践。赡养老人不仅是晚辈的义务、道德表现，也被认为是与国家法律具有同等效力的家规，具有不可抗拒的约束力。尽管家庭养老如今仍然作为一种文化传统在家庭内部结构发生变迁后保存了下来，但是随着“4–2–1”[①]结构家庭的比例逐年增高，一对夫妻将要面临着来自社会各个方面的压力，照护老人的精力会更少。加之丁克家庭、失独家庭、空巢家庭等特殊家庭的增多，家庭养老功能正在逐步弱化。[②]另一方面，银色浪潮转瞬而至，庞大的老年慢性病群体隐藏着巨大的长期照护服务需求，而要满足这一特殊群体的长期照护需求更为不易，因为他们不仅需要日常生活照料，对医疗保健、康复服务和心理慰藉等方面的服务需求也会越来越多样化，因此，针对老年慢性病患者实施的以人为本的护理服务，对于保持老年慢性病人独立、自尊，提高其生活质量具有十分重要的现实意义。

3. 医学人类学视角下的机构养老研究

人类学自 19 世纪末、20 世纪初期形成学术研究以来，一直持续在文化、心理方面对人类疾病和健康进行探索。在 1950 年代后，文化人类学对跨文化健康议题的研究逐渐聚焦，衍生出了一个独特分支，称“医学人类学”（Medical Anthropology）。在关于机构养老课题的现有文献资料中，从医学、护理学、心理、公共政策学等学科角度进行研究的文献资料居多，但也不乏涉及医学人类学在不同层面的研究，包括医疗人文如何渗透进社区养老体系、医疗体系及其政治经济语境的宏观研究、医疗选择与信仰的微观研究。这些研究都为本课题提供了理论成果和研究经验，现将文献资料梳理如下。

（1）国外研究

国外关于机构养老的研究大多集中在应用视角，以及死亡和临终关怀、社区卫生运动等社会领域以及经验性研究，如保罗·布罗德温（Paul Brodwin）对社

① “4–2–1 家庭”模式是指，一对独生子女结婚生子后，家庭结构为他们的 4 个长辈、1 个小孩和他们 2 人。两个年轻人要负担起 4 个老人的养老重任和至少 1 个孩子的家庭压力。

② 王婷、贾建国：《我国养老及社区养老现状分析》，《中国全科医学》2017 年第 30 期，第 3 页。

区心理健康的研究[①],詹妮弗·瑞安（Jennifer Ryan）关于社会慈善与公众健康的研究[②]。对于如何摆脱专业化、产业化和机构化对于养老研究视野的束缚，将老年护理置于人文维度之中这个问题，贝丝·贝克（Beth Baker）也曾提供了新的解决视角。[③]在临终关怀方面，莎伦·考夫曼（Sharon Kaufman）探讨了医院制度结构及文化力量对医院内死亡的形塑作用，以及它给工作人员和患者及其家属造成的自相矛盾的困境[④]，萝丝·凯·凯米格（Rose Kay Keimig）关于昆明养老院的研究也分析了既不能接受治疗又不能接受姑息治疗的患者的心理状态与社会位置，以及相对应的解决方式[⑤]。经验性研究的提倡者和代表人物则是美国哈佛大学的人类学家亚瑟·凯博文（Arthur Kleinman），他提出的“疾痛叙事”（illness narrative）成为相关研究的常用学术话语[⑥]，除此之外，重视患者体验和疾患叙事的研究成果还有C. 杰森·斯鲁普（C. Jason Throop）[⑦]等人的相关著作。

（2）国内研究

因为人类学对人及其文化、人心以及人性的研究传统，以人为主体的社区医疗研究逐渐引起国内学者的重视。而人类学学科自身所具有的跨学科特性、对人类健康的研究传统、研究方法的独特性与可借鉴性和现实关怀，为社区医疗及其研究提供了有效参考与指导。在《关怀与实践：人类学在社区医疗中的应用》一文中，作者田阡、陈世明特别提出人类学在当前我国社区医疗中的应用方式，具

---

① Paul Brodwin, *Everyday Ethics: Voices from the Front Line of Community Psychiatry*, Berkeley: University of California Press, 2013.

② Jennifer Ryan, Lincoln C. Chen and Tony Saich, *Philanthropy for Health in China*, Bloomington: Indiana University Press, 2014.

③ Beth Baker, *Old Age in a New Age*: *The Promise of Transformative Nursing Homes*, Nashville: Vanderbilt University Press, 2007.

④ Sharon Kaufman, *Ordinary Medicine: Extraordinary Treatments, Longer Lives, and Where to Draw the Line*, Durham, N.C: Duke University Press, 2015.

⑤ Rose Kay Keimig, “Chronic Living and Delayed Death in Chinese Eldercare Institutions,” *Anthropology & Aging* 1 (2020), pp. 17-30.

⑥ Arthur Kleinman, *Deep China: The Moral Life of the Person,* Berkeley: University of California Press, 2011.

⑦ C.Jason Throop, *Suffering and Sentiment: Exploring the Vicissitudes of Experience and Pain in Yap*, California: University of California Press, 2010.

体包括跨文化研究与不同社区医疗模式的比较、参与式发展、个案研究与生命叙事、文化理解与需求分析四个方面。除此之外，发展社区医疗，也需纳入医学人文的研究成果，将医学与人文相结合，加强医学人文方面的教育，这对于缓解老年患者内心的焦虑、慢性病的折磨同样具有重要的作用。[①]孙薇薇、景军在对中国农村老人的心理干预研究中，将中国乡村共同体理念与西方社区心理干预的“守门人”[②]模式有机结合，形成“基层干部引领、友邻同伴互助、家庭养老存续”的干预路径。依托地缘纽带和村落邻里关系形成的老年村民互助和相关道德话语，借助国家力量自上而下实施养老服务。其研究结果表明，干预策略明显提高了老人们的心理健康水平，其社会支持全面增强。[③]

除此之外，近些年来，人类学也逐步关注宗教机构养老。在已发表的相关论著中，学者们无一例外地肯定了宗教养老机构在社会养老中所发挥的重要作用，而且相当一致地认为，宗教养老机构对入住人起着一个精神渗透与精神慰藉的双重作用。例如，田秋菊在《五台山佛教僧人养老模式研究——以普寿寺所办清泰安养园为例》的研究论文中，将五台山的一家佛教安养院管理方式归纳为“医养结合，科学规范，家园生活，净土归宿”，其中“医养结合”由一个护理部负责，“净土归宿”由一个心灵关怀学修部负责，健康护理与精神关怀之间的关系被作为同等重要的关系加以处理。[④]又如陈昭、高良认为，寺院养老机构的灵性生活秩序，有助于老年信众做好心理准备，消解个人牵挂，完成从恐惧死亡到超越生

① 田阡、陈世明：《关怀与实践：人类学在社区医疗中的应用》，《保健医学研究与实践》2016年第6期，第1—2页。

②“守门人”是指与心理问题或自杀风险人群保持联系、能根据自身对自杀风险因素的认知将风险个体识别出来并给予帮助的人。守门人分两类，一类是医学、社会工作者等专业群体，另一类是在社区层面培训的没有专业技能的普通社区成员，如教师、牧师、社区工作者等。守门人培训能够帮助守门人发展识别风险人群、评估风险级别、管理特别情况的知识、态度和技能，能够链接政府、专家与公众，激励公众参与，推动建立以社区驱动为内在动力的社区效能。适用于农村等任何社区环境，适用于多种心理干预活动，而且成本效益合理。

③ 孙薇薇、景军：《乡村共同体重构与老年心理健康——农村老年心理干预的中国方案》，《社会学研究》2020年第5期，第1—4页。

④ 田秋菊：《五台山佛教僧人养老模式研究——以普寿寺所办清泰安养园为例》，《忻州师范学院学报》2014年第6期，第1—2页。

死之虑的观念转型，从而弥补家庭与常规养老机构姑息护理和精神关怀问题。[①]

4. 研究意义

本文田野点成都市第X人民医院安宁疗养区的治疗理念与运行模式除了提供了一个较为完整的印证范例之外，其护理实践中所渗透出的人文关怀护理观念也与医学人类学关于护理与关爱的理念极为契合。研究也将展示医学人文语境下强调患者主位视角的医疗实践过程，以期为医患之间建立起新型平等的协作模式提供参考，继而探讨人文关怀对健康的意义，为医疗活动中生命的回归及其价值提供实践的可能性。

二、医疗实践的场域——成都市第X人民医院安宁疗养科

本文的田野点为成都市第X人民医院的安宁疗养科（以下简称为疗养区）。成都市第X人民医院是成都市唯一一所三级老年专科公立医院。同时，医院也在探索医养结合的服务模式。目前已形成以院本部健康管理、医疗、康复、照护、疗养、临终关怀为核心，相关培训为特色，院外向基层社区、养老机构、护理院等辐射的医养结合模式。

图1　安宁疗养科内景　　作者/摄

① 陈昭、高良：《寺院养老的灵性生活秩序：从俗智到圣智的转变》，《思想战线》2019年第2期，第1—2页。

笔者曾于2019年9—12月以志愿者的身份，参与观察该区的照护日常。具体内容包括参与医护工作者的各项医疗实践和流程，观察病人的日常生活、态度、疾病变化等，还重点观察护士和护工的日常工作、家属陪护等一系列医院活动。该医院的疗养区设置有床位40余张，在笔者田野期间，疗养区内共有30余位患者。除必要和基本的治疗外，医院还会为临终患者提供姑息治疗、疼痛管理、临终照护、心理慰藉等服务，尽力减轻患者和家属对死亡的恐惧。除此之外，疗养区的设施非常完善。整个疗养区分为上下两层，顶层是护士值班室与护工休息处和配餐厨房，底层是各个病房及洗衣处，两层由光滑的水泥坡连接，方便轮椅与带轮医用床的推送。病房和普通平房一般，屋内设施也布置得十分家居（尤其是神志清醒的老人的病房，里面会布置得与普通卧室一样）。每个病房住2—3人，每人均分配了主治医生与护士，每位病人床头都标记了患者饮食、用药禁忌及年龄分组。护工大多为女性，有两位男护工在男士病房负责照护老人。整个区内的老人们平均年龄在80岁左右，并且大多数老人处于失能状态，因此鲜少有老人在庭院里走动，只有在晴天的时候护士与护工会将所有老人送到阳台晒太阳。在笔者调查期间，只有五位老人有自由活动的能力，三位老人神志清醒。这几位老人外出散步的时候，胸口均贴有“高龄易摔倒”的贴纸，并且护工随时在他们身边陪伴。

笔者在田野中进行的访谈可以分为结构性访谈和非结构性访谈两种。在结构性访谈时，事先确定访谈对象、内容，再进行访谈问答。这种访谈主要应用在笔者对护士和主要病患报道人的访谈过程中，在较短的时间内收集大量具体资料。非结构性访谈是以随机的形式进行的，并不设定访谈对象和话题。这种访谈主要发生在笔者与医患的日常对话中，通常会有一些意外的收获。由于这样的访谈形式较为随意，被访谈对象对自己的情感表达较为放松，为整个研究增加了真实性和深入性。

三、医疗情境中的医患互动与差异

1. 医护工作者的心理疏导

笔者第一次进入田野点时，恰好赶上护士长主持的培训会。培训对象既包括本院护士，也包括附近社区门诊的护士。培训内容主要包括以下几个方面：病患概况梳理（特别提到几位有心理问题的老人）、与病人的谈话技巧（如何劝导老人走出消极情绪）、针对护士的面对病患离世心理的应对策略、禁忌话题（比如不要在年轻患者面前提及过去时光），以及针对病人家属的死亡教育。以下一段为培训时护士长的发言，生动地体现了护士们在照护过程中在意的重点：

大家都是从各个社区，还有学校来的，刚刚接触（临终关怀）这个方面，不太懂也没有问题，我就和你们大概讲一下。我们这个区，比较特殊，有些病人心里是没有盼头的，说话的时候就要注意一下，尽量不要提关于生死的事情哈。你们要多多地关注他们的心态。上个月有个老人要自杀，被我们拦下了，疏通了好久才好。那个老人，你们多注意一下。还有就是，有些老人表面上平静，但内心压抑得很，（你们）不要做完事情就走了，要和他们多讲一些好事。还有，家属也要关注，他们的心理也很重要。老人在这里慢慢耗着，家属也不好过的，平时也和他们聊一下。家属这方面我下次开会再详细和你们讲。对了，这里老人随时都有可能去世，你们自己，也要做好心理工作。

在总共 9 次的志愿服务过程中，笔者曾有 6 次参与观察患者与护工护士们在日常照护工作中互动，她们之间的关系非常亲密，不时玩笑逗趣。此外，家属与护工护士的关系也很和谐，如以下访谈节选展示：

患者王女士，高血压病史 10 年，女儿会经常在周末来看她。

病患家属（对护士 A）：“哎哟，我刚来啦，小芬护士（护士 A），王孃孃（王女士）最近还可以噻？”

护士 A：“可以可以，我经常带她去其他区串门，精神好了一些，也不怎么丧气了。”

病患家属：“之前假期排不开，哪里都不让走，这星期才来看她。医生上次让她吃西药，她吃了觉得不安逸，非要吃外面的中药。我想给她找点新药，小芬护士，这得不得行？”

护士A："还是要听医生的。王孃孃现在的药还是按之前的来办，你一会和我同她讲，乱改药，最后会吃出问题，不要随便听外面的话，这儿是X院，建议是最有效的。还有，最近有"医贩子"在门口打转，我们有时候顾不到，你们要多多注意，不要让老人受骗，你们自己也不要轻信。院里的防骗公众号看一下，现在骗子花招很多。"

病患家属："要得要得，费心喽费心喽！"

由此可见，当患者因为认知差异，对治疗方案产生对抗情绪时，护士作为医学知识的权威代表，在解答患者与家属对疾病治疗的疑惑及满足诉求方面发挥了关键作用，医护人员话术及应对策略对疾病治疗效果乃至患者与他者之间的关系都有巨大影响。因为疾病带给患者的不仅仅是身体上的痛苦，还伴随有强烈的心理压力和精神负担。随着社会角色逐步边缘化及独立人格受损，患者的心理压力骤增，要求理解甚至逆反的对抗心理会以各种形式表现出来。这些情况告诉我们，对患者与医护人员及周围社会的摩擦和矛盾，需要有一个注重文化及心理分析的视角，通过解析疾痛叙事来理解不同文化群体对于健康和疾病的认知形态，以此来达到最佳治愈效果。

2. 医患关系中的多元需求与回应

(1) 患者需求层次

对于患者的需求层次研究，近年来并不少。"患者需求"这一研究视角源于马斯洛"需求理论"。在《动机与人格》一书中，马斯洛将人的需求由低到高划分为生理需求、安全需求、归属和爱的需求、尊重的需求和自我实现的需求五个层面。然而，大多数研究将"患者需求"看作一个整体性概念，内部缺少清晰的层次划分，以在马斯洛划分出的需要层面之前加上"患病期间"的生硬方式，使用"患病期间的生存需要、患病期间的安全需要、社会联系和交往的需要、患病期间尊重的需要、患病时的自我成就需要"等概念。马得汶又进一步提出了针对性强、客观有效的"患者需求层次"：患者需求的第一层次是疗效需求，这是患者最根本的需求；第二层次需求是经济需求；第三层次是对管理与责任心的需求；第四层次是情感（态度与沟通）需求；第五层次是公平需求；第六层次是对环境卫生的需求；最后一个层次是个人偏好需求。很显然，马得汶的理论是依靠更广泛的调查综合总结而来的，更具普遍性。与此同时，他也强调了对于患者心理、人格尊严方面重视的必要性，“疾病治疗和健康维护不能单纯视为生物性过程，而是一个文化、观念、情感、经济等社会因素广泛参与的过程，这种‘集中参与性’不应该被现代医疗的生化过程所覆盖”[①]。

（2）患者们的“求”与“应”

疾病作为事件，打破了老年人的日常生活，与晚年生活相关的身体、认知、心理和社会损失对许多老年人来说可能是最为痛苦的部分。然而，对于老年慢性病患者来说，他们的疾病是不可治愈的，在病痛的压力下，平时不易察觉的需求、恐惧、主体性、能动性也相应地最大化并得以彰显。此外，与家庭成员的分离，削弱了他们与社会的联系。虽然亲人的探访满足了部分的情感需求，但不足以维持在社会结构中确立自己地位所必需的强大的互惠关系。因此，比之对彻底治愈的期待，他们对精神抚慰与心理疏通的需求更为急切。

随着田野调查的推进，笔者将研究重点聚焦到两位老年女性病患身上：95 岁的周奶奶和 79 岁吴奶奶。两人已经住进疗养区一年，并且同为室友，关系亲密，经常互相鼓励。提到入住疗养区的原因，两位表示：她们年纪很大了，子女上班不方便提供日常照护，这里是慢性病医院，能随时得到医生的照应。她们对该医院疗养区很满意，说这里空气和居住条件都非常好，护士和护工也十分亲切。她们均坚信医护人员的日常照护在很大程度上缓解了她们在医院的焦虑状态。

周奶奶曾经是一位小学老师，患有高血压，但是目前基本控制好了，除此之外没有任何大的疾病。她思维活跃，腿脚灵便，很喜欢热闹，一直想要出去逛街，但碍于年龄只能在院子里慢慢散步。在丈夫去世之后，为了不给儿子与儿媳添麻烦，她选择来到疗养区生活。

吴奶奶之前在金牛区某所食品部里当工人，患有糖尿病（病龄 20 年），每天要接受四次胰岛素注射。因为前年病情加重，她不得不住入疗养区。她十分注重饮食控制，但仍发展出一些并发症，总体而言病情稳定。

---

① 马得汶：《患者需求层次理论及其医学人类学启示——基于西宁市 X 医院的田野调查》，《西北师大学报（社会科学版）》2016 年第 4 期，第 6—7 页。

在笔者多次与她们的接触中，发现周奶奶更容易焦虑，态度更为消极，时常感觉自己没有盼头，每当这时，笔者与同伴都会及时安慰她，并将话题引到她更感兴趣的新闻话题事件上来。在笔者做志愿者期间，周奶奶的精神状态一直很稳定。而吴奶奶精神状态更好一些，因为她的子女众多，5 个孩子轮流在周末来看她。周奶奶与吴奶奶的家属之间关系也非常好，经常会互相推荐医生和药品，互相倾诉生活琐事。两位老人一生从未离开过四川，但对全国各地的风俗差异十分感兴趣。在初次接触并得知笔者来自外省后，她们便催促笔者讲述家乡风俗习惯和日常生活，以及笔者对于成都的看法。笔者也因为这样拉家常般的对话而跟两位老人建立起友好亲密的关系，每次离别时她们都会表达对下一次来访的期待。总体说来，虽然两位老人的精神状态有时会因病痛、子女、病友死亡等原因发生波动，但是她们的状态平稳，也愿意和其他人有更多的互动。

在 11 月初，周奶奶一直表示她肚子痛，这个月她非常疲惫，并且经常提及一些关于死亡的话题。后来在我们关系更进一步的时候，她吐露自己经常会担心子女，一烦心就会大吃大喝。护士与护工也提到了周奶奶这个问题，便通过调侃来哄她开心，同时，护工也为她准备了更容易消化的食物，她的状态才逐渐恢复，并且开始劝慰她要坚强，和其他老人一起健康地住下去。

护士 A："周奶奶，您年纪这么大了就不要担心太多咯，95 岁的老太太能像你说话那么有条理就很有福了，等下午有空我带你去其他区转转。"

护工 A（陪周奶奶一起吃橘子）："这个老太太能吃得很，小伙子都没有她能吃，周奶奶，整院吃饭你第一哦！"

周奶奶（笑着朝护工丢橘子皮）："我就吃得多！能吃是福咯，要你管！"

之后护工护士散去干活，周奶奶对着几个老人和笔者继续聊天："在这儿有人陪着说话还是好的，之前儿女不在身边常陪着，自己一个人孤零零的都要忘了怎么讲话了。在这儿大家一起说说话，开心点住下去吧，不要给儿女添麻烦。"

（随后谈及汶川地震）

吴奶奶："啊，当时就我一个人在家。我儿我女不在，老伴没了，我自己一个午睡，过了半个小时被震醒了，晃晃悠悠从五楼下来。嗨呀，还是在这里好，我不用爬楼，一出来就是院子，空气又好，什么都不用做，还有人陪着说话。”

在一个寒冬天，笔者偶然参与了护工与周奶奶谈话，她们一直在讨论电视上的国际问题。在此之前也有很多医生、护工、护士主动和老人们聊天，讨论病情，这些医护人员大多都用四川话来与她们交谈。吴奶奶的主治医生和护士也经常用方言以哄孩子的口吻来消解她对打胰岛素的抱怨，吴奶奶也以玩笑的方式回应护士护工自己每天的注射次数以及饮食禁忌。在他们的对话中，笔者也注意到了护工与护士在开玩笑的时候相当注重关于生老病死词语的拿捏，她们更多将话题引向家庭关系和新闻上。而且，在笔者与两位老人交谈的时候，她们也会帮助活跃气氛，转移换题或者转译四川话。

（笔者在采访护工时的记录）

护工 A：“你们（和老人）讲话的时候，不要讲生生死死的事情，她们会害怕的。”

护工 B：“对对，这个，（要）忌讳的，要多和她们开开玩笑。这两个老太太爱热闹，喜欢听开心的事情。”

护工 C：“哈哈，我也开始和他们有感情了。照护老人不是光洗洗、涮涮、喂喂饭，他们是人，也要陪说话的，我们就一起在医院解解闷啦。这也算有段缘分，就好好相处啦。”

（12 月中旬周奶奶、吴奶奶访谈节选）

周奶奶：“电视里有些新闻好瘆人哦，外面这么不安全吗？”

护工 A：“周奶奶，不要丧气，你是这儿头脑最灵光的，就别整天随便瞎想有的没的。你在这里面安全得很，你儿孙也自有福分，你好好在这里休息就行了。”

吴奶奶：“再怎么打针吃药我也就这样啦，我不想弄了，打针不舒服。”

护士 B：“吴奶奶你不要躲着吃药，就着饭就慢慢吃下去啦，不然你以后眼睛就更痛了，更多好吃的都吃不了了，维持现在样子就不错嘛。”随后把吴奶奶身体板正打针，接着说："打针确实很疼的，坚持一下哈。不要逃啦，不然打你屁股咯！好好吃药打针，晚上我值夜班过来陪你耍！"

吴奶奶："哈哈，阿青（护士 B 的昵称），就爱耍，晚上请你吃瓜子！"

很显然，这两位老人的疾痛诉求主要有两方面：第一，缓解慢性疾病所带来的苦闷；第二，排解心理寂寞。对老年慢性病患者而言，人格维护的重要程度有时并不低于恢复健康所需要的生物医疗条件，因为人格维护以患者的自尊、角色、社会生活及需求为基础而成立，又会随其变化而受损或重构，它又是患者主观感受及主体诉求的动力源。在特定临床情况下（如泄愤或绝望），患者为维护主体诉求，在最坏的情况下，会自暴自弃、放弃治疗。而在此次田野中，笔者发现护士与护工们的话语策略是最大限度地利用"玩笑"和"方言"来劝解老人遵循医嘱，在充分理解老人的主体诉求和话语指向的基础上，及时采取对应措施。疗养区的护工则利用新闻以及流行的话题来吸引周奶奶的兴趣，这在一定程度上肯定了她作为一名知识分子的身份，也肯定了她作为这里为数不多思维清晰的老人的骄傲，维护了其人格的独立性。而吴奶奶则因为玩笑和陪伴缓解了糖尿病治疗带来的痛苦，从而不再抗拒治疗。

四、人文关怀护理——关于照护的医学人类学研究

1. 疾痛与疾病的区隔

疾病与健康不仅仅存在于生物医学的解释与实践之中，各种地方性知识也都在诠释它们的多重意义。而人们对身体与健康的理解不只是生物性的，还掺杂着各种不同的文化因素。根据相关研究的综述整理可知，国外医学人类学在疾病与治疗的研究领域，有三种基本理论：环境进化理论，认为物理环境和人对环境的适应是疾病与治疗的主要决定因素；文化理论，提出信仰、价值观和习俗组成的文化体系是基本决定因素；政治经济理论，主张经济组织和相应的权利关系是控

制人类疾病或治疗的主要力量。[1]这些理论都主张从病患者本土文化出发，通过观察和理解当地人对待健康与疾病的观念及行为，来理解和应对疾病。而凯博文作为其集成者，为相关研究提出了有效的解释模型。他对疾痛与疾病进行了区别：比起疾病来，疾痛是一种个体更深层次的体验。疾痛是一种经验生活，是患者对疾病所引起的不良反应的切实感受。而且，疾痛的发生及其作用于人体的表现与人们被“濡化”的社会文化观念密不可分。针对疾痛对患者的各种意义，凯博文主张以一种“鼓励人道”的医疗方式来消除疾痛。他认为，处理疾痛的基础方法论在于设身处地地以患者的角度来转译与诠释疾痛的话语。虽然疾痛叙事所展示的疾痛话语及其策略具有极强的利己性和主观性，但它能够突出体现患者通过人格维护去恢复正常社会定位的诉求。

89岁的王爷爷是一个典型案例。据护工反应，他患有轻微阿尔茨海默病，并伴有偏头痛。除了会与舍友、护士说一些话，其余时间一直在发呆。但是我们第一次与他交谈时，他还可以向我们袒露自己年轻时期的坎坷遭遇。在情绪发泄之后，他整个人精神状态十分不错，还帮忙为笔者倒热水。在两个月时间里笔者与他的每次对话中，他的神志一直保持清醒。

（12月中旬王爷爷访谈节选）

王爷爷：“啊，你知不知道，这个房梁是什么木头做的？是楠木。成都的气候，才能产这种木头。”（这句话重复了十余次，休息了一会又继续说）“年轻的时候吃了好很多苦，心里不得好受，家人也不在了，只有我一个人孤零零的……我弟弟，去苏联学习，后来人没了，每次想起这些事情……我头好痛。”（说完一大段话又开始继续重复第一句话）

王爷爷的舍友杨爷爷：“他经常会这样（神智有点不清醒），半夜起来，就一直坐在床上，到早上天亮。偶尔头痛的时候，一直流眼泪，念叨着过去的事情。我和护士同他讲一些话，他就不那么恍惚，但是他的病也没有什么更好的起色了。”

---

① 王建新、赵璇：《疾痛叙事中的话语策略与人格维护——基于病患主位的医学人类学研究》，《西北师大学报（社会科学版）》2018年第4期，第1—2页。

在最后我们讲完时，王爷爷给我们倒了一杯热水，一个护士过来给他整理围兜。

护士 C：“有两个妹妹陪着你说话，王爷爷今天变得好精神哟，好帅呦。”

王爷爷：“有人陪着，有得说，心里爽快。”

护士 C：“那我以后有空过来陪你聊聊哈，我去交表啦。”

王爷爷：“要得要得。”

正如本文田野结果所示，王爷爷的疾痛叙事展示了他一系列的人生变故，以及相应的家庭安全网的瓦解。正是这种更深层次的不和谐关系导致了他病理性的疼痛（偏头痛），而阿尔茨海默病也在逐渐消磨他的神志。对于他来讲，社会死亡早在肉体死亡之前就发生了，他的慢性病生活逐渐变成了慢性死亡；但另一方面，通过对其疾痛叙事的解读，他的病友和医护人员也在努力舒缓疾痛经历给他的伤害，他也因此从以往的痛苦中解脱出来，获得情感上的发泄。与此同时，在新一轮关系的塑造中，王爷爷也获得了人格的定位，而非是一个被社会抛弃的“隐形人”。这也提醒了我们需要更多地关注疾痛叙事在老年慢性病患者临终痛苦中的作用，维持有意义的社会关系可以大大提高他们的生活质量。

2. 以人为本的人文关怀医疗实践

当代生物医学有关人类有机体概念的观点，深受笛卡尔关于精神与物质、思想与身体基本对立学说的影响。虽然这种对心和身的二元论解放了生物学，增加了自然科学和临床的优势[①]，但是，疾病并不是由身或心任意一者独立引发的。疾病不是一个单独的事件，它在自然、社会和文化相互作用下反映出来。然而，现代临床医生在看待人类的病痛及苦难经验时，更容易受到身心二元论的影响，即将生物医学知识体系与客观、理性紧密联系在一起，分离感性的自我，逐渐异化为“冷漠”的治疗机器。

随着经济的发展和医学的进步，医学模式也由“生物医学模式”转变成了“生物—心理—社会医学模式”，医学科学的服务对象也由“疾病”变成了“人”。尽管现代医学模式在理论上已得到人们的认可和支持，但是在实践中转变异常困

① 西佩·休斯、罗克：《心性的身体：医学人类学未来的研究引论》，罗文宏等译，《思想战线》2010 年第 6 期，第 10—16 页。

难。如何在运用护理技术和实现医学模式的转化之间找到一个支点？就是在医疗护理活动中提倡人文关怀。

在本文呈现的案例中，充满人文关怀的医疗实践的功用被发挥得淋漓尽致。在患者远离其他紧密社会关系之后，安宁疗养区的各类角色——老人、志愿者、护士、护工、医生——之间建立起了新的关系。患者不再是一个因为高龄和患有不可治愈的疾病而被社会边缘化的人，而是作为一个拥有了新的社会关系，获得了“独立人格”的个体。在之后共同对抗疾病的过程中，照护者与患者之间的亲密关系也随之加深，他们的关系也转为更加人性化的互惠关系，在一系列人文关怀护理的实践过程中，他们也在不断地调适各自的思维方式、话语策略、行为模式，来应对慢性病的长期性及不确定性所带来的心理压力。当然，在另一方面，在新旧关系的多重监督与支持下，患者也在不断进行内化的自我管理，自发缓解慢性疾病所带来的生活负担，他们在疾病面前表现的坚韧意志及对自我人格的维护，会影响治疗效果与疾病结局。

五、结语

本论文展示了一个保持良好关系的医患互动过程，以及患者和照护者共同与疾病苦痛斗争的过程中传递关怀的方式。文章重点呈现了患者对未来不确定性的焦虑、对于子女的担忧、对病情发展情况的不安等苦难叙事的表达，与医护者聆听、反馈所带来的正向结果的实践过程。在笔者的田野之中，患者的苦难叙事通过医护人员的调整、安慰，以及整体照护环境的调适，得以释放和消解。这种叙述过程同时也作为医患间相互理解的方式进一步深化发展。最终，患者的叙事会重新获得期待，继而将疾病的意义扭转。本文也旨在展现医学人类学研究在慢性病照护领域的以“人”为中心而非以疾病为中心的照护理念与探索，提供一个文化环境下照护模式的范例，以作为反思的基础和可借鉴的经验，重新审视医学人文关怀在慢性病患者可持续照护实践中的可能性。

双元孝道视角下的数字反哺：一种理解老年群体新媒体实践的家庭逻辑

山东大学新闻传播学院　李晓璇

山东大学哲学与社会发展学院　夏　逸

指导老师　冯　强

摘要：家庭环境下老年人的新媒体实践存在“子帮亲”的数字反哺现象，这种媒介互动受到特定孝道文化信念的影响。本文采用质性研究方法，基于双元孝道模型的分析视角，探究代际数字反哺背后的文化和心理逻辑。研究发现，“权威型”和“相互型”双元轨迹的孝道信念形塑出差异化的亲子关系，影响数字反哺的具体机制和效果。“相互型”孝道信念对于数字反哺具有更显著的正向促进作用，而“绝对型”孝道使代际媒介互动呈现出独特的意义置换现象。

关键词：数字反哺；代际关系；双元孝道模型

一、研究背景

互联网时代，数字媒体融入社会生活的方方面面。与数字媒体的快速发展同时期的现象是人口状况的变化。截至 2019 年，我国 60 岁以上老年人口有 25388 万人，占总人口的 18.1%，预计到 2050 年，社会老龄化程度将十分明显①。

① 张毅：《人口总量增速放缓 城镇化水平继续提升》，国家统计局，http://www.stats.gov.cn/tjsj/sjjd/202001/t20200119_1723861.html，2020-08-22。

如景军所言，“老人也有自己的主体，社会需要为老人创造能让他们有主体性的生活”[①]。然而，应对数字技术的冲击时，老年人往往与青年人存在差距。美国学者将被新媒体浪潮边缘化的老年群体称为“数字难民”[②]，国内也有学者将新媒体时代的老年人划定成为数字弱势群体（digital vulnerable group）[③]。一方面是时代的数字化，一方面是迅速增长的老年人口及其数字需求，庞大老年群体的数字融入，成为新时期的重要议题。

老年群体的数字融入主要通过新媒体实践行为实现，比如接触电脑、智能手机等设备，使用微信、QQ 等新媒体软件等。目前，家庭作为老年人口最重要的活动场所，在老年群体的新媒体实践中发挥着重要的支持作用。家中年轻成员指导老年人学习新媒体技术，即代际间的“数字反哺”，已被证明是有效弥合数字代沟的方式[④]。而这种亲子代围绕新媒体使用发生的互动，受到特定的社会文化和亲子关系模式的影响[⑤]。值得关注的是，“子帮亲”的数字反哺是基于怎样的社会文化观念得以运行的，它又遵循怎样的规律？

面对数字反哺这一极富有“反馈”和“报答”特质的行为，或可尝试这样解释：在我国的社会环境下，“子帮亲”的家庭数字反哺中亲子的媒介互动，受到传统的孝道文化的影响。其发生作用的具体机制，尚有待进一步的探索。

---

① 正午故事（NoonStory）专访景军教授：《中国家庭变迁三十年：小皇帝、农村妇女、老人》，https://weibo.com/ttarticle/p/show?id=2309404085945115761831，2020 年 8 月 22 日。

② Wesley Fryer, “Digital Refugees and Bridges,” http://www.infinitethinking.org/2006/10/digital-refugees-and-bridges.html, 2006-10-20.

③ 周裕琼：《数字代沟与文化反哺：对家庭内“静悄悄的革命”的量化考察》，《现代传播》2014 年第 2 期。

④ A. Bailey & O.Bridging Ngwenyama, “the Generation Gap in ICT Use: Interrogating Identity, Technology and Interactions in Community Telecenters,” *Information Technology for Development* 1 (2010): 62-82.

⑤ 周裕琼、丁海琼：《中国家庭三代数字反哺现状及影响因素研究》，《国际新闻界》2020 年第 3 期。

二、文献综述

1. 社交媒体采纳过程中的数字反哺

数字反哺，指的是家庭环境中老年人使用电脑、智能手机等新媒体，或学习微信、QQ 等新媒体软件时的“子帮亲”现象。现有研究主要关注 60 岁及以上的老年人与子代的互动，也有部分研究涉及孙代对祖父母的反哺[①]。本文主要讨论 60 岁及以上的老年人与子女的媒介互动，而不涉及孙代。

就数字反哺的现状而言，有学者认为，子女对长辈的数字反哺是常见的行为，亲子间存在效果较好的反哺[②]，但另一些学者指出，子代对亲代数字反哺实际存在诸多阻碍因素，比如年轻人认为老年人不需要学习新媒体，或无暇对老人进行技术指导，或由于家庭关系不佳，反哺更多停留在年轻代的想法而非行动上[③]。而影响代际反哺效果的因素包括收入和受教育程度[④]、亲子代职业、父母教养方式[⑤]、居住地[⑥]，亲代对新媒体的认识与感知[⑦]，亲代在家庭结构中的位置关系[⑧]等。

现有的关于数字反哺的研究主要采用量化方式，探究人口特征变量对于反哺的影响，且视角集中于个体认知的微观层面，较少基于家庭关系和社会文化的角

① 黄志坤、李长灿、王明凤：《祖孙代间家庭网络反哺与阻碍因素之调查研究》，《高雄师大学报》2014 年 37 期。

② 杨立、郜键：《网络传播时代青少年“文化反哺”现象调查与研究》，《广播电视大学学报（哲学社会科学版）》2002 年第 3 期。

③ 黄志坤、李长灿、王明凤：《祖孙代间家庭网络反哺与阻碍因素之调查研究》，《高雄师大学报》2014 年 37 期。

④ 周裕琼：《数字代沟与文化反哺：对家庭内“静悄悄的革命”的量化考察》，《现代传播》2014 年第 2 期。

⑤ 朱秀凌：《手机技术反哺、亲子沟通与父母教养方式——基于技术接受与使用整合模型的分析》，《新闻大学》2018 年第 4 期。

⑥ 朱秀凌：《青少年的手机使用、数字代沟与文化反哺——基于对福建省漳州市中学生家庭的实证分析》，《新闻界》2015 年第 11 期。

⑦ 周裕琼：《数字弱势群体的崛起：老年人微信采纳与使用影响因素研究》，《新闻与传播研究》2018 年第 7 期。

⑧ 周裕琼、丁海琼：《中国家庭三代数字反哺现状及影响因素研究》，《国际新闻界》2020 年第 3 期。

度展开。而事实上，数字反哺中“子帮亲”的新媒体帮扶，可以被视作亲子间的“回馈”和“报答”在媒介领域的体现，其间种种具体而微的互动，涉及对于亲子关系以及形塑这种关系模式的社会环境的讨论。综合来看，我国的家庭互动有其社会和文化意义上的特殊性，这集中体现在华人文化中“孝”的原则对于亲子关系和亲子互动的影响。如台湾学者叶光辉所指出的，“孝”的理念和文化传统贯穿于子代对于亲代的经济、文化和情感的反哺与回馈行为中[①]。对于中外家庭关系中子代在各类反哺行为方面的区别，也可以用“孝文化”的差异进行分析。

因此，研究我国家庭内部对老年人的数字反哺这一媒介回馈行为时，可以引入“孝文化”的视角，探究“孝道”在数字反哺中的体现与作用，从而深入透视我国家庭媒介互动的独特机制和逻辑。

2. 双元孝道模型：分析“数字反哺”家庭逻辑的理论视角

双元孝道模型由台湾学者叶光辉提出，是基于华人社会亲子代际关系的双元特性而形成的理论视角。该模型从心理学角度切入，关注文化环境之下的特定的孝道信念对于家庭关系和亲子互动的影响。

在我国文化渊源里，亲子间的“孝道关系”呈现出复杂多样的状态[②]。春秋时代，孔子将结合天然情感与社会运行秩序的“孝”建制成调节人际关系的重要法则，而秦汉至明清，政治集权的形成和君权的强化，使“孝道”从原本的以天性和德行为中心，转变成以权威、秩序为中心，向着“绝对主义伦理观”的方向发展[③]。20 世纪之后，受到西方平等思潮的影响，家族社会逐渐向个人社会转变，传统的权威崇拜开始崩解，并在亲子关系上逐步强调亲子之爱，而非传统孝道的权威和服从[④]。

因此，流传至今的孝道文化同时具有情感的自然面向和服从权威与阶序规范的强制面向。有鉴于此，叶光辉构建出“双元孝道模型”，将华人子女的孝道信

① 叶光辉：《台湾民众的代间交换行为：孝道观点的探讨》，《台湾心理学研究》2009 年第 3 期。

② 叶光辉：《孝道困境的消解模式及其相关因素》，《“中研院”民族学研究所集刊》1995 年。

③ 叶光辉：《孝道概念的心理学探讨：双层次孝道认知特征的发展历程》，《台湾心理学研究》1998 年第 9 期。

④ 周晓虹：《文化反哺：变迁社会中的代际革命》，商务印书馆，2008，第 220 页。

念分为“相互型”与“权威型”两种[①]。相互型孝道，运作基础是亲子间自然的感情联结，发展于子女与父母日常互动中的亲密关系，子女表现出善待、关怀父母的心态与行为。这是一种主动自愿、作用力强的信念，以儒家的“报”及“亲亲”两项人际互动原则作为运作机制。而权威性孝道是个体遵从社会的亲子规范和权力秩序，其运作遵循儒家伦理中的“尊尊”原则[②]。这两种孝道信念的模型在性质上相互区隔，作用效果也不一样[③]。

双元孝道模型在社会现象研究中得到广泛应用。例如，运用双元孝道模型研究青少年问题行为[④]，解释大学生的孝道信念与网络成瘾的关系[⑤]，探究双元孝道对于家庭旅游决策行为的影响[⑥]。模型在不同社会问题的领域都体现出一定的解释力，而将理论视角引入家庭媒介互动的场合，可以基于心理角度分析“数字反哺”现象背后的家庭关系与社会文化机制。

就理论本身而言，也有值得继续讨论之处。首先，原理论立足心理学“关注个体”的学科视角，是一种以子女的孝道认知为主的信念模型，过往研究也多聚焦于子代的孝道认知和行为[⑦]。但是，父母辈的成长也处在孝文化的浸染下，他们自身形成的对于孝的认识，也影响了他们对于子女孝行的预期。故而模型不仅能解释子代的孝行和孝道信念，也可以用来观察亲代对子女孝道行为的理解和诠释。因此，本研究也将在数字反哺行为中关注父母方的阐释视角，探索代际的孝道信念在碰撞时产生的共识、冲突和妥协对两代人的数字互动产生的影响。其次，在相互型和权威型孝道的双元轨迹之外，还存在两种孝道共存，并在某些场合下相

① K. H. Yeh & O. Bedford, “A Test of the Dual Filial Piety Model,” *Asian Journal of Social Psychology* 6(2003):215-228.

② 叶光辉：《华人孝道双元模型研究的回顾与前瞻》，《台湾心理学研究》2009 年。

③ Yeh, K. H.,“The Impact of Filial Piety on the Problem Behaviors of Culturally Chinese Adolescents,” *Journal of Psychology in Chinese Societies*,vol.7,no.2,2006 ,pp.237-257.

④ Yeh, K. H.,“The Impact of Filial Piety on the Problem Behaviors of Culturally Chinese Adolescents,” *Journal of Psychology in Chinese Societies*,vol.7,no.2,2006 ,pp.237-257.

⑤ 魏华、段海岑、丁倩等：《百善孝为先？大学生双元孝道信念与网络成瘾的关系研究》，《心理发展与教育》2019 年第 1 期。

⑥ 白凯、张娇、璩亚杰：《双元孝道对家庭旅游决策行为的影响研究》，《旅游科学》2018 年第 1 期。

⑦ 叶光辉：《再论华人孝道双元模型的几个关键性议题》，《台湾心理学研究》2009 年。

表 2 访谈老年人子女的基本情况

地区	称呼	性别	年龄	身份及学历
山西省晋中市	F 女士的儿子	男	32 岁	经营小店，高中
	S 女士的女儿	女	48 岁	初中教师，本科
	R 先生的儿媳	女	36 岁	大学教师，本科
	J 女士的女儿	女	23 岁	大学硕士在读
山东省潍坊市	M 先生的儿子	男	40 岁	机关干部，本科
	W 先生的女儿	女	45 岁	机关干部，硕士

研究采用批判的质性方法论，默认前提是：社会文化结构影响个体行动，而研究者可以“从支持个体行动的表层理由出发，发掘背后被成员们默认甚至难以觉察的深层理由”[①]。双元孝道模型讨论亲子对于家庭关系的信念类型，这些信念受到社会流行观点、教育、圈层文化等的影响，在个体的言谈举止中有所流露。要从话语推及背后的文化理念，这一分析过程首先需要一个意义分类体系（一般是关于文化结构的理论，但本文使用的是微观的孝道模型），其次还需要一个由表层行动意义推及深层文化动因的分析方法，本文采用的是“效度层级”（validity horizon）的方法。

据任玥等[②]的归纳，批判的质性方法论将人类行动划分为主观域、客观域和规范域，个体基于不同领域完成申述，即关于个人经历和体验的主观性申述（“我感觉 xx”），围绕客观现象的客观性申述（“存在 xx 事物”），围绕对与错的规范性申述（“应该做 xx”），以及对于自身诉求、特点和风格进行描绘的身份申述（“我是 xx 性格的人”）。在理解个体行动意义时，通过构建效度层级，对于申述的突出性进行定位：“我怎样想”的主观申述，可以被置于理解行为的前景（foreground）申述当中，而“我是什么样的人”的身份申述以及对现象的客观申述，可以作为为前景申述打下基础的中景（intermediate）申述，此外，通过交叉收集材料和推理，可以获取文化中作为成员交往前提却很少以语言形式明示的背景（background）

① 菲尔·卡尔斯贝肯（Phil Francis Carspecken）、任玥：《批判的质性研究方法论与行动取向》，《北京大学教育评论》2010 年第 4 期。

② 菲尔·卡尔斯贝肯、任玥：《批判的质性研究方法论与行动取向》，《北京大学教育评论》2010 年第 4 期。

申述（包括规范申述、价值申述等）中。在这一由内而外的个人行为意义的层级体系中，研究者基于对不同层次申述的内容及其互动关系的理解，完成对于文化影响个体行动取向和心理模式的路径探析。

据此，本研究采用半结构访谈收集材料，自 2019 年 8 月开展对受访者的线下面访，时间在半小时到两小时不等。提纲包括三个部分：第一，受访者的个人生活史；第二，受访者家庭成员概况（工作、婚姻状况等）及家庭关系概况（互动频率、共同居住情况、相处细节等）；第三，受访者家庭内媒介的数字反哺情况。

在分类材料时，对以上三个部分的访谈材料按照背景申述、中景申述和前景申述归类，例如，“他教我用微信，我感觉 xx”的主观申述属于前景申述，涉及个体情感态度，“这是天经地义的”等作为规范申述纳入背景申述部分。其次，根据双元孝道理论，对涉及第三部分家庭媒介互动的申述进行主题归类：与相互型孝道有关的新媒体亲子互动；与权威型孝道有关的新媒体亲子互动；与两种孝道类型都有关系的新媒体亲子互动。同时，将前两类材料（个人生活史、家庭成员和家庭关系概况）作为补充和支撑解释的部分，例如，判断子女“教她用微信不麻烦”这句话的实际态度，需要结合家庭关系其他方面的关系为参照。

四、双元孝道的两个面向：“相互”与“权威”

（一）“爱”与“报”：相互型孝道之下的代际数字反哺

在依循相互性孝道的家庭关系中，“爱”占据较高地位，亲子互动强调父母和子女彼此付出的、平等的情感参与。子女在媒介领域的数字反哺是人际亲密情感的自然结果，也是回馈父母生养恩情的体现。而父母基于亲子之情的联系，具有更多学习媒介的热情，也会从接受关怀和回报的角度理解子代的反哺。在这样的关系逻辑下，亲代的媒介学习与子代的媒介传授，体现出“爱”与“报”两个面向。

1. 亲代学习：“亲密”和“理解”促成媒介联系

相互型孝道中“亲亲”的运作方式，在父母端的孝行期待和孝行解释上体现于两方面。首先，父母期待与子女发生基于新媒体的交流和联系，这有力促进了代际间的数字反哺。

我公公婆婆一开始不用微信，后来是我老公和他们说这个好，这个打电话不花钱，联系家里人更方便，他们就让教他们用。在我家，我妈（指受访者R的亲家）也是，她退休了，和以前同事联系得少，用微信就是在家庭群里，她用这个一开始就是听说能打视频，想多见见闺女和外孙。（受访者R先生的儿媳）

R先生和妻子退休在家，日常活动主要是种菜、打牌，社会关系较为单调，对于新技术的需求不高。但是，因为挂念孩子，他们积极参与到和子代相关的新媒体实践当中。可以看到，父母辈意识到新技术在加强家庭联系上的好处，从而主动要求成为新媒体实践中的“被指导者”，获得了参与亲子线上沟通方式的机会，以此加强亲子的感情联系，实现代际媒介互动与交流。而父母的这种努力和善意，也让子女有所感知，更加促进了“子帮亲”的数字反哺。

这种“亲亲”的运作逻辑在父母端另一方面的体现，则是通过形塑孝行期待，影响父母对“数字反哺”行为的意义解读。

受访者S女士丧偶之后独自在乡下居住，加之年纪大了，不能像以前一样干农活，日常生活少了许多内容。后来，子女给她购买了智能手机，教她使用微信、抖音等软件，用以联系家人或消遣娱乐。

我用这些东西挺靠他们（指S女士的儿女）的，要我自己琢磨，我不行。他们也是挂念我，惦记我，怕我闷，也不放心我一个人。（受访者S女士）

S女士愿意相信，子女为她买手机、教她用新技术，是出于“挂念”而非其他理由。事实上，在数字反哺过程中，难免有亲子权力地位的倒置和角色关系的变化，而寡居或健康状态不佳的老人，却可借由自己的“亲亲”信念坦然接受孩子的照顾，将其理解为儿女的爱和关心，而非自己失去自主功能、是“亟待帮助”的失能者。也就是说，相互型孝道中亲子平等的位置关系，以及纯出自然的情感和“非固定责任”的互动秩序，更能让父母感受到角色义务之外的、基于“爱”的亲子互动，为他们构建“数字反哺”的意义提供了不同的思路，对“被反哺”做出更加富于人情味的解释，这也提升了老年群体对新媒体使用本身的接受程度，削弱了其对于技术的恐惧或反感心理。

2. 子代教导：“回馈”和“报偿”加强媒介互动

“报”的原则是互动型孝道的又一个核心内涵。子女教父母使用新媒体，一定程度上基于“报恩”的思想。源于亲密情感的“报”，是出于本性的“你对我好，我对你好”的体贴，是子女感受到父母曾经养育中的付出而给予回应和报偿。体现在数字反哺上，就是子女主动克服困难，帮助父母进行技术学习与数字融入。

教年老的父母使用新媒体，“还真没那么容易”（受访者 W 先生的女儿），老年人的数字学习受限于身体和心理原因[①]，相比年轻代而言，面临更多的困难和挑战。多位受访者坦言，自己对于微信的发红包、聊天视频等功能，需要反复学习才能掌握（受访者 F 女士，S 女士，T 女士）。因此子女在数字反哺的过程中，需要克服这些阻力，而支撑他们继续教下去的，就包括这种“报”的理念。如受访者 M 先生的儿子所说：

> 像那句老话，“乌鸦反哺”，我们也是爸妈手把手带出来的，现在教他们用个微信怎么了。人老了，学得慢，我们耐心点，也不是什么大事。（受访者 M 先生的儿子）

“报”集中体现了相互型孝道的相互性，子女将数字反哺行为视作对父母恩义的主动偿还，因此会表现得更主动，想方设法地替父母着想，帮助父母克服微信学习过程中的困难，这是单纯基于“角色义务”的数字反哺行为难以完成的（具体见后文）。

---

① 张硕、陈功：《中国城市老年人新媒体使用影响因素研究——基于北京市朝阳区的调查》，《南方人口》2013 年第 4 期。

对于父母而言，他们可以用“报”来解释子女的行为，把数字反哺看作是平等的情感付出与回馈，或者出于对“报”的预期，主动要求子女进行技术支持。这种“报”的思想，还进一步拓展到了家庭外部的学生、晚辈身上：

我一般就是见到谁就抓谁问，包括我的学生。用起技术，现在的小孩儿更厉害。有人来了，我就赶紧问，赶紧记。他们一般也乐意告诉我怎么用，指导得可详细了。（受访者L先生）

L先生是器乐演奏家，退休后也不断有学生来拜访。当他提出想学微信和百度时，都获得了正面反馈。有时即使他不说，了解他兴趣的年轻来客也会主动教他新媒体的操作方法。L先生说，他们的帮助往往本着“尊老”的心态，教他用新媒体就像“在自己家里教爷爷奶奶一样”。

研究指出，具有较强孝道观念的个体，会将对于父母的“孝”扩展至普遍的尊重年长者，而青少年的孝道观念能够正向预测他们在社会中“尊重老人”的普遍性水平[①]。可见，相互型孝道中“报”的概念，不仅可以解释家庭中的数字反哺现象，也可以进一步进行社会层面的意义扩展。

（二）“义务”与“压抑”：基于权威型孝道的代际数字反哺

权威型孝道以儒家的“尊尊”原则作为代际互动的运作原理，在这种孝道信念下，子女相信其对自身社会身份承担责任，据此完成反哺行为；而父母对于子女的孝行期待也多从义务层面出发，体现出看重权威和秩序的特点。总体而言，亲子间的数字反哺和媒介互动存在“义务”与“权威”两个面向。

1.“基于义务”：角色责任压迫下的媒介交流

当老年人希望学习新媒体，并要求年轻一代提供支持时，年轻代出于自身角色责任，往往会满足老年人的需要。

那我妈来问我，我能不告诉她吗？就教她用电脑，装软件什么的。她有时候

① 李启明、陈志霞：《父母教养方式与双元孝道、普遍尊老的关系》，《心理科学》2013年第1期。

想玩个游戏了，也来问我怎么弄，我就教她。（受访者 F 女士的儿子）

F 女士的儿子对“为什么教母亲使用新媒体”的解释是，“她是我妈，她来问我，所以我得告诉她”，这是一种为人子女的责任。在这样的话语中，亲子身份以及其隐性伴生的义务成为行为解释的最终依据。孝文化的身份规范就为数字反哺提供了秩序层面的意义保障：年轻子女认为在伦理责任之下，自己“应该满足老年人的技术求知”，并默认老年人在家庭中拥有在技术、知识等方面“被反哺”的正当性。这种话语氛围在一定程度上保障了老年群体的媒介使用权利。

但是，在权威型孝道的信念逻辑下，父母接近于一种“概念化他人”“社会化来源”的角色[①]，子女基于身份义务行事，或行事只出于寻求社会规制认可的需要，因此对于自己的责任勉力而为、“完成即可”，更少具有相互型孝道中“报”的主动性和克服困难的耐心。这一信念的典例是子代“授人以鱼而不是授人以渔”的代理反哺。

每周三我们不是要放烟（指店内进货）吗，就是姑娘（指 F 女士的女儿）把电脑打开，姑娘把软件弄好。直接打开，想要用什么就点，不用我打字。（受访者 F 女士）

“代理反哺”是常见的数字反哺方式[②]，子代往往会在“满足基本需求”的层面上考虑老人的新媒体使用，操作新媒体替父母完成工作、预约医院等社会服务，或为父母提前下载影视资源等。但是，对老年人而言，这种代理反哺未必是他们真正需要的。

排个页面啊，做个图啊，人家在电脑上捣鼓一下，刷刷的就好了，我就说你教教我……有时他看我做得辛苦，就说他帮我做了。但这不好让人家替，咱是想

① 叶光辉：《再论华人孝道双元模型的几个关键性议题》，《台湾心理学研究》2009 年。

② 黄志坤、李长灿、王明凤：《祖孙代间家庭网络反哺与阻碍因素之调查研究》，《高雄师大学报》2014 年。

学技术，让别人替咱，那不就学不会了。（受访者L女士）

像L女士一样，许多老年人对新媒体很感兴趣，在技术学习中渴望知道“怎么操作”，而不仅仅要一个操作后的结果。但是，当子代采用代理反哺与老人互动时，老人并没有真正学到媒体技术。子代虽然看到了老年人对于技术使用结果的需求，却忽视了他们学习技术的需求，忽视了他们的好奇心和探索欲。事实上，察觉老年人的兴趣、不厌其烦地指导，需要付出更多的情感关怀，而这种发自内心的体贴在权威型孝道的信念逻辑之下很难顺利实现。对秉持义务信念的子代而言，数字反哺只意味着“代替完成”或简单地回答问题，而非真正主动、耐心地教导。

同样，父母基于义务信念解释子女的反哺行为时，也不会认为这是对自己的关心和爱护，而认为这是天经地义的，“他们（指子女）教教你，不是应该的吗，是本分”（受访者M先生）。如果子女在反哺过程中，没有满足父母对于“面面俱到”“耐心细致”的期待，父母就会认为他们还做得不够，于是生出对子女“不好好教”的不满。这也导致了一些数字反哺中代际冲突的局面，进一步妨碍了老年人的媒介接触和使用。

2.“遵从权威”：亲子反哺中的媒介权力

权威型孝道信念的另一重表现是，成员相信个体在家庭关系中应该尊敬并顺从地位较高的人，关系中的是非判断、行为选择，都以权威者的意见为准则。子女幼年时，基于不对等的权力、资源和经验条件，父母要求其听从于自身。而当时间推移，父母的威权程度逐渐降低，子女的财富、地位、技术话语权提升时，他们延续父母在其幼时扮演的行为楷模角色，变成了新的“权威者”[①]，并逐渐成为父母在使用新媒介时为他们裁断是非、指导行为的人。

一方面，出于对关系中这种权威阶序构造的认同，老年人也会更容易接受子女的权威地位，其对于知识丰富的“媒体权威”的“言听计从”，也有助于媒介知识从年轻代向年老代的流动，提升反哺效果。如受访者T所言：

① 叶光辉：《华人孝道双元模型研究的回顾与前瞻》，《台湾心理学研究》2009年。

以前是我们教他们，现在是他们教我们。他们（年轻人）在这方面就是比咱厉害，就多和他们学呗。（受访者T女士）

但另一方面，这种“权威—服从”的孝道秩序，也会带来一些反哺中的问题。比如受访者F女士的“被迫式”的家庭媒介互动：

我让儿子教，他经常不耐烦。姑娘（指F女士的女儿）好点儿，但问多了她也烦。之前不是说每周放烟（商店进货）么，一般是姑娘下班回来帮忙做，我想学，但那东西太复杂，她教了几次教不会，就算了。平常我想玩个游戏，她不让，说一玩起来就顾不上店了。我心里也知道，你一玩，少不了问他们，他们也不想次次教你怎么操作。（受访者F女士）

她（指母亲F女士）就觉得，她不会，你就应该多帮她弄，但我有时候也不想弄，挺费事的。然后（母亲F女士）就去问别人，或者等我姐回来。（受访者F女士的儿子）

基于权威型的孝道信念，常涉及与自我压抑、顺从相关的心理与行为表现[①]。年轻人不想教又不得不教，因此“不愿意好好教”，察觉到这点的老人也“不愿意学”，感觉耽误孩子，也不想让“自己被嫌弃”。如此循环，本是好事的数字反哺，反而造成了家庭关系的不良互动。

此外，权威型逻辑之下，一些老年人也不会将数字反哺看作是增进亲子感情的家庭交流，而将其视作自身不得不顺从技术权威的体现。他们觉得自己“什么也不会，挺丢人的”（受访者F女士），于是有意无意地回避新媒体学习。更有甚者，为了不让子女把自己看作技术失能的弱势者，用“学不会”“没必要学”为借口，避免承认自己“不会、不懂”，拒绝出让其技术领域的权威地位。如受访者T女士所说：

① 李启明、徐海燕:《大学生心理传统性及现代性、人格特质与双元孝道的关系》,《心理学探新》2011年第6期。

我这人喜欢耍手机，但他（指T女士的老伴）就不用，说没意思。其实我知道他那人就死犟，觉得被小孩教没有面子，就说不用。后来他是看我用得好，才和我学着用。（受访者T女士）

因此，老年人即使接触新媒体，也更愿意从同辈、伴侣处学习。亲子共同体之间的技术联系被削弱，子代难以通过反哺让老人学会新技术。从这个角度讲，权威型孝道对于“权威性”的强调，使媒介成为一种权力的外化和规则的象征符号，亲子间教导与学习成为规制性的而非情感化的互动，这也加大了数字反哺的困难。

（三）孝道的“绝对型”：意义的转置与媒介互动的具身性

双元孝道模型在“高情感、低权威”的相互型和“高权威、低情感”的权威型孝道之外，还存在二者均高的“绝对型”和均低的“非孝型”[①]。后者的亲子互动较少，本文不予讨论。值得一提的是兼具高情感性和高权威性的绝对型孝道——相互型和权威型两种信念在亲子互动中共存——体现出“既重视情感联系、也看重责任规范”的特点。这也显著影响了亲子间数字反哺的具体机制。

以前我妈不想做一些电脑上的东西，就让我帮她做，她觉得这是我的责任。有时我也不是很喜欢，觉得她可以自己完成。但她就会说些有点伤人的话，比如“你怎么这么不负责任啊”之类的。这种情况下我就很不乐意。但有时候我也看她挺辛苦的。一开始我会不想帮她，但我帮她做完，或者告诉她怎么做，她就很开心，夸我说你真厉害什么的，我也挺开心。感觉能让她学到东西，不用那么辛苦，我也比较有成就感。（受访者J女士的女儿）

在此过程中，个体对于反哺行为意义的阐释发生了转置。开始是基于责任而为之，是服从母亲的孝道期待和外在的角色规范，这种理解方式是基于权威型孝道的信念逻辑；但随着数字互动的深入，通过主体性的发挥，她察觉到自己反哺

---

① K. H. Yeh & O. Bedford, “A Test of the Dual Filial Piety Model,” *Asian Journal of Social Psychology* 6(2003):215-228.

行为的作用，也加深了对母亲使用设备困难的体谅，这又体现出相互型的心理模式。两种孝道信念并未在同一场景中共存，而是随着反哺行为的进行，经历了时序上的变迁。数字反哺在一定程度上起到了“转换器”的作用，促进了主体对于家庭关系中自身角色意义的再认识。

那么，这种意义的转置又为什么会发生呢？

> 我怎么回应，也和心情还有当时的情况有关。如果我爸妈的态度比较平和，或者确实有问题着急问我，我会很愿意帮他们；或者我事情少，心情比较愉悦，也会愿意帮。但如果是很小的问题，比如微信收藏那种很简单的操作，我讲过三四遍，还画流程图了，他们还是不愿意记，还来问我，我就会不想帮，很烦。要不就是他们解决不了，着急，把气撒到别人身上，非要我帮他们，那我也不乐意。（受访者J女士的女儿）

数字反哺过程中的人际互动是带有具身性色彩的问题。不同的孝道信念作为先验性的意义和价值指导，存在于主体的认识当中，但主体会在何时遵从何者的逻辑，并不是一以贯之的、单凭理性意识判断的过程。依据具身性的认知观，认知是“主体在身体—环境的动力耦合中涌现出的具身行动能力”[①]。而行动者对世界的参与、理解和行动，“不是认知上的慎思，而是具身的、情感的实践”[②]，是知觉性的，视觉的、听觉的，也是运动的。

在数字反哺过程中，亲子代间存在很多微妙的情感交流和地位转化，深受“此时此地”的情境性因素的影响。高声的话语、情绪压力、不耐烦的表情和动作，都会影响双方对于媒介互动意义的解读，从这个角度讲，孝道作为一种文化信念，对于人们实践行动的指导和影响是情景式的，而数字反哺中的意义的流动与转置，也是需要结合具身视角讨论的问题。

---

① 何静：《具身性观念：对理智传统的克服与超越——以梅洛-庞蒂和米德为中心的考察》，《西南民族大学学报（人文社科版）》2019年第9期。

② 何静：《社会交互与主体间性的具身性分析》，《苏州大学学报（哲学社会科学版）》2020年第1期。

五、结论与讨论

传统的数字反哺研究主要采用量化方式，探究人口特征变量对于反哺的影响，得出关于具体因素与反哺效果相关性方面的结论。本文从家庭亲子关系的孝道信念出发，探讨由文化形塑而成的关系信念对于具体数字反哺行为的影响，为相关研究提供了新的视角。此外，研究从两个方面细化和发展了双元孝道模型的理论：一来在子女的孝道信念实践之外，补充了父母端孝道期待和孝行解释的分析视角，此外也对“绝对型”的孝道互动逻辑进行了细化的解读和阐释。

综上，双元孝道模型在家庭数字反哺行为中的应用和拓展如下：

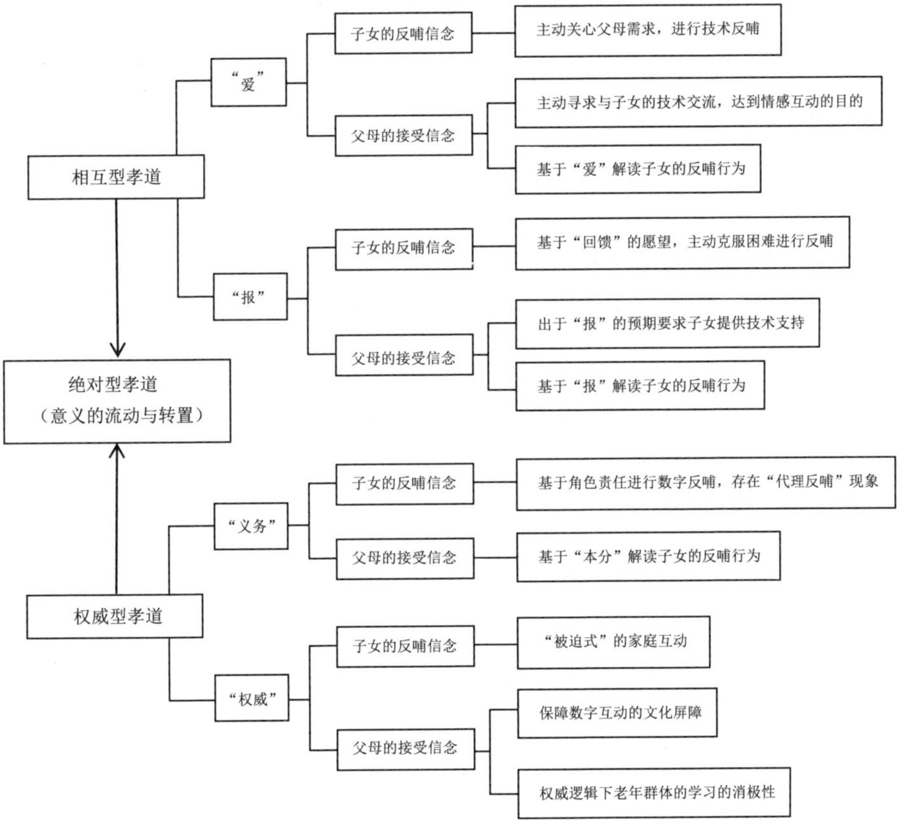

图 1　双元孝道模型在家庭数字反哺行为分析中的应用与拓展

总体来说，孝道作为中国传统思想文化，通过教育、宣传等途径形塑个体的关系信念，影响亲子间数字反哺行为的具体运作。而数字反哺也参与到了亲子关系的新一轮构筑当中，作为仪式化的环节维系着“家庭”这一共同体的存在和运转。年轻人因为“教父母用微信”而体会到关心父母的踏实，老年人也从“被反哺”中感受到关爱。“子帮亲”的媒介传播模式，使原本的亲子关系得到了“描述”与“确认”，而作为数字反哺中介的媒介，则成为勾连两代人的纽带。

虽然相互型孝道信念与权威型孝道信念都会导致反哺的发生，但二者在反哺效果层面差异显著。权威型的孝道信念让子女“有义务”进行代际间的数字反哺，在一定程度上满足了父母辈的技术需求，但对权威和规范的强调压抑了子女情感的自主性，容易出现“行动但不走心”或代理反哺，引发老人对技术学习的抗拒和消极心态。而相互型孝道之下，子女出于关心和爱护耐心教导老人，后者也会将其看作是“爱”和“报”而欣然接受。就数字反哺实现的可能性和学习的质量而言，相互型孝道的优势更明显。

因此，如果希望通过家庭数字反哺促进老年群体的数字融入，可以考虑从孝的信念与孝文化层面改善亲子关系，减少反哺中的阻碍。在政策性的思想宣传与道德教育中，可以进一步强调相互型的“新孝道”，促进平等、自主的亲子情感的构建。由此，让子女不再把“教父母用新媒体”当作基于义务的勉强支持，或回馈生养的资源交换，而是一种爱他人的能力，一种自我实现的重要手段；而父母也不会把子女的技术反哺理解成自身话语权旁落时“不得不麻烦子女”的依赖，而是将其看作借媒介实现亲子亲密互动的机会。这在一方面能充分发挥家庭媒介场域的带动作用，促进我国老年群体的数字融入，另一方面，也有利于营造更为和谐的亲子关系和社会秩序，使得作为人类宝贵财富的中国孝文化在新时代焕发出新的生命力。

文化移转视角下“青咖”的生成路径

——基于浙江省青田县的田野研究

中央民族大学民族学与社会学学院2019级民族学专业　李　怡

指导老师　赵　萱

摘要：在咖啡文化已成为全球性文化的今天，本文通过对丽水市青田县“青咖”这一文化移转路径的分析，来探究咖啡这一舶来品与青田县的历史缠绕，以及咖啡如何由青田华侨“去文化化”地带回本地，使青田成了“最正宗的意式浓缩咖啡聚集地”。此外，在咖啡文化与本土文化杂糅交合的过程中生成了一种既不是外来咖啡文化又不是本土固有文化的新文化——“青咖”，在这一创造中既充满了矛盾和冲突，又提供了一条有价值的新的发展路径。此次田野调查以青田县咖啡馆为载体，对青田咖啡的文化移转过程进行深入追踪，考察在咖啡馆这一公共空间里经营者、消费者、政府三方所呈现的文化移转效果，以及“青咖”作为青田县的旅游宣传名片在“在地化”的过程中面临的旅游真实性等问题。同时，本文认为，“青咖”这一新文化也需要根植于民众的生活实践，在动态调整中找寻一条合理的发展路径，以完成其文化符号的构建，带动青田县旅游经济文化的发展。

关键词：文化移转；青咖；咖啡馆；符号建构；旅游真实性

一、绪论

（一）研究背景及缘起

在全球化背景下，物的流动跨越有形和无形的边界到达世界的各个角落。咖啡这一消费品及其文化也随着全球化的路径，发展成为一种成熟的全球性文化。而在中国，随着经济的不断发展，城市“小资”队伍不断壮大，咖啡消费市场前景巨大，随之而来的“咖啡文化”也充斥着国人生活的每一个角落，无论在家里，还是在办公室，或是各种社交场合，人们都在品着咖啡——它逐渐与时尚、现代生活联系在一起，成了时尚和潮流的代名词。咖啡馆也出现在大街小巷，是人们聚会、放松、学习场所的不二选择，变成城市里不可或缺的一部分，与人们的日常生活实践紧密融合在一起。

在得知田野地点是浙江省丽水市青田县后，笔者根据预调查了解到，在青田县这一小县城就有两三百家咖啡馆。由于本人是咖啡的忠实爱好者，所以在最初便对当地的咖啡文化产生了浓厚的兴趣和好奇，在后继的调查中了解到咖啡馆众多这一现象与当地的华侨历史紧密相关：青田华侨将咖啡从欧洲带回青田，同时也带回了喝咖啡的习惯，于是不计其数的咖啡馆融入了城市空间，成为当地人日常生活的一部分；同时，政府也出台了一系列关于推广青田咖啡（简称“青咖”）品牌理念的政策措施。“青咖”这张旅游金名片作为青田县文化传播和经济增长的重要媒介，关系着青田县这一侨乡的持续性发展，也与青田人们的日常生活实践紧密关联，构建了这一城市的独特气质。本文欲通过探究“青咖”这一文化移转的过程，引导社会对外来文化“在地化”的重视，以此转化为自身旅游产业的内生动力，促进城市发展。此外，城市文化的符号化表达有利于社会寻求共同记忆，增强身份认同感，形成社会文化标志。“青咖”这一文化符号的建构是一个很好的切入点和观察点，可以在探究这一建构和移转的过程中找寻到一条合理的展示路径。基此，笔者想以“青咖”为例，通过研究青田县“青咖”的文化移转和在地化的过程，对青田县乃至我国城市发展背景下，旅游经济的发展与文化的传播提供新思路。

（二）文献综述

1.“文化移转”的发展路径

通过梳理“文化移转”（transculturation）[①]的发展脉络，发现关于文化移转概念的发展大致可以分为三个阶段。“文化移转”这一概念发展的三个阶段也对应了不同地区学者从不同的时代语境和角度对其的深入研究。时至今日，这一概念依旧处于“未完成”状态，不断有新元素加入，拓展着自己的内涵边界。

（1）第一阶段

在拉丁美洲，文化移转（transculturation）一词由古巴人类学家费尔南多·奥尔蒂斯（Fernando Ortiz）首次在西班牙语美洲人类学研究语境下进行了系统的阐释[②],他指出“acculturation”一词意含着处于劣势的一种文化单向度地被动接受外来强势文化倾倒式的影响，而“transculturation”一词更适合于表达古巴从未中断、强烈而又复杂的印第安人、白人和黑人三者的文化融合过程，并且各种文化在接触中进行了双向或多向的遴选、互动、冲突、蜕变，同时也必然包括各方文化遭受的“缺失或根除”或“部分去文化化”，使各自都褪去了原本文化的底色，在此基础上形成了新的文化。此概念经过数十年的发酵，秘鲁人类学家何塞·玛利亚·阿尔盖达斯（José María Arguedas）继承了奥尔蒂斯的观点，仍然认为transculturation是一个动态的过程：秘鲁原生文化长期处在西班牙殖民文化的缝隙中，由此形成了一种“混血儿”文化[③]。紧接着于20世纪80年代初，乌拉圭学者安赫尔·拉玛（Ángel Rama）将transculturation这个词应用到文学研究中，并呼吁要重视反对transculturation的声音，因为当中蕴含着保留原生文化的诉求[④]。可以看出，拉丁美洲学者对“文化融合”的理解，大致经历了从历史到政治，再到文学文化的过程，这大致跟transculturation一词的产生、发展过程一致。

---

① “transculturation”一词传入我国后，由于翻译与学者理解差异，有“文化互化”“文化汇流”“文化移转”“文化嫁接”“跨文化”等多种表述，在本文中选取“文化移转”这一理解进行分析说明。

② 于1940年在经典著作《烟草与蔗糖的古巴对奏》中提出。

③ Diana Taylor, “Transculturating Transculturation,” *Performing Arts Journal* 2 (1991):92.

④ Diana Taylor, “Transculturating Transculturation,” *Performing Arts Journal* 2 (1991):92.

（2）第二阶段

在欧洲，transculturation 一词得到深化和拓展。20 世纪 90 年代初，人文学教授玛丽·路易斯·普拉特（Mary Louise Pratt）认为 transculturation 就是她提出的“接触区”（contact zone）中所表现出来的一个现象，她将其定义为“不同文化相遇、冲突和相互争斗的社会空间，通常处于高度不对称的支配和从属关系中，如殖民主义、奴隶制或其后果”[①]。受前者启发，吉尔贝·约瑟夫（Gilbert Joseph）提出了“遭遇”（encounter）的概念。在他看来，“遭遇”一词是两面的，这个词意味着充满争论和冲突的互动，也意味着联系、共鸣和契约[②]。学者理查德·罗杰斯（Richard Rogers）则认为“文化移转”是四种文化挪用[③]（cultural appropriation）类型之一，这四种类型分别是文化交流、文化主导、文化剥削和文化移转。他指出，虽然这些类型都可以被理解为与特定的背景或时代相关，但“文化移转”最终质疑了其他三个类别的有效性，“文化移转”有区别于其他单向度类型的内涵[④]。此外，俄国学者米哈伊尔·爱泼斯坦（Mikhail Epstein）还提出了“transculturalism”概念，其隐含着在众多文化里超越差异，和跨越文化（人为的）界限的意思，以体会我们自身文化的有限性和局限性。在此语境下，transculturation 和 transculturalism 的意义相近[⑤]。

---

① Mary Louise Pratt, *Imperial Eyes: Travelling Writing and Transculturation*, London and New York: Routledge, 2003,p.6.

② H. Gabriel & Diaz Maggioli, “Model of Transculration 2(1997).

③ 虽然文化交流、文化主导、文化剥削和文化移转这四种类型都可以被理解为与特定的背景或时代相关，但文化移转质疑嵌入在其他类型的挪用中文化的有界和专有观点。文化交流指具有大致相同权力水平的文化之间的符号、文物、仪式、流派和（或）技术的相互交换；文化主导意味在被强加给次属文化的背景下，次属文化的成员使用主导文化的元素，包括实施抵抗的行动；文化剥削指在没有实质性的互惠、许可或补偿的情况下，由主导文化挪用次属文化的要素；文化移转指由多种文化和（或）多种文化创造的文化元素，因此识别单一的原始文化是有问题的，例如，在全球化和跨国资本主义创造混合形式。

④ Richard Rogers, *From Cultural Exchange to Transculturation: A Review and Reconceptualization of Cultural Appropriation*, 2006.

⑤ Mikhail Epstein, *After the Future:The Paradoxes of Postmodernism and Contemporary Russian Culture*, Massachusetts: University of Massachusetts Press, 1995 , p.299.

（3）第三阶段

大概在 21 世纪前后，随着“transculturation”概念在国际传播越来越广泛，“transculture”及其衍生词等相关术语在“跨文化”的大背景下进入我国。但是由于汉语与印欧语系差异较大，在我国语境内，学者更多探讨的是 cross-cultural 和 intercultural 这两个层面：有的学者把二者混同并都放在“跨文化”的语境中使用，如学者周宪的论文《关于跨文化研究中的理解和解释》；有的学者又把二者作了区分，如学者王志强的《跨文化性和跨文化日耳曼学》。除此之外，2015 年，学者方维规在论述跨文化的两篇论文当中，都提到了“transculturality”。他介绍了韦尔施批评“多元文化”和“文化间性”（interculturality）当中依托传统整体论的思想，从而提倡 transculturality，因为这样的一种跨文化，展示的是人人参与、文化流动、交互杂合的文化景象。之后，他还对汉字“跨”做了讨论，这其实是从翻译的角度，对把 transculturality 仍译为“跨文化”是否合适作了反思[①]。但我国学者对 transculturation 一词的概念和理论研究较少，一般是将其作为一个工具应用于戏剧电影与电视创作的文章论述中。

通过上文的综述我们可以看到，拉丁美洲地区、欧美国家和中国学者对文化移转（transculturation）一词的理解都有其独特的时代背景和语境，transculturation 的内涵远远大过这个词本身，它有未完成和持续进行的含义，具有先进性，能随时焕发新生机。首先，在我国，对于文化移转这一概念的探究较少，更多的是放在“跨文化”的框架下，两者具有一致性；其次，我们可以看到文化移转这一概念在欧洲兴起后是具有强烈的殖民主义倾向的，但我国讨论的主要方向是在更宏大的背景中考察文化身份的问题，比如改革开放，加入世贸组织，举办奥运会等重大活动，此外便是聚焦于影视创作，比如国外动画形象与我国传统元素的结合等，这些讨论区别于拉美、欧美学者的殖民主义、文化单向度剥削及保护原生文化的语境，更多地落脚于两种文化碰撞与创新后的自我定位与反思，具有包容性。本文里，笔者想摆脱一些欧美学者在意识形态视角上的束缚，借助“青咖”，从微观的角度分析咖啡在青田这一地区文化转移的整个过程，以及过程中产生的各

① 王柯平：《跨文化研究与对话原则》，中华书局，2002，第 100 页。

种效果对当地的影响，和它是否能够达到“两种文化的杂交融合，结果大于部分的总和”①。在此结论上，我们又该采取何种措施使“青咖”这一文化符号的建构更加合理，从而达到最佳效果。

2. 咖啡馆的文化研究

我们可以看到文化移转这一概念最早出现在古巴人类学家费尔南多·奥尔蒂斯对烟草和蔗糖的研究中，咖啡同样作为在全球传播的消费品，其文化发展路径也很适用于文化移转概念的呈现。这类食物消费品市场是第一个全球一体化市场，在这场全球化的消费品流动中，一些消费品把人和地方联系在一起，形成一个延伸到空间和时间的社会关系网络，这种网络将社会关系从更本土化的社会背景中分离出来。与此同时，这些食物消费品又可以被重新植入当地环境或它们所带来的远距离关系中，这也突出了跨国消费品迁移所涉及的全球本土化的复杂过程。

而咖啡馆是研究咖啡这类消费品移转的一个非常重要的载体，有关咖啡文化的呈现大都在咖啡馆这一城市空间里得以体现。当前国内外对咖啡馆的研究主要从历史文化视角、消费视角、消费视角基础上所反映出的阶级重构、身份区隔及生活方式塑造、公共领域的具象体现、城市空间分布等五个方面展开。通过多方面的回顾可以发现，对咖啡馆的研究已经有了一定基础，但存在一定的局限。首先，由于咖啡及咖啡馆本身就是一个舶来品，对中国咖啡馆的研究，在学术上也置于西方现代性语境之下，比如城市空间分布视角、符号消费视角、公共空间视角等，但事实上，就像出现于或者移植于转型期中国的其他事物一样，中国咖啡馆及咖啡馆消费群体都有其自身的特点。其次，在将咖啡馆作为公共空间的分析中，研究视角多集中于历史文化方面，对场所里的微观互动及社会交往研究不足。本文想在“文化移转”的框架下，对青田县咖啡馆这一空间里参与主体的互动性进行深入分析，以及比较不同咖啡馆的类型，来说明青田本地人对咖啡这一消费品是如何在日常实践中进行改造并使其发展的，以咖啡馆为分析载体，展现两种文化的碰撞与融合，也得一览青田县整个咖啡旅游行业现状。

---

① Fernando Ortiz, “The Transculturation Phenomenon and the Transculturation of Architecture,” *Journal of Romance Studies* 3(2002):1-15.

二、青田咖啡的前缘与今生

上文提到“文化移转”的三个阶段，在这一部分，我将对咖啡这一饮品及其文化如何移转到青田的前两阶段进行分析，即在“糅合”之前，在社会 - 历史条件和具体媒介的双重作用下，世界的咖啡与青田“遭遇”[①]；在相遇之初两者发生的碰撞，以及青田人对咖啡“去文化化”的取舍，形成了“青田就是意式浓缩”的实践结果。这也为后面青田人对意式浓缩的适应、调整和改造提供了前提和最初的契机。

（一）青田咖啡的华侨史

不同文化的接触是文化沟通和交融的前提，是最直接、最早的文化变迁方式，是一个历史的流程，是人口迁移流动所促成的，而青田华侨就是咖啡这一文化移转的具体媒介。如果说华侨去欧洲务工的故事是青田可以叙述的历史，那么青田的咖啡就是这一历史在自由实践下被带回的产物。“文化移转”则帮助我们看到，这一过程是在历史上特定的社会、文化和政治经济交接处发生的。

1. 青田华侨的地理分布

青田人侨居国外已有三百多年的历史，据文史记载，早在 17 世纪末至 18 世纪初，青田人就通过西伯利亚深入欧洲，贩卖青田石，不断建立起关系网，通过“亲带亲”“邻带邻”的模式帮助一代代青田人出国务工、做生意。咖啡在 20 世纪六七十年代便已经被少数华侨带回青田，笔者于此借由表格展示 20 世纪上半叶青田华侨所在的国家和地区人数统计，同时与近年青田华侨所居国家作比，可以了解到为何咖啡这一饮品在历史进程中有机会被青田华侨频繁带入青田。

① Joseph Gilbert,“Close Encounters: Toward a New Cultural History of US-Latin American Relations,” in G. Joseph，C. LeGrand and R. Salvatore，eds，*Close Encounters of Empire: a Cultural History of US-Latin American Relations* ,Durham: Duke University Press,1998, p. 5。这是一个借来的术语，原研究中用它来描述拉丁美洲“外国人民、思想、商品和机构被接受、争夺和占有”的互动。

表 1　1911—1949 年青田华侨所在国家和地区人数统计[①]

人数总计：16710　单位：人

国家或地区	人数	国家或地区	人数	国家或地区	人数
法国	3908	英国	57	阿根廷	5
日本	3286	捷克	56	埃及	5
俄罗斯	1902	马来西亚	56	印尼	5
荷兰	1900	匈牙利	54	加拿大	4
德国	1888	南斯拉夫	50	土耳其	4
意大利	1671	卢森堡	45	秘鲁	3
奥地利	480	保加利亚	44	海地	3
新加坡	278	缅甸	43	智利	2
美国	266	罗马尼亚	38	芬兰	2
巴西	118	丹麦	30	墨西哥	2
越南	101	印度	28	厄瓜多尔	2
波兰	94	瑞典	24	安道尔	2
西班牙	90	瑞士	10	摩洛哥	1
比利时	74	挪威	6	圭亚那	1
葡萄牙	72				

由表格可知，早期青田华侨主要前往欧洲谋生，分布在法国、俄国等 24 个欧洲国家，约占总出国人口的 74.8%。据侨情调查分析，20 世纪二三十年代是青田人赴意大利的高峰期。如今青田全县华侨数量占青田户籍人口的 58%，华侨遍布在 120 多个国家和地区，尤以西班牙和意大利为多，从事餐饮和外贸等行业。据 2013 年青田县发布的《侨情调查分析报告》[②]可知：青田华侨的 96% 集中在欧洲，有 141014 人。华侨居住人数最多的国家是西班牙，有 55867 人，占总数的 38%；其次是意大利，有 44150 人，占总数的 30%。这两个国家的青田华侨占了在海外华侨总人数的 68%。

① 1992 年青田县侨联普查资料。

②《青田县侨情调查分析报告》，http://www.360doc.com/content/13/0715/10/11567645_300067073.shtml。

从青田华侨早期出国持续至今，欧洲都是其第一选择，早年以法国和意大利为主要目的地。众所周知，咖啡文化在欧洲已经算是一类非常成熟的文化形态。打从咖啡一开始走进欧洲大陆，到第一个咖啡店的产生，咖啡文化的发展速度极快，凸显了咖啡文化极为活跃的生命力。在这样浓厚的咖啡氛围中，旅居法国、意大利等人数众多的青田华侨也在潜移默化中，养成了喝咖啡的习惯，所以在华侨回家探亲休息时，咖啡也成了流动中的一部分。

早期的青田华侨都是自己一袋一袋地把咖啡豆扛回来的，甚至还有人省去自己的家当，扛回一台简易老旧的咖啡机。那时候青田还没有真正意义上的咖啡馆，大家只是在饭店或者酒吧里，围在咖啡机旁喝杯“不大正宗”的咖啡罢了。【YS20210802】

2. 意式浓咖——蕴藏于华侨旅居的“去文化化”

费尔南多·奥尔蒂斯提到“文化移转”这一概念时，强调不同文化碰撞对双方带来的影响，也就是说不同文化相遇时经历初期部分地“去文化化”①，对文化元素进行选择性的取舍和改造。而青田咖啡所打的旗号便是“中国最正宗的意式咖啡聚集地”“意式咖啡的中国形象展示地”“青田咖啡就是意式浓缩”，这恰恰体现了青田人在文化相遇时对咖啡文化的取舍以及“去文化化”的部分。在咖啡传入青田的过程中，青田人剥去了法国咖啡中与法国大革命相关联的革命文化以及哲学沙龙的严肃上流情怀，也剥去了美国百无禁忌风格的自由式内核，而对于热情洋溢的意式咖啡，青田人在某种程度上也对其在历史传统文化演变下形成的咖啡馆模式和赋予的咖啡内涵元素进行了独特的选择和塑造，形成了现今青田咖啡不一样的面貌。那么，既然青田华侨人数那么多，为何青田人没有选择爱尔兰加了威士忌的咖啡，没有选择大杯的美式咖啡，也没有选择沉淀有咖啡渣的阿拉伯咖啡，独独偏爱意式浓缩咖啡呢？除了因为在意大利的青田华侨人数众多外，

① Mark Millington, “Transculturation:Taking Stock,” In Felipe Hernandez，Mark Millington，Iain Borden(ed.)，*Transculturation:Cities*，*Spaces and Architectures in Latin America*, New York: Netherlands, 2005, p.248.

它还与青田人出国流动的生活实践紧密相关。

早期出国的青田华侨文化素质不高，最早的一批华侨大多都是赴欧洲参与第一次世界大战的华工和去欧洲营销青田石雕的小商贩。这批人在欧洲定居后，发现在外有钱可挣，于是更多的青田人通过“藏舱”[①]的方式到欧洲做工，那是一段非常艰辛的历程。

偷渡是件极为冒险的事儿，这些偷渡客会花上一点儿钱找青田的地头蛇帮忙“出主意”，有些就跟着自己的亲戚朋友搭伙“互帮互助”。运气好的往往就是在警察来巡视检查护照的时候经历有生以来最紧张刺激的几分钟——按以前人们的话说就是藏在行李架行李箱后面，感觉“心都要蹦出来了”，这种感觉只有经历过的人才懂。运气不好的就是被警察发现然后遣返回国，或者是被拘留罚款等。还有运气及其倒霉的，甚至会因为藏在集装箱里被人忘却而活活憋死。偷渡的过程就已经很折磨人心了，到了欧洲后，日子只会更加艰苦。我亲眼看过我的朋友偷渡去那里的头几年简直暗无天日，有假不能出去玩，天天躲在工厂二楼给别人打黑工，整整六年下楼来的次数屈指可数，随时都得万事小心，怕被发现而遣送回国。而且他们打黑工也很累的，没有面子，没有人情，就算是在亲戚那里上班，也要忍着眼泪干活。国外赚钱也是不容易的。【YSO20210806】

正是在这样极其艰苦的生活条件和高强度工作压力下，一杯小小的意式浓缩成了青田华侨紧张缝隙间的慰藉。一杯十几毫升的意式浓缩十分“强劲”，口感浓郁强烈，并且喝一杯只需要一两口、短短十几秒的时间。在外务工的青田人，在每一个做工极其疲惫的间歇，要以这一杯风味浓烈、富有咖啡因的浓咖刺激自己，振奋精神继续工作。在外国警察的监视下，在语言不通和陌生的城市里努力寻求生存空间，一杯浓咖下肚，在这短短几秒钟之内感受到短暂的愉悦放松，然后又继续面对眼前需要挣扎和拼搏的生活。意式浓缩咖啡的“快”“苦”“提神”“便利”等特质正与当时青田华侨在外谋生的现状相匹配，节奏相契合。

① 一种偷渡手段和方式。由于没有签证而藏身于集装箱或飞机起落架舱、鱼舱等地方，跟随交通工具到达目的地。

三、青田咖啡文化的本土情境化

有研究者认为，“文化移转”的核心假定是：异域文化不会原封不动地“输入”本地，而会根据本地的情势发生转化（transformation）[①]，这种情势转化[②]，便是青田咖啡本土情境化的过程。青田咖啡的在地化改造，基本符合研究者所提出的“文化移转”路径，即“在不同文化相遇时，一种文化为了自己的需要而改造其他文化、将其据为己有的过程。外国文化首先会被去情境化和本质化，然后被本土化和再情境化，当中也有涉及普遍化”。笔者在此部分所聚焦的内容，具体来说就是从青田县政府在咖啡这一领域主导的官方话语，到民间众多咖啡参与者的多元实践建构，地方的多种力量都在以不同的方式和诉求介入其中，在共谋、争夺和建构的杂糅中，共同推进青田咖啡的本土情境化。

（一）社区咖啡馆

如果把青田三百多家咖啡馆（按数量）比作一个金字塔，那么处在顶端第一层级的是只有四五家的独立精品咖啡馆；处在第二层级的是有二十多家的与餐饮、红酒、茶等结合的特色咖啡馆；剩下的第三层级的是有两百多家的社区咖啡馆，这是青田数量最多的咖啡馆，也是最能代表青田本地特色的咖啡馆，它集中体现了咖啡文化在青田本地移转中情境转化的过程与呈现的效果。其在地情境转化的路径首先表现为对咖啡及咖啡馆意义的转变，在意义转变后，新的使用者（咖啡经营者）赋予了咖啡馆这一空间和文化新的意义，使之与传统元素相结合，嵌入到本土文化背景中，形成了社区咖啡馆的独特样态，最后在这一情境转化下形成了区隔和身份认同，对青田的咖啡产业和社会结构都起到一定程度的分化与整合作用。

---

① 罗炜、王晨：《纠缠中发现历史——教育史中的文化转移与跨国互动》，《清华大学教育研究》2021 年第 2 期，第 130—138 页。

② “情势转化”不同于“去文化化”。“去文化化”重在对不同文化去除选择的过程，“情势转化”是根据不同的背景语境对文化进行独特与差异化的适应、调整和改造。

1. 社区咖啡馆意义的广延

从咖啡最先作为一种奢侈消费品出现在 17 世纪末欧洲上流社会的餐桌上供高雅人士和富裕群体饮用开始，它便代表着西方中产阶级的文化想象，成了展示现代都市文明的重要场所。西方中产阶级的消费习惯是从满足于“量”的基础性消费转向追求“质”的品质消费。以星巴克为典例，从它带着北美特有的连锁餐饮进入中国开始，它便远远超出了一家咖啡店的影响力，它提供的不仅仅是一杯简单的咖啡，而是将咖啡、商业和文化内涵揉搓在一起放到人们面前，这样一杯咖啡往往与“小资情怀”“商业精英气质”“（西方）中产阶级的惬意享受”等关键词联系在一起，因为它满足了现代人对“第三空间”[①] 的需求——将 80% 的店面面积拿出来提供给顾客免费使用，是一种西方中产阶级对现代舒适生活的想象——“第三空间”也是西方中产阶级在都市文化中的表演空间和身份标志。

与上述不同的是，青田的社区咖啡馆开在青田的大街小巷，它往往不需要豪华精美的装修，也不需要占据临江路得天独厚的地理位置，只需要一个小小的店面，几把椅子，一台意式咖啡机，几张提供打牌的桌子，便能挂牌为咖啡馆，但其内核丰富多样，最主要的是经营棋牌室。普通棋牌室一般收费 60 块玩半天，而带棋牌室的咖啡馆则是按小时来收包厢费，一般是 20—30 块 / 小时。

一般小型普通的社区咖啡馆其实没有“室”，也就是没有单独的包厢提供给人专门打牌，我们往往在店内或者店外的小空地或是单元楼道中摆放两三张小桌子和几把椅子就可以凑桌了。一般以这种方式打牌的人也比较随意，随来随打，不需要提前预约。由于彼此之间又互相熟识，所以在收费上也没有那么严苛计较，比如有一个人中途来打了二十几分钟就走，这种情况也不会单独收他的费用。【HXH20210728】

有的社区咖啡馆则是“馆”和“室”分离的，比如一家咖啡馆的隔壁是中餐馆或是经营其他物品的门面店，那么棋牌室也不会设置在咖啡店内，而是设在隔

① 人的日常生活主要分布于三个生活空间，即第一空间（居住空间），第二空间（工作空间），第三空间（购物休闲场所）。现代商业业态的战略规划性恰恰表现在如何精心定位、规划第三空间。

壁店，但人们也会从咖啡店里点咖啡或是在咖啡店内结账，这种情况下，咖啡店老板和隔壁店主往往是亲戚、好友或有合作关系。

棋牌并非青田人所独有，咖啡馆附带棋牌室这一模式根植于整个中华文化背景中。咖啡馆这一西洋舶来的“第三空间”里融入了青田人自己对于公共空间的理解与调整适应，这一文化改变以社会成员为载体，受到历史渊源、社会环境、自然状况等的影响。在文化系统中，无论是物质性的内容还是精神性的内容，都会在个人的身上得到反映并呈现出来。青田咖啡馆与棋牌的相遇、结合，便是意义转变的结果。除了经营棋牌室外，有的咖啡馆虽然挂名为咖啡馆，实际主要经营的却是餐饮或其他特色产品，比如山口镇桥头的社区咖啡馆实际上卖的便是山口大饼，只是附带经营咖啡。

从上述可知，青田的社区咖啡馆显然不是西方中产阶级的文化想象的代表，在经过了青田本土的意义转变后，它代表了市民阶层文化，成了传统意义上的另一类打牌的“茶馆”，不过是以咖啡代替了茶水。人们在这里嗑瓜子、打牌、大声玩闹，进行各种休闲活动，体现了青田市民阶层的日常生活实践。而且，普遍十块钱一杯的意式浓缩也并非只有“小资”才有能力享用，进入社区咖啡馆的“门槛”并不高。有意思的是，青田县很多餐饮小馆等公共空间都会挂名为“XX咖啡馆”，虽然它并不一定主卖咖啡。经营者们赋予了“咖啡馆”新的意义，在这一外衣下进行各种日常娱乐活动，就像成都四川的茶馆，起到了休闲俱乐吧的作用。正是鉴于青田社区咖啡馆这样的内核实质，我们才能更清晰地了解到其在情境转化中所表现的种种特点。

2. 本土情境化转变特征

首先，青田的社区咖啡馆的经营主要是依靠熟人网络。有研究者认为熟人社会秩序机制的最主要核心是对“人情”逻辑的运用，“人情”逻辑成为其主要的助力。叶叔的“欧迹咖啡”位于一个开放式街道社区，第一次邱哥[①]带我去的时候正值上午，店内生意冷清，在我们聊天过程中只来了一位常客。这位常客是附近上班的公务员，平时上班打卡前都会来叶叔店里喝一杯浓咖、刷一刷手机新闻再走。这次和以往一样，他进店随便找了个位置坐下来，叶叔便默契地去打了一

① 青田本地人，负责我们在田野中一日三餐的“知煮”餐厅的老板。

杯浓咖，不加奶球不加糖地端去他那桌。整个过程甚至不需要交流，在日积月累的重复中，他们默认了彼此的习惯。叶叔的咖啡馆不算太小，比一般社区咖啡馆更规整，在半开放式的咖啡吧台上下了小心思，是稍微装修过的一家店。在店外摆放了三四张圆桌和椅子，店内有两间包厢用作棋牌室，且临街也有免费停车位，是一家典型的社区咖啡馆。

图 1 “欧迹咖啡” 作者 / 摄

在机关上班的谢叔是叶叔的多年老友，谢叔每天下班后都会去附近公园打打太极，然后到欧迹咖啡馆坐一坐，点一杯咖啡，跟叶叔唠唠嗑，拉拉家常。谢叔从九几年就开始喝浓咖了，这么多年已经形成了一个固定的习惯，用他的话说就是“每天中午和晚上不固定喝一杯咖啡就会觉得哪里不舒服似的”，谢叔还邀请我去他们单位的咖啡吧[①]，想让我尝尝他自己亲手打的咖啡，说是油脂特别厚，非常好喝。我问谢叔，为什么在自己单位就可免费喝咖啡却还要天天跑到欧迹咖啡馆来喝，谢叔不以为意。

也不是因为欧迹的浓咖特别好喝才天天来啦，我自己在单位咖啡吧里打出来的浓咖的油脂更厚，口感还更好，但我们是老友嘛，十块一杯浓咖也不贵。不像

① 青田县人民政府办公室于 2020 年 6 月 11 日印发《关于推动咖啡进机关促进咖啡消费的实施方案》的通知。

‘某非’[①]，虽然我很喜欢喝，但是价格不划算。还有那个‘某咖之窗’，这么久我就只去过那里一次，感觉没什么人去那里喝。来“欧迹”就是帮衬帮衬老友生意，而且下班还能约着去打太极，打完就顺道一起回来喝杯咖啡啦。【XS20210802】

谢叔的话便反映了这一点，他并非是因为欧迹咖啡的浓咖特别好喝、符合他口味才天天去光顾生意的，而是以密切的人际关系、临近的活动区域为优先选择，这展现出一种熟人网络社会的模样。此外也展现出他们这个年龄段人喝咖啡的普遍现状：每天都要喝上至少两杯浓咖，对浓咖有自己个人化的口味偏好和评价标准，往往认定一家咖啡馆就很少再去光顾其他家。

位于临江东路的“瓯江风情”虽然不算符合上述社区咖啡馆的标准定义——它店面面积大且位于“咖啡吧一条街”——但它的运营模式和目前的经营理念却完美呈现出社区咖啡馆的特征，甚至是偏向不为盈利，只为熟人老友聚会而存在的一个“休闲俱乐部”。

图 2 “瓯江风情咖啡” 作者 / 摄

“瓯江风情”的老板叶叔是一个有着洪亮嗓门、豪爽耿直的五十多岁中年男子，第一次见他时他正在打麻将。好不容易等到他从棋牌室出来，我想跟他聊聊

① 一家自烘焙咖啡豆、专业做咖啡的咖啡馆，到目前为止一共创办了三家咖啡馆。

这家咖啡馆，他笑盈盈地看着我，然后挥挥手，一边让店员免费给我做一杯浓咖好好招待，一边说“下次吧下次吧！我战友来啦”，然后跑去和一桌四五个与他年龄相仿的人坐下畅聊，店员小姐姐对此并不意外。

到了他这年纪，没啥比和他老友、战友们聚会聊天更重要了。他奉行的原则就是“来者是客”，他平时睡到中午，然后到店里来和老客唠嗑，下午帮着有事离桌的朋友打打牌，不打牌的时候就约着老友聊天。啥都聊，坐在那儿一聊就是几个小时。晚上我们这家店十点左右就关了，因为他不喝酒，我们也不卖酒，（我们店）应该是这条街关店最早的吧。——欸，你喝浓咖加糖吗？【QJ20210805】

我每次路过这家咖啡店都感觉很热闹，里面很少有年轻人，往往都是四五十岁甚至往上的中老年人，一桌一桌地聚在一起说着青田话谈天、吃饭、抽烟。店里基本没有互不相识的两个人，叶叔往往周旋于一桌又一桌，大有摆席请客的架势。所以，对于如何维持营业这个问题我很好奇。

来我店里的都是熟客和老朋友了，像你这种陌生面孔很少。我也并不是不收费啊，只是他们喝浓咖可以赊账的嘛，这次不交，下次再一起给好了，跟天天来的老顾客之间不大计较清楚这些。况且我也不靠咖啡赚钱，主要收益还是来自棋牌室嘛。【JOS20210806】

除此之外，塔山路聚集着青田最多的社区咖啡馆。这里一杯浓咖普遍都卖 10 元，一间店面十几平，有的甚至就在露天摆一两张桌子。聚在此的人大多四十岁以上，居住在这个小区或是附近，老年人偏多。

这家小咖啡店就开在我家单元楼下，老板也是我邻居，都认识十几年了。平时他有事不在，我就在店里帮他看看店，给来的朋友打杯浓咖——这个又不难，稍微学一下就能打。家里孩子都在外面（工作、学习），平时也就待这咖啡店里消磨一下时间了，至少还有个人唠唠话嘛。【ZS20210809】

张叔已经六十多岁了，在塔山路住了几十年，他甚至还不太会说普通话，朋友之间都是用青田话交流的。在这里的咖啡店，老板和客人的关系界限已经模糊，熟人网络深深嵌入日常生活。

但是像这种熟人和合作兼营的模式并非没有顾虑：一方面熟人朋友带来了较为稳定的客源，一方面生意也受限制于此。这是青田大多数本地咖啡店的一个缩影，那就是兼容棋牌餐饮，依靠熟人网络做熟人生意。这种兼容的经营模式也是历史发展的遗留结果。在咖啡传入青田早期，便是先在公共场合，比如餐馆、音乐厅等出现咖啡机，再聚集喝咖啡的人，而非是像西方那般先开一个咖啡店，里面咖啡机、吧台、甜品等一应俱全。这就导致了在青田，并非是以咖啡为先、为主要目的，咖啡成了“点缀品”，它可以作为一种青田人普遍喜爱的饮品而出现在各个场合。除了这一原因，采取兼容的经营模式也有现实原因，那就是为了赚取更多的利润。

开咖啡店根本就不赚钱的。你想想，一杯浓咖才卖10—15元，我现在一天最多就卖30—50杯，就算你买较为便宜的罗布斯塔咖啡豆，（咖啡豆）也是一项需要考虑的原料成本，加上咖啡机及其日常维修，店面租金，工作人员的工资，水电费……盈利无法承担这些支出。所以大家都经营棋牌啊。喝咖啡的客流不稳定，但是打牌的人多嘛。一小时收20块，几桌下来，一天也能有稳定收入，要是再弄点小吃之类的，也能有额外收入嘛。【HQL20210728】

兼容的经营模式既能增加利润收入，也存在许多问题。但总的来说，青田的社区咖啡馆大多以棋牌为主要经营活动，以咖啡和餐饮为辅，这构成了一种青田本土的生活方式。

四、文化移转后的“青咖”

在上述文化涵化的过程中，青田人对意式浓咖及其咖啡文化进行了适应、调整和改变，同时在这一文化间的创造性互动中也创造了“新文化化”

（neoculturation）——“青咖”，这一生成物便是青田文化生产者通过对外来文化的加工改造而实现的文化移转，融入了现代性特征的地方性知识及其文化表达。“青咖”既不是青田本地的文化，也不是西方意大利的咖啡文化，而是不同文化在杂交融合之后，在新语境中重构的一种创造物，这一新文化出现了“杂糅”[①]的复杂特征，并在话语者的主导下持续进行着建构和发展的过程，并将影响青田本地咖啡产业往后的发展方向和经济、文化、旅游的多重样态。但是，这一过程不止意味着联系、共鸣和契约，也意味着充满争论和冲突的互动，这是一个文化相遇、冲突和相互争斗的社会空间，这反而是更需要我们去关注的。“青咖”也是如此，并且在其发展过程中，矛盾与冲突将持续贯穿。

（一）新文化“青咖”的生成

1.“青咖”——符号建构

“青咖”并非指青田咖啡，而是青田县政府官方话语下提出的一系列咖啡建设工程。其建设目标和思路围绕着把青田建成首个“中国咖啡文化小镇”的目标，着力培育一个知名咖啡品牌，打造一种咖啡产业的集成模式，制定一项咖啡制作服务的地方特色标准，探索一条走出青田面向全国的路子，力争把青田打造成“意式咖啡的中国形象展示地、咖啡原材料及器皿交换的重要集散地、咖啡人才的重要培训地、咖啡体验的最佳目的地”，进一步推动欧陆旅游风情小镇和欧洲小镇建设[②]，让咖啡成为推介青田的又一张金色旅游名片。在这一系统工程中不仅包括具体的街道、咖啡馆和体验基地的建设，还包括一系列技术手段，比如“青咖”品牌的培育与形象展示，还有“青田县咖啡协会”的成立和“青咖”logo的设计。其logo设计以充分展示“石雕之乡，侨乡青田”的青田文化为理念，以咖啡豆和咖啡杯为基本元素，将印章作为呈现载体，通过篆刻艺术处理，形成“青咖”的品牌形象。

---

①“杂糅”原则上指一种动态的混杂文化的创建。

②《青田咖啡文化小镇培育建设方案》，青田县官网。

图3 “青咖”Logo 作者/摄

“青咖”这一文化符号的建构是顺利生产新文化的技术手段，也符合旅游人类学中的符号学取向。持这一取向的学者认为，游客是一支“符号学的大军”，到处寻找真实的标志，若没有这些真实的标志，旅游就不能被体验为真实的旅游观光，因此，旅游仅仅是对真实性符号的收集，游客所寻求的仅仅是象征的真实性。而这一套关于“青咖”的话语和技术实践并非是从欧洲舶来的，也不是由本土自然生成的，而是在两种文化的相遇杂糅中所生产出的一种新文化概念。

> 想要以“青咖”这个品牌走出去——其实“青咖”就是意式浓咖——我们将商标和logo都注册了。青咖这个品牌就是在中国能喝到的最正宗、最纯正的意式浓咖，在其他地方你喝不到。【LZR20210804】

2.“青咖之窗”——空间展示

“青田咖啡之窗”位于瓯南街道瓯江之畔，是青田县咖啡产业的标志性项目。“青田咖啡之窗”简称“青咖之窗”，独立于瓯江之边，与临江路几十家大大小小的咖啡馆隔江相望，一条著名的“网红桥”连接两岸。它是青田咖啡文化、产业发展、咖啡知识等相关内容的主要展示平台，也是青田县打造咖啡小镇的重要组成部分——致力于将其打造为青田咖啡培训、咖啡文化创意、标准制定、品牌输出等的中心平台。一楼是咖啡博物馆，常设展区、互动体验区、活动区（可开展咖啡沙龙、培训、比赛等），力图打造咖啡文化交流体验的胜地。一楼除了咖啡博物馆外，还有一个隐藏的空间，用来作为咖啡师人才培训基地和咖啡体验基地，不做培训、体验用时便作为办公用地使用。二楼为“青咖”旗舰店，扛起“青咖”品牌培育大旗，加强对青田咖啡品牌的地方标准、服务套餐、文化塑形、装修格调等的研发工作，在推动青田咖啡产业高质量发展上争当表率。

（二）移转过程中的矛盾与冲突

1.“青咖”在旅游产业中的真实性

“青咖之窗”推出了一款以“青咖”命名的属于青田独一无二的咖啡，或者说，它是青田咖啡品牌培育下，打造的一款想要能够代表青田的咖啡。

> 这款“青咖”还是用国外进口的百分百阿拉比卡豆萃取的一杯意式浓缩咖啡，只是在制作方法上另辟蹊径，在常规的咖啡萃取外还加入了一些青田的元素，比如青田传统小吃——绿豆腐[①]。绿豆腐是用“豆腐柴”叶子加水揉搓而成的，含有大量对人体健康有益的天然食用果胶成分，有清热解毒功效。在咖啡萃取液里加入青色绿豆腐汁后，能与咖啡豆的醇香完美融合，咖啡口味会偏甜，由此而成为一款特制的“青咖”。【XGH20210805】

但笔者所了解到的现实是，“青咖”这个品牌还处于种子孕育阶段。虽然“青咖之窗”开馆时“青咖”的制作过程全程有人摄影并把视频分享到了青田传媒平台，参与这个青咖协会的咖啡店都可以学做这款咖啡；但是目前“青咖”这款咖啡只有“青咖之窗”在售卖，青田其他咖啡馆的菜单上并无“青咖”，或者甚至是咖啡馆经营者都不曾听说过这样一款咖啡，并且笔者在多方了解下得知“青咖”这款咖啡的销售量并不如传统意式浓缩咖啡或是其他奶咖多。

“梦菲咖啡”是青田咖啡协会的会员之一，博燕姐作为其主要咖啡师对“青

---

① 绿豆腐是浙江南部地区温州泰顺一带常见的传统小吃，在温州地区俗称“豆腐柴”。制作原材料是一种野生灌木，这种灌木在浙南闽北一带的山野里虽不能说是满山遍布，但也算是常见之物，当地人称之为“豆腐柴”。

咖”这款产品并不了解，并且其店里也没有挂上或印有相关“青咖”的 logo。

“青咖”不就是“青田咖啡”的统称吗，怎么变成一款产品了？我不太了解。如果是“青咖之窗”推出的特色产品，我们也没必要去学吧，我们店里的咖啡也有自己的特色，拿铁特别好喝。【CBY20210804】

地中海风格的“好心情”咖啡馆是青田经营时间较久的老牌咖啡馆，也是青田咖啡协会的会员之一，其员工张姐在店里工作了三四年。

虽然我们加入了咖啡协会，但是感觉也没有什么（太大用）。青田咖啡馆太多了，但是（政府给的）咖啡券（凭咖啡券免费喝一杯浓咖）又不多，就几十张（每个店十几二十张），使用这个券的话又要开发票又要送到办公处审核，太麻烦了，后来我就把咖啡券扔掉了，也没再去咖啡协会，直接就把咖啡送给客人喝。从那之后就再也不想参加这些（“青咖”建设）活动了。【ZJ20210810】

塔山路一位社区咖啡馆的老板在跟我的聊天过程中总是围绕着店内生意、咖啡市场行情产业来谈论，他关心今天的咖啡卖了多少杯，担忧以后的生意如何做，却很少提及咖啡本身。当我谈到政府推出“青咖文化”这一举措时，他摆摆手，摇摇头说：“青田这么多咖啡馆，只是提供休闲娱乐的场所，根本没有什么咖啡文化，在青田卖咖啡就跟其他地方卖娃哈哈矿泉水一样。青田的咖啡是不真实的。”

“青田的咖啡是不真实的”，这一结论让我意外。后来我在塔山路这一片区与五六个社区咖啡馆的老板聊天访谈时，他们都或多或少表达出“青田的咖啡文化是空的”，“青田只是有喝咖啡的氛围，没有什么文化”，“青田的咖啡本来就是从国外传回来的，要说文化也只能说有茶文化”等想法。

如果说“青咖之窗”于青田咖啡行业是一个领头风向标般的存在，扛起了青田咖啡品牌培育的大旗，那么它推出这样一款能够代表青田咖啡的“青咖”理应在青田的众多咖啡馆中迅速风靡起来以达到一个聚合效用，但是事实上，咖啡馆经营者对此的认同度并不高，甚至对本地的咖啡文化也存疑。由此可见，“青咖”

在试图带动青田旅游产业发展的同时，也存在着“真实性”问题。

20 世纪 70 年代，麦坎内尔[①]率先把真实性问题引入到旅游人类学和社会学研究中，关于“真实性”的讨论成为旅游人类学中的一个核心问题，人们发现，真实性问题与旅游业可持续发展之间有着重要和密切的联系。长期以来，旅游人类学对旅游真实性的研究都侧重于游客主体和客体的角度，若把青田的众多咖啡馆景观看作是一种旅游体验基地，那么上述咖啡经营者的观点就是东道主对真实的理解和对真实的创造。如果说大众旅游者对真实性的看法是“接触的文化能否满足其想象”，那么像叶叔这种本地居民和旅游经营者对真实性的看法便是“文化旅游资源开发过程中的利润收益”。一般来说，如果经营者获得的利润越多，那么他们越觉得这种旅游资源是真实的，这两者是紧密结合在一起的。而青田部分咖啡经营者所说的“青田的咖啡是不真实的”这一结论，也可从侧面反映出青田的社区咖啡馆在目前的经营现状上面临的困境。很显然在经营者心里并没有产生一种纯粹的认同感，对自己所从事的活动较少抱有可持续性发展的期待，这与他们经营状况不善有直接密切的关系。对此，格雷本[②]认为，“对真实性的评判，为谁而真实，应当让那些文化的传承者来决定他们自己的文化活动，用他们的观点来看待这些活动是否属于客观真实，而不是由外来者决定，也不由旅游者或某些权威人士来决定”。如果说政府正在推出“青咖”这一品牌并想要将青田县打造成一个咖啡小镇，但作为青田数量最多的社区咖啡馆老板的这批实践者却不承认青田咖啡文化的“真实性”，那么政府计划的推行是任重道远的，毕竟打造旅游基地，首先要确保当地人为真实性的传承者，而真实性的核心问题便是关于旅游资源的开发和保护问题。

2. 不规范的咖啡市场

青田咖啡市场的不规范体现在部分咖啡馆经营者对咖啡知识了解少和消费者固执的消费观念和习惯上。即使青田县有这么多的咖啡馆经营者，他们也很少深

---

① Dean MacCannell，现任加州大学戴维斯分校教授。1963 年在加州大学伯克利分校的人类学系获得学士学位，1969 年在康奈尔大学社会学系获得博士学位。著有《旅游者：休闲阶层新论》。

② 格雷本，国际旅游研究院创始人，国际公认的旅游人类学学科创始人和旅游人类学领域泰斗。芝加哥大学人类学博士、加州大学伯克利分校人类学系资深教授、北美民族学郝斯特博物馆馆长、加拿大大学研究会主席。

入了解咖啡背后的内容。因为青田主营意式浓咖，所以大部分人对于咖啡的认知就是买机器和豆子就能做，这一点从青田只有四五家只经营咖啡的精品咖啡馆以及有两百多家社区咖啡馆可得一见。

由于咖啡经营者对咖啡没有别的要求，所有人都是这样做的，自然而然喝咖啡的人也会被这种环境所影响，觉得咖啡就应该是这个样子的，这就导致青田形成了一种固执的咖啡习惯。另外，青田华侨出国打工喝到的咖啡大多是掺了大量罗布斯塔豆的咖啡，它的油脂很厚实，他们把这种习惯带到了青田，以至于青田人认为这才是青田真正的咖啡。

张哥是青咖之窗一楼博物馆的工作人员之一，他之所以在博物馆就职，对外传播咖啡知识，而不是自己开一家咖啡馆，其中一个主要原因便是他对青田咖啡市场的存疑和犹豫。

很多青田人还停留在不知道什么豆子做咖啡是好咖啡的阶段。所以我们也想让青田人接收到、认识到其实咖啡还有不同的喝法、不同的做法——可以喝百分百阿拉比卡，虽然它的油脂没有那么厚，但是它的风味更丰富。青田的咖啡馆用百分百阿拉比卡的很少，因为市场不接受。其实我们也给政府送过百分百阿拉比卡的豆子，但是他们的反馈就是不够醇厚，苦味不够，但我们认为百分百阿拉比卡适合当下流行的一个大的方向。跳出青田来看，为什么奶球这个东西在市场上被淘汰掉（但在青田依然保留），就是因为奶球不健康，长期饮用会使动脉硬化。还有就是咖啡因过量摄入对身体有危害，大家都是有共识的。阿拉比卡和罗布斯塔不仅是在风味上有区别，罗布斯塔咖啡因含量是阿拉比卡的两倍，所以说在同样的条件下（喝）罗布斯塔（咖啡因）的摄取量就更容易超标，对身体产生的威胁就会越大。所以外面的市场不仅是从好喝、风味多来考量的，更多的还是从健康这个角度出发去看行业发展的。而青田人的健康意识不够，还要继续加奶球。【ZG20210805】

这是结合历史背景，在文化移转下，必然会经历的争议与冲突，但青田的年轻人成长起来后，可能会慢慢引导市场向健康、规范的方向发展，这需要时间，需要在消费观念和习惯上逐渐改变。爱德华·布鲁诺认为，“真实性”并不是原汁原味的，一成不变的，真实性是可以被创造、复制和模仿的。联系上述所说的真实性问题，这种原创性和权威性都涉及权威和权力的坚定和认证，所以从政府为咖啡市场规范化所做的措施可见一斑，比如建立“青咖之窗”，进行咖啡馆星级评定，建设“咖啡文化小镇”等。

五、总结

纵观人类的发展史，我们可以看到文化并不是一成不变的，它是变化的、发展的。对于地方文化来讲，它之所以能够连绵成百上千年，是因为它一直是与时代共同前进的，是流动的，是有活力的，只不过不同文化的发展进程有快慢缓急的区别而已。我们知道，区域文化的发展途径也不外乎两条：一是靠自身的创造更新能力，由少到多、由浅入深、由低到高地发展进步；二是靠外来文化的丰富刺激，在与外来文化的摩擦、撞击、竞争、交流、融合中发展进步。前一种是一个缓慢主动的过程，后一种虽然是被动的，却是文化发展的捷径。如果把旅游看作是对区域文化的刺激与充实，那么暂时的摩擦和撞击是可以被容忍与忽略的。当一种文化同另一种文化接触时，就会出现文化移转的三个阶段，这也就是费孝通先生所提倡的“各美其美，美人之美，美美与共”的理想的人类文化前景。因此，从这个意义上来讲，区域文化应该面对旅游业所带来的挑战，并且在此过程中去糟粕取精华，从而达到可持续发展，与自身文化有机融合，寻到更好的可持续发展路径。简言之，保持地区民族文化的真实与完整是有必要的，但其自身也需要发展和延续，不能因为保护的需要而滞步不前。只有与人类现实生活密切相关的文化才是最真实的，因为完全可以把文化移转后的文化商品化、旅游化视为民族区域文化发展的一种方式、一条渠道，而不必小题大做地将文化杂糅后的商品化当作虚无不可依托、会摧毁本地文化的洪水猛兽。

同样，在一个不具有咖啡传统的区域，青田的咖啡文化实际上经历了一个文化移转的过程。它与早期青田华侨的出国经历交织交融，并被带回青田本土，在进行了文化取舍的前提下，乘着当时第二波咖啡浪潮与社会背景于青田埋下种子，开始生根发芽。在这一文化相遇和碰撞的过程中，青田人在特定地点生活和移动的日常实践里对舶来的咖啡文化进行适应、调整和改变，来内消彼此间的矛盾冲突，从而使进口的咖啡元素呈现出当地的特征，成为一个文化混合的场所，咖啡也构成了人们日常生活的一部分。对这场“遭遇”的空间性的关注，揭示了咖啡与本地文化融合界限处的沉默、矛盾和模糊性，这反过来又为意外的衔接和结果创造了机会，在动态杂糅的持续发展中孕育诞生出一个咖啡新文化——“青咖”。这一超越文化的过程，让青田人能够更充分地参与本地咖啡文化的决策，有权塑造该地区咖啡文化的未来。这是一种由社会政治和经济安排构成的交流实践，它还在持续生成和探索发展中。其内涵丰富，不仅仅包括最正宗的意式浓咖，还包括青田人在有咖啡历史发展至今中所凝结的一系列社会生活方式和实践过程。它被赋予了多样的文化情感意涵，并且独行创新，浓缩成文化符号，刺激新的旅游经济增长点，注入新活力，内化为青田县这个地方的气质面貌。但是在这一新文化的生成过程中也是充满矛盾和冲突的——咖啡与本土的结合需要磨合和改变——同时其中凸显的问题也指引了未来的发展道路与解决方向，其中争议的产生与呈现也是极具价值的。由此看出，青田咖啡文化虽然根植于华侨，但也有很多不是华侨的人在实际创造经营着这种文化。青田咖啡文化的移转与生存是有其独特性的，这种独特性塑造了不一样的景观业态，也启示我们去探寻文化旅游的不同生存路径。

官畲流童：一个畲村教育变迁的人类学观察

厦门大学社会与人类学院2017级人类学专业　张　菁

指导老师　蓝达居

摘要：社会发展过程中，文化多样性的碰撞、涵化无处不在。本文以漳州华安官畲村为个案，采用田野调查的民族志方法，阐述其学校教育发展的变迁历程，尝试从微观视角分析其折射的教育发展与社会经济变迁的宏观互动。随着社会的变革，学校教育也随之发生变化，这也是教育与社会经济发展互动之下的适应结果。基于此，我期望官畲村能够在不遗失民族特色的前提下，培养出适应社会发展的受教育者。

关键词：畲族教育；文化变迁；官畲村落

一、绪论

本报告以福建漳州官畲村教育为研究主题，基于我在厦门大学人类学与民族学系2017级本科生团队的14天田野经历，共时性地描述了一个少数民族农村的教育现状与困境，历时性地研究了该村教育的变化与发展，侧重于社会经济的变化与教育发展的相互作用，并试图从微观个案的角度描述官畲村的教育图景，用教育人类学的宏观理论分析教育发展与社会变迁的互动关系。[①]

① 作者声明：本文受访人均已采用化名；所有插图均为作者本人用手机拍摄于田野现场。

1. 选题缘由

本文的选题缘由主要有田野机遇、个人兴趣和研究意义三个方面。

首先，我所在的大学院系此前有相应的研究传统，指导老师凭借此前建立的关系为我们联系了田野地。2020 年 10 月 1 日，我们乘大巴来到华安县新圩镇官畲村，感受村中游人如织、热闹非凡的场景，我不禁疑惑：工作日若也如此吵闹，学校怎么上课？下午，我们在村委听现任党支部第一书记蓝建国向我们介绍村里的情况。会后我向蓝书记询问才知，村里现在已经没有任何学校了，小孩从幼儿园起就送到山下就读，而考上大学的学生屈指可数。这当即就引发了我的思考：为何村里考上大学的人数如此少？从小离家借读的遭遇，对畲族儿童的学业产生了怎样的影响？随着官畲村整体社会经济状况的改善，教育又经历了怎样的变化？

其次，对教育的关注，特别是对流动学生的跨文化适应和自我认同建构，成为我在本科阶段经过不断摸索找到的兴趣方向。一是我在辅修课“商务沟通与文化交流”上第一次接触到跨文化适应的种种理论，二是我在大三上学期赴香港大学交换期间独立开展了一项关于在港内地生适应问题的研究，这些都为本次田野打下了一定基础。

最后，当前学界关于畲族教育的个案研究仍比较薄弱。有关畲族的学术研究最早出现于 19 世纪末 20 世纪初。当时，大量国内外学者，如德国人类学家史图博和中国学者李化民、林惠祥等，都写了很多调查报告。十一届三中全会后，在很长一段时间里，学者们关注民族起源、习俗、社会变迁、民族关系等方面，而很少注意其民族教育问题[①]。

总的来说，我国教育人类学起步较晚，尚处于探索阶段。而官畲村正处于快速发展的新阶段，社会变迁必然会影响到各个方面，因此，对官畲村教育的研究具有理论和现实的双重意义。

2. 文献回顾

（1）关于畲族教育的研究

首先对“教育”概念进行界定。广义的教育是指影响人的身心发展的各种行为和活动，狭义的教育则指由专职人员和专门机构进行的学校教育。广义的教育

---

① 张小椿：《清代以来畲族教育研究》，硕士学位论文，福建师范大学，2009。

除了学校教育，还包括家庭教育、社会教育等，本文主要关注狭义的教育，即学校教育。

目前大多数关于畲族教育的著作都是从教育学的角度进行理论描述的，主要集中在畲族整体教育、畲族学校教育、畲族民间体育和畲族幼儿教育四个方面。例如，张小椿[①]基于收集的大量方志等文献，研究了清代、民国及当代三个不同时间阶段畲族教育的具体情况。兰建华[②]和林旭锐[③]分别以福州沧村和博罗县横河镇嶂背畲族村教育情况为研究对象，描述历史上的教育变革和当前存在的问题，探讨畲族教育与其传统文化间的内在联系。张萍[④]在对闽东畲族文化校园传承现状调查的基础上，详细分析了闽东畲族文化传承中存在的现实困难，并从畲族语言丢失、畲族歌谣传承断层、畲族文化自觉迷失三个方面找出了问题的症结所在。

（2）关于漳州市华安县官畲村的研究

李芳容[⑤]关注官畲村社会经济生活的动因与转变过程，并从地方政府、地方精英、村民自身、国家政策四个角度来分析官畲村寨生计方式变迁的动因，提出：地方政府起着领头羊作用；地方精英起着谋划推动作用；村民的自觉参与起着决定性作用；国家政策影响官畲村寨的发展，为它的发展提供政策性支持。

从已有的文献可以发现，尽管学者们从人类学、教育学等不同的学科视角积累了相关研究，但基于具体个案来进行教育实证分析方面的成果仍然较为欠缺，以教育人类学的理论透视村落教育与宏观社会变迁关联的文献尤少，这就给本文留下了探索的空间。

3. 相关理论

在教育研究中，人类学与教育学相互交叉，形成了一个新的学科分支——教育人类学。国外教育人类学主要是 20 世纪五六十年代人类学和教育学相互借鉴和影响而形成的。经过近年来的发展，形成了以德国、奥地利学者为代表的哲学

① 张小椿：《清代以来畲族教育研究》，硕士学位论文，福建师范大学，2009。

② 兰建华：《社会变迁背景下的农村畲族教育》，硕士学位论文，中央民族大学，2011。

③ 林旭锐：《广东惠州嶂背畲族村教育现状调查与发展研究》，学位论文，广东技术师范学院，2014。

④ 张萍：《畲族文化的校本课程开发研究》，学位论文，福建师范大学，2019。

⑤ 李芳容：《官畲巨变：一个畲村生计方式变迁的考察》，学位论文，厦门大学，2019。

教育人类学学派和以美国学者为代表的文化教育人类学学派[①]。而我国教育人类学是在21世纪才开始发展起来的，目前仍处于实践探索阶段。随着我国少数民族地区发展的需要，教育人类学逐渐从非学术化发展到初步学术化[②]，吸引着越来越多的学者涉足该领域。

本研究主要参考和应用三种相关理论：人类学中“涵化”和“濡化”的概念，中央民族大学滕星教授的“多元文化整合教育理论”，和德国教育人类学家博尔诺夫（Otto Friedrich Bollnow）提出的“非连续性教育理论”。

“涵化”和“濡化”代表文化传递的两种基本模式：“濡化”强调文化的代际传递，是指老一辈将生活习惯和行为模式传递给下一代的过程，它的重要作用是保持文化传播的连续性。“涵化”更多地关注文化变迁，即一个群体由于接触到另一个群体的文化而受到另一个群体的文化影响的过程。

滕星教授提出了“多元文化整合教育理论”，又称“多元一体化教育理论”。“多元文化融合教育”的对象不仅包括少数民族成员，也包括主流民族成员。因此，少数民族与主流民族的成员除了要学习本民族的文化外，还要学习对方的民族文化[③]。

博尔诺夫认为教育过程是非连续性和连续性的统一的。“在人的生活中，总有一些突发的、不连续的事件……这些事件产生了重要的积极影响……如果人们深入研究这些事件的方方面面，它们将对人们的生活具有决定性的意义。”[④]他把使人发生转折、产生强烈冲击的特殊体验作为“遭遇”的主要研究对象，认为教育者应该让学生做好应对遭遇的心理准备。

4. 研究方法

研究方法层面，我主要采用田野民族志的方法，通过分析文献、参与式观察、实地访谈、同伴交流等方式积累数据资料。具体来说，进入田野之后，除饭间与

① 魏舒欣、王珏：《将民族教育学的种子种在教育人类学的土壤里——教育人类学对民族教育学的启示与思考》，《民族高等教育研究》2018年第6期，第55页。

② 王军：《文化传承与教育选择》，民族出版社，2002，第18页。

③ 徐杰舜、滕星：《在田野中追寻教育的文化性格——人类学学者访谈之二十七》，《广西民族学院学报（哲学社会科学版）》2004年第2期，第58页。

④［德］博尔诺夫：《教育人类学》，李其龙译，华东师范大学出版社，2001，第76页。

其他小组交流信息，或相约一起入户外，第一阶段我主要在熟悉村落环境，与当地人建立友谊关系，尽可能地参与当地村民的日常活动，如摘茶、喝茶、赶集[①]等，在闲谈中了解村民家中儿童的教育情况。

图 1　新圩镇人民政府前的集市

第二阶段是有针对性地开展田野工作，如踩点官畲小学旧址、询问周围居民对小学的回忆，并在村书记的介绍下进入村中的两户教师家庭进行访谈，其中一位老师又给我推荐了新圩中心小学唯一的畲族老师，他也是我 10 月 9 号得以进入中心小学二年级（1）班参与观察的主要助力。通过参与观察畲族学生一天的学校生活，并与学校现任领导、汉族老教师、畲族老师交流，我得以从学校工作者的角度了解官畲村的教育状况。

第三阶段是整理已有的录音资料并查漏补缺，同时深度参与关键报道人的日常生活，做口述史访谈。我因为第一二阶段多有麻烦书记，却得到其热心相助，自觉十分感激，也在交流中断断续续了解他过往跌宕起伏的经历，发觉书记对官畲村怀着深厚的感情，因而邀请他做我的口述史报道人。得到同意后，我抓住每一次能帮忙或跟随观察的机会，陆续完成了访谈。

① 据蓝蔡丽介绍，新圩镇的集市是每个月逢三和逢八就有，如初三、初八、十三、二十八等，一个月有 6 天赶集，我们到时 10 月 4 日，刚好为农历十八。

二、村落概况

1. 官畲村的历史区划

华安县地处福建西南山区之中，西接龙岩，北接漳平，东接泉州安溪，南接南靖、长泰，是闽南福佬区域和闽西客家区域传统意义上的过渡地带[①]。

据《华安县志》记载，民国十七年五月十二日，原龙溪县二十五都的浦西、桃源、归德等 11 保及银塘、沙建、寨坂三保共 14 保，并割安溪县的龙涓入属（后龙涓未入属），取华丰、安溪两地首字正式置县，称“华安县”。民国三十年，新圩属第一区新村镇。民国三十六年，属良新乡。中华人民共和国成立后，1949 年 11 月 18 日，华安县解放，撤销原来的乡（镇）保甲制，建立区村新政权，新圩属第一区。1955 年，改称华丰区。1956 年，撤销华丰区，全县缩编为三个区，新圩属沙建区。1958 年，新圩与沙建合为“新建乡”。1984 年 10 月，实行乡（镇）建制，恢复新圩乡，下辖新圩、黄枣、官畲等 10 个行政村。

新圩乡在民国时期曾与良村合并，称“良新乡”。现在的新圩镇，全镇辖 10 个行政村，一个社区居委会，有 94 个村民小组，分布在 63 个自然小村。省道西港线、漳永高速、鹰夏铁路贯穿全境。漳永高速通车后，新圩镇在厦门、漳州一小时经济圈内，交通便捷[②]。

2. 当地畲族的源流与居住格局

本村畲族有蓝、雷、钟三个姓氏。1984 年厦门大学人类学系陈国强、吴进通、范可、潘宏立在官畲村调查后所写的民族调查报告，认为官畲村“蓝姓的历史来源比较清楚，祖辈传说是由漳浦湖西迁来的，查历史上世系关系，系蓝氏常新公传下 141 世蓝一大从漳浦迁到华安的”[③]。但是这一说法被刘婷玉[④]质疑，因为族谱上显示官畲蓝氏一世祖蓝俗高大致为明末清初之际来到官畲的。

---

① 华安县地方志编纂委员会编《华安县志》，厦门大学出版社，1996，第 14 页。

② 资料源自新圩中心小学一年级校本教材。

③ 厦门大学民族调查组：《华安县新圩镇官畲大队蓝姓调查报告》，厦门大学人类学研究所印，1984 年 10 月油印本，第 2 页。

④ 刘婷玉：《凤凰于飞：家族文书与畲族历史研究》，厦门大学出版社，2018。

我从报道人蓝建国书记那里了解到，雷氏先于蓝氏到来，蓝氏是因为与雷氏联姻而来的，而钟姓畲族来自其他村庄，如华安县高安镇的坪水村。旅游改建前，官畲村的居住格局大不同于我们到时所见，根据一些旧照片和报道人口述，1999年前的村落布局大致如图 2 所示。

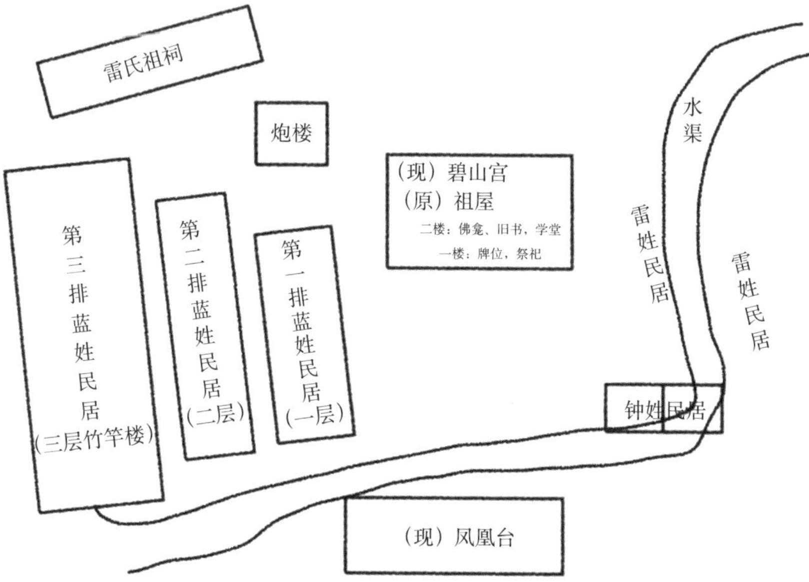

图 2　官畲村旅游改建前居住格局分布图

原来的民居主要分布在现在碧山宫前方的两侧，蓝氏之前过来的都是师公，会看病算命，故而住的方位十分讲究风水。按《易经》八卦中风水的“左大右小”原则，因为雷氏先过来，为大，故聚居在左边，蓝氏后过来，居右。据说钟氏是 20 世纪 60 年代以后才过来的，在村中没有地盘，散居雷氏其间。

蓝氏按照距离祖屋[①]由近及远，依次建了一层楼、二层楼、三层楼的排屋，所有族人住在这片区域。三排房屋中，第一排的一层直接住人，第二排的第一层养牛、鸡等，第二层住人。第三排的三层楼也叫吊脚楼（或竹竿楼 / 山寮楼），第一层养家禽，第二层仓储，第三层住人。

① 现碧山宫所在处。

图 3　蓝氏竹竿楼背面旧照

图 4　蓝氏竹竿楼正面旧照

图 5　祖屋耳房侧面旧照

图 6　炮楼和被烧毁屋顶的雷氏祖祠旧照

原来的祖屋有两层，第一层是祠堂，为蓝、雷、钟三姓共用，放牌位，祭祀祖宗，第二层放佛龛，祭祀神明，同时兼作村里最早的现代小学授课地。祖屋旁边的耳房是后建的，用于堆放杂物、饲养家禽。祖屋右后侧的炮楼为防范土匪抢劫而建，平时还用于停放棺木。以前，官畲村是闽南典型的畲族穷村，交通闭塞、资源匮乏，“赊村”山寨是穷得出名的“脏、乱、差”之村，并非所有村民都负担得起土葬用的棺木，很多村民活着的时候就开始攒钱买棺木。

3. 官畲村的现状

新中国成立后，官畲村民的主要生计方式，从山区农业种植养猪，走向茶叶市场经济，再迈向民族旅游经济，走出了自己的发展之路。近年来，官畲村党支部在福建省率先探索“三联创”党建工作模式，引领村民一个不落奔小康。2018年，官畲村与漳州旅投集团村企联姻以来，发展特色产业，将贫困的民族村建成宜游的特色景区，荣获 2019 年度省级“一村一品”示范村等荣誉称号，并于 2020 年荣获“中国美丽休闲乡村”称号。①

如今的官畲村作为国家级 3A 旅游景区和华安县乡村振兴的典范，热闹非凡。2019 年，游客数超 12 万，村财固定收入增至 51 万，村里 125 户 490 人参与分红现金 49 万，人均分得 1000 元。② 如今的官畲村，90% 的村民从事着跟旅游有关的工作，有 1/8 的人口直接服务于官畲景区。“种茶富民”“旅游兴村”让这个群山环绕的闭塞小小畲族村落，蝶变成如今的新农村典范。③

三、村落教育的发展与变迁

如绪论中所述，本文中的“教育”取狭义，因此下文我以学校教育为主，兼论家庭教育和社会教育，并通过与历史境况的纵向对比，尝试探讨教育背后折射的传统文化境况。

过去，闽浙赣交界地区的畲族人远离主流文化，交通不便、迁徙频繁。他们特殊的民族生活方式使他们从未接受过正规的学校教育。改革开放以来，党和国家更加重视少数民族教育，并给予优惠政策，使民族地区的学校教育得到了快速发展。实际上，畲族学校教育是一个从无到有的过程。但是，自学校教育出现的时候开始，它便发挥着重要的作用。学校作为一个功能场，在文化传播中起着重要的作用。

我到官畲村时得知，村里现在一所学校都没有了。过去也仅存在过小学，学

① 数据源自村委文件资料：《“三共”促“三变”：新圩镇官畲村与漳州旅投集团村企联姻打造乡村振兴新模式》。

② 本村外嫁女性及其子女单列一户，标注“下年发”。村委与之协定：不迁户口允许参与分红，但必须全部参与当年村中红白喜事，才能在下一年领到分红补助。此外，工作单位在县城的村民无法参与分红。

③《福建华安畲村摆脱贫困记：富民 + 振兴一个不能少》，人民资讯，https：//baijiahao.baidu.com/s?id=1675446722882685654&wfr=spider&for=pc，2021-04-27。

前教育史几乎空白，中学从未有过。小学也并不完整，儿童很晚（8—10 岁）才上学，且往往到高年级时就要转到镇里的中心小学。现在的畲族儿童从幼儿园起就送到山下新圩镇或者县城寄读，曾经的小学只存在于老一辈人的记忆中。

1. 学校教育的历史

（1）祖屋：从私塾到六十年代的小学

据《华安县志》记载，华安私塾曾遍及各村庄。私塾的设立有四种形式：个人聘请塾师教自家及亲友的子弟；宗族以公田租谷聘请塾师教本族子弟；几个小自然村联合聘请塾师设馆授业；塾师在家或在外地招生授徒。塾师一般由不第秀才、举人、贡生、监生充任，其待遇由学东安排，分派家长轮流供膳，年终闭馆，付清薪俸，年银圆 18、24、36 元不等，少数有百元以上。

私塾教学不分班级，逐一面授，同教材可以不同进度。塾师在学生书本上以银朱笔圈点教读，并在截止处以汉字数码注明授课日期，对初学者教读音而不加解释。教读多用方言，教北方官话的塾师极少。开始读《三字经》《百家姓》，进而读四书等，再读《诗经》《左传》等。塾师授完《诗经》后，再教四书等的注本，解释字义，令学生作缀句、对对子、学作论文。

据民国二十五年福建省政府教育厅统计记载：华安县有私塾 44 所，塾童 790 名，塾师 44 名，其中曾受师范及中学教育者 6 人。私塾全年学费法币 2831 元，每生平均负担 3.58 元。是年，全县私塾进行改良，纳入教育体制。嗣后，经县政府教育科认可，已改良私塾 11 所，有塾童 330 名，塾师 11 名。

据村里 68 岁的养蜂老人雷永超①回忆，官畲村现在碧山宫所在地是原来的祖屋老房，它有两层，一层放老祖宗的牌位，二层祭祀神灵。老书也放在第二层，读书也在第二层。那时候没有正规的老师，属于私塾办学。新中国成立后，原来的私塾老师因为教得久，得到政府承认，从民办教师转正。《华安县志》上亦有记载："1951 年春季，坪水、官畲畲族村各开办民办小学，共 2 班。招生 39 名，教师 2 名，次年转为公办小学。"到 20 世纪 70 年代时，小学从祖屋迁到现在云上餐厅所在位置，到 1989 年 12 月公办的官畲小学修好，小学一共经过三次易址。

生于 1953 年的雷永超老人大约 8 岁开始上小学，在祖屋二楼读一年级，学

① 2020 年 10 月 7 日上午，在龙岭步道上山阶梯边上的蜂箱附近访谈。

语文、数学、自然、地理和政治，一直读到四年级，五年级就下到新圩的中心小学去了。当时只有 1 个老师（安溪汉族人）在复式班教所有年级。那时读书的人很少。

生活好苦的！以前中心小学没宿舍，下山读书都是走读，走路下去。有时候经济困难，交不起伙食费，也没条件去煮饭，中午都是自己带家里早上煮的饭去吃。

雷永超到"文化大革命"时，刚上六年级，就因家庭困难辍学了，小学没有毕业就回到村里开始养蜂，后来 70 年代又去当兵，1977 年退伍。80 年代初时担任村主任，向人大代表交提案提议改善公路、建官畲小学。

（2）凤凰台旧小学：七八十年代的读书印象

民宿店老板钟志铭①生于 1969 年，他最先读的就是凤凰台旧小学②：

云上餐厅以前是土坯房，小学校址在那里。我们这一代就是在那里读的小学。小时候读语文、数学、体育、美术，劳动课也有，没有英语。我们小时候一个礼拜里还有两天去种田挖地，学校里搞一块地（让我们）去那边种田，大人割稻，我们要去拾稻穗，拾回来晒干了卖掉，当作我们学校的活动经费，比如读书考试第一名奖励一根铅笔。当时我们这边基本上都会去读小学，但是有的家庭孩子多，比较困难，大的孩子读到一二年级，就不读了。轮到我，我就到华安六中去读。因为我是老大，家里还有一个弟弟三个妹妹，初中毕业我就没读了。到我儿子那一辈，他就是到官畲小学读的，到后来学校都取消了，因为孩子少了，幼儿园、小学都到镇里面去读。

我后来入户教师家庭时，听村中两位老师蓝田傅（1969 年生）和雷符民（1979 年生）介绍自己的教育经历时，都提到在凤凰台旧小学读到三年级，从四

---

① 2020 年 10 月 3 日上午，在悠闲居民宿一楼访谈。

② 在我对村民的访谈中，村民多以位置指代小学，以"云上餐厅那个小学"或"凤凰台那个位置的小学"代称小学。为指称方便，本文以"凤凰台旧小学"统称。

年级起就下到新圩中心小学来读。雷符民回忆说，凤凰台旧小学大约是在1993—1994年间停办的。

（3）官畲小学：九十年代的小学和世纪之初的学前班

村民雷符民[①]在华安六中（现已并入华丰中学）读完初中后，进入龙海师范学校读了三年中专，毕业后先在黄枣小学任教，2000年到2002年调到官畲小学，后来到良村中心小学教语文和书法至今。作为官畲小学的最后一任老师，他清楚地记得官畲小学2002年9月就停办了。

据他介绍，当时官畲小学只有三个年级，一个年级一个班，每个班十一二个学生。有三个老师，除了他自己，还有一个隔壁村的汉族老教师和一个本村的代课教师。代课老师主要负责看管学前班孩子。学前班总共只办了两届，在1999年到2000年期间招收五至七岁的适龄儿童。因为缺乏足够的专业师资和教学支持设施，官畲小学就像很多偏远山区的小规模学校一样，体育课并无可以活动的操场，就做做操、让孩子自己玩，音乐课教教儿歌，美术课则直接被拿来上语文、数学课。平时学校早上八点上课，到十一点放学，学生回家吃饭午休，下午两点再来上课，到四点放学。上课则是农村常见的复式班，往往是两个年级一起上课，老师一节课先教一个年级再教另一个年级的学生。上课语言以普通话为主，但学生听不懂时还是要用畲语解释。

蓝田傅[②]是教过雷符民的老师。据他回忆，官畲小学一开始是有一到四年级的，后面才变成三个年级。作为全村唯一一个考上华安一中的学生，初中毕业后他进入龙溪师范学校，当时村里也就四五个学生考上这所学校。在我询问他为什么读书比同龄人厉害时，身旁的叔叔伯伯和他自己都异口同声地用“天才”来解释。

我后来与蓝建国的夫人蓝穆丽[③]交流时，发现她就是当时的代课老师。她与我分享了自己的上学经历和教孩子的故事。

我上学时笔记做得很认真，成绩也不错，后来到初中，身体不好，就没怎么

① 2020年10月6日上午，在雷符民家中访谈。
② 2020年10月5日晚上，在蓝田傅家中访谈。
③ 2020年10月12日下午，在蓝建国家中访谈。

读了。我们家兄弟姐妹多，我帮家里干农活，父母都想留我在家里。后来就去外面打工……有了孩子后，那时候小学的学前班招代课老师，我就去挣些钱补贴家用。我是孩子王，不管在哪里，小孩子总是特别喜欢我。我教的那些小孩子们常常在我家门外晃悠，他们喜欢跟我待在一起。

官畲小学旧址还在村里，废弃的教室被现任村主任钟海王租来摆放制茶用的机械设备。斑驳的门墙似乎述说着旧日学生上课的场景，匾额上印着小学楼竣工的时间：一九八九年十二月。

图 7　官畲小学楼旧址

2. 学校教育的现状

（1）新圩中心小学：连接过去与现在

华安县新圩中心小学坐落在华安县新圩镇，创办于民国二十一年（1932 年），迄今为止已有八十多年历史。学校校园占地面积 8649 平方米，校舍面积 6300 平方米，现在岗教职工 38 人，学生 350 人[①]。

从官畲村下山刚到新圩镇，路口旁边就是中心小学，骑摩托车大约半个小

① 数据源自新圩中心小学校内公告栏简介。

时。就读的学生来自镇里和周围邻近村庄，如官畲、华山、玉山等。我在官畲村与村民交流时发现，早在六十年代，畲族儿童读到高年级时就到这所学校续读。《华安县志》上记载：“1982 年，新坪华山村农民方振忠独资创办小学，连续开办 3 年，共投资 15000 多元，学生读完低年段才转到中心校续学。”可见中心小学一直在接收来自像官畲村一样办学规模不够的农村小学转来读高年级的学生。

图 8　华安县新圩中心小学校门口

我通过雷符民介绍，联系到中心小学唯一的畲族教师蓝超福，便和他预约了访谈。10 月 8 日晚上了解到小学寄宿生七点早读，于是在国庆假期结束、开学复课的第一天，我就早早地搭乘摩托下山来到学校，开启观察。

七点钟的中心小学沐浴在熹微的晨光中，学校硬件设施十分齐全，橡胶操场、篮球场、乒乓球桌、图书室等一应俱全，各个兴趣社团还有专门的活动场所，如舞蹈室、绘画室、泥塑室等，教室里也装有现代多媒体设备。与过去相比，学校在教学设备、教学师资方面也有了很大的进步。从兴趣社团门外的辅导员简介上可以看出，不少教师拥有本科学位。

图 9　华安县新圩中心小学操场

图 10　华安县新圩中心幼儿园入口

新圩中心幼儿园与中心小学校园相连，进校门后拐弯就到了幼儿园入口，和小学校园只隔着一栋名为“聚仁希望小学”的楼。小学一楼是学生食堂，二楼为教师用餐区，三楼以上都是学生宿舍。七点半左右，学生们已经下了早读来食堂吃饭，2.5 元的早餐有鸡蛋、馒头和稀饭。尽管旁边就有楼梯通往楼上学生宿舍，但学校规定白天上课时间寄宿学生不允许进宿舍。

学校的汉族资深教师李稚勤[①]告诉我，2012 年之前学校为一至三年级的低年级寄宿生请了两个保姆，负责洗衣服、照顾幼儿生活，现在变成给一至二年级请了一个保姆。我也了解到不少低年级幼儿并不选择住校，而是住在学校附近的托管机构，由托管阿姨照顾生活起居，同时监督检查作业完成情况。对此老师们不仅知情，而且还会将托管阿姨的课业辅导情况反馈给幼儿家长，也起了间接监督的作用。早些年官畲村的儿童刚从村里转到镇上读书时，常因语言障碍、文化适应困难等导致课业跟不上，如听不懂汉族老师讲闽南话等，现在因为很小就到镇里来读幼儿园，也适应得更早，在周一到周五寄宿上学、周末回家的成长模式中，官畲村孩子大多逐渐掌握了普通话、闽南语和畲语。

八点钟左右，老师们陆陆续续到了，我便去蓝超福老师办公室开始访谈[②]。

据他介绍，中心小学几乎每个班里都有畲族学生。早些年畲族孩子的学业表现整体落后，他认为主要的原因有两方面：一是因为经济困难，加之孩子多，父母为生计所迫，忙于外出务工，供养不起所有孩子读书；二是父母主观上不重视孩子的教育，对学校教育的不熟悉和与孩子学习生活的长期分隔，让他们难以深度参与督促孩子学习。

穷，孩子又多，都吃不上饭，刚长大就去打工糊口，教育脱贫没那么快……家长的意识很重要，孩子周末回去，父母不管作业，问一下做完没，孩子说完成了，家长也就不问别的了。更可怕的例子是，孩子在那边做作业，几个家长三五成群在那边喝茶聊天，甚至打牌喝酒，孩子也没有一个好的学习环境，这样会读的孩子也搞得不会读了。你看我们村里孩子基本上没有一个书房或者专门写作业学习的地方。

近年来，学校逐渐开始重视对地方文化的保护与传承，为此主要推进了两个有关的项目。其一是镇里的所有老师都被组织起来编写地方性的校本教材，本学

① 2020 年 10 月 9 日下午四点，在李稚勤老师办公室访谈。

② 2020 年 10 月 9 日早晨，在中心小学广播室访谈。

期恰好是校本教材开始使用的第一学期。从一年级到六年级都有相应的校本教材，见表 1。一、二年级的教材有注音，从三年级起只有个别难字注音，三年级的校本教材就是围绕官畲村的专题读本，介绍畲族起源、禁忌等各方面的内容。

表 1　新圩中心小学校本课教材系列

年级	一年级	二年级	三年级	四年级	五年级	六年级
校本	《圩上行》	《圩里源》	《畲乡趣》	《华山文化》	《秀美华安》	《智慧童年》

图 11　三年级校本教材《畲乡趣》封面

图 12　新圩中心小学畲歌社团活动室

其二是组建畲歌社团，从一年级到六年级的畲族孩子可以自愿选择加入，负责老师便是蓝超福。他从 2018 年起协调联络官畲村歌舞队成员，以聘请课外辅导员的形式，在周一下午的最后一节课给畲族孩子教唱畲歌，2019 年才开始教畲舞。畲歌社团的 15 名学生还曾代表学校去参加 2019 年全市中小学生文艺表演，以舞蹈《畲乡趣》获得小学组一等奖。这一学年由于疫情的缘故，社团的活动中断了。

（2）从三个个案看官畲村儿童的教育

我在绪论部分已经解释了为什么选择二年级（1）班来了解官畲儿童的课业表现。实际上，经过前期的了解，或者说机缘巧合的“家访”入户，我逐渐将关注目光集中在三个不同类型的教育个案上。

10 月 6 日晚上，我进入当地一家饭店，该饭店一二层吃饭，楼上住宿。我们到时客人已经不多，老板娘身怀六甲仍在劳作，她先招呼我们坐下喝茶就上去叫男主人了。过了一会，一个清瘦的男子下来给我们泡茶，但也只聊了很短的时间就上去隔间干活。看得出来他们平日里很是辛劳。他们家有两个女儿，姐姐雷施玉 9 岁，妹妹雷玉桐 6 岁。因为周末孩子在家也没空陪伴，父母给她们买了一个智能机器玩具，可以陪她们算算术、玩游戏等。我们坐在大厅和两个小朋友聊了好一会儿，施玉都有问必答，一点都不怕生。

10 月 2 日下午，我跟随茶园采茶的蓝阿姨下山，在官畲村 1 号门口与蓝田傅的女儿蓝臻聊天时，一个穿着红裙的小女孩跑过来打招呼，这是我第一次见到蓝伊璇。伊璇的家在景区门口旁边的畲乡餐厅，得知我在找官畲小学旧址，一口答应第二天带我去。后面我来访谈蓝田傅老师时，又碰到她妈妈带着她来喝茶。一来二往，也就慢慢熟悉起来。她是一个外向活泼的女孩子，经常和朋友钟宝燕在村里转悠。我从她那里得知，雷施玉也是她同学。

10 月 8 日晚上，我随同学一起来到蓝安舟家，看到墙上贴满了奖状，全是孙女蓝梅珍的。听梅珍妈妈讲，梅珍是个很乖巧的女孩，记忆力很好，现在新圩中心小学五年级（2）班就读。梅珍从一年级起就寄宿在学校，也没有找托管阿姨辅导学业。她不哭也不闹，适应起来也快，学校里阿姨管洗衣服，一个学期才七百多生活费。周末回来，学习也是梅珍自己自觉，一点也不需要家里操心。每次她考第一名，阿周叔就奖励五百元，她都存着，从不乱花。

虽然因为学校调课的原因，没来得及跟梅珍本人聊聊，我却在中心小学遇到了梅珍一到四年级的班主任李稚勤老师。李老师回忆说，梅珍在学校各方面都表现不错，不仅学习优异，而且也跟着畲歌社团参加舞蹈演出。在学校时她也是班干部，是老师的得力助手。

10 月 9 日星期五，新圩中心小学二年级（1）班的课表上写着上午有语文、书法和美术课，下午为队安、体育和体育大课间。蓝超福将我介绍给语文老师叶韶瑜。说明来意后，叶老师为我在教室最后面搬来桌椅，甚至让班里官畲村的 6 个孩子集中坐在一起。

图 13　新圩中心小学二年级（1）班上课情景

虽然课表上写的第二节是书法课，实际上仍是语文课。经过一个漫长的国庆假，返校复课第一个阶段就是查作业面批。叶老师布置好抄写任务，然后叫学生一个一个上讲台拿作业。她在课间时跟我谈到，疫情期间上网课的效果很差，导致班里很多孩子现在跟不上新课。官畲村的 6 个孩子打卡完成率都不高，只有蓝伊璇全程完成了打卡，雷施玉一次都没打卡，科任老师跟家长说了也不解决问题。原来官畲村的孩子多留守儿童，大多跟老人一起生活，老人也不会用智能手机，在孩子学业上更帮不上什么忙，现在随着特色旅游村的建设，也有一部分村民回来，留守儿童比例就少了一些。但年轻的父母也忙于做生意，或者是自身文化程度有限，较少直接参与孩子的教育督促。

在6个孩子中，5个大都能在上课时根据老师的要求和指示行事。蓝伊璇成绩属于中上，她在课上也很活跃地举手回答问题，能专注地盯着黑板，虽然她也会偶尔转过头来，睁着大眼睛看我记笔记，她的作业常得“优”。

老师知道雷施玉曾经出过车祸，并不在学业上强制要求她。翻开雷施玉的语文作业，偶有“良”，但更多的是没有红笔批阅，叶老师解释道：“这个一看就是托管阿姨告诉她写的，我就没办法批改。”原来她很多都不会写，但有辅导任务在身的托管阿姨又不能不管，虽然尽力协助她完成了，还是能被老师一眼看出来。教室里，坐在最后一排的雷施玉上课并不按老师的指令做事，她常常戳戳前面同学或同桌，东张西望，也不如在家里时那样敢于开口了。下午体育课学习做广播体操时，她经常跟不上节奏，借势戳前面的同学后背。

五点左右，低年级学生放学了，蓝伊璇赶紧过来拉着我的手，说带我去托管阿姨家。我跟着她出了校门，拐进路边天桥下一间门店，穿到后面的楼梯，就着昏暗的灯光上三楼。这位置十分隐蔽。

我进入装修简陋的公寓时，阿姨与很多小朋友还在吃晚饭。饭菜单独一碗一碗放在灶台，由孩子自己去取。幼儿园的孩子围坐在一张绿色的矮桌边上吃饭，大一些的孩子在晚自习的教室吃。十几个孩子轮流洗澡，两间卧室简单地分为男生宿舍和女生宿舍。托管阿姨姓方，来自邻村，租房办私人托管，按照幼儿园孩子550元/月、小学生650元/月收费，学生主要是有需求的家长互相介绍过来的，方阿姨会根据孩子的表现判断能否接收托管。一个负责任的阿姨，会因为口碑好而吸引更多家长把孩子送来，而除了官畲村的儿童，也有其他村的孩子寄宿在这里。

图 14　钟宝燕寄宿的托管阿姨家周边环境

图 15　蓝伊璇寄宿的托管阿姨家的男生宿舍

3. 小结

整体来看，官畲村的教育发展是比较落后的，村里的小学经历了兴起、萌芽、衰落的短暂过程，在学校就读的人数随着年级的上升而下降。据 1982 年出生的现任党支部书记蓝建国[①]回忆，他那一级读书的人中，一年级六十几个学生，二年级就只有四十几个，三年级二十几个，到四年级只有 12 个，真正读到初中的就 4 个。从 1949 年到现在，村里考上本科的一共也就 6—7 个，见表 2。村委为鼓励读书，为考上本科的大学生设置了奖学金，如考上一本奖励五千，二本奖励三千。钟伟斌是第一个领取到奖金的人，但并不是最早考上大学的人，最早的是 1981 年出生的雷小颖。

表 2　新中国成立以来村里考上本科的学生情况统计

姓名	性别	大学	备注
雷小颖	女	中南民族大学	雷小琮姐姐，电子信息专业，嫁到河南，现在深圳定居
雷小琮	男	中南民族大学	复读一年考上与姐姐相同的专业，现在准备考公
钟伟斌	男	福建师范大学	钟天鸿哥哥
钟天鸿	男	成都理工大学	现在镇里派出所上班
雷维羌	男	龙岩学院	土木工程专业，现在漳州工作
蓝瑜煊	男	中国人民公安大学	2018 年高考，网络安全专业
钟立明	男	福建医科大学	现在漳州第三医院工作，读研

随着官畲村经济的改善，村民也越来越重视教育。虽然教育局不允许中小学择校，但有能力的父母还是会尽量送孩子去更好的县城小学读书。雷符民的夫人方亦珍[②]是华安第二实验小学的数学老师，据她介绍，畲族孩子入学难度的排序由容易到困难依次是：新圩中心小学、华丰中心小学（位于城乡接合部）、华安第三实验小学（农村生源多）、华安实验小学（县城生源居多，周边拆迁在建商品房，可以通过买学区房获得入学资格）、华安第二实验小学。村里目前考大学考得最好的是蓝瑜煊，据他妈妈[③]讲，他自小就在县城实验幼儿园就读，在实验小学读小学，华安一中读高中。

家庭教育方面，畲族注重劳动实践。历史上，官畲村贫穷、孩子又多，通常

① 2020 年 10 月 7 日晚上，在村委财务室访谈。
② 2020 年 10 月 6 日上午，在雷符民家中访谈。
③ 2020 年 10 月 6 日晚上，在蓝望民宿访谈。

长到五六岁就开始参加家庭的生产劳作。最开始承担砍柴、采摘等较轻的活，农忙时，就会帮助父母播种、收割等。在学校教育出现前，畲族孩子会在这一过程中不断学习生产生活经验，直到他成年成家①。钟志铭在接受我访谈时就特别强调周末要孩子帮忙干农活，通过实践教育让孩子比较读书和干农活。现如今，随着茶叶经济和旅游业的发展，孩子也参与帮忙制茶、晒茶、吆喝买卖，但儿童在学龄时就进入幼儿园或者小学寄宿，平常只有周末回家。即使在家，当家里人要求分担劳动时，沉迷于电子产品的新一代官畲村儿童对劳动生产的积极性也不高。

社会教育方面，在畲族家庭成长的官畲儿童，参与家庭各种活动与仪式的过程，也即接受、传承畲族文化的过程。官畲村依然保留着其原有的一些民俗习惯，如请火节等，通过集体节庆仪式传承着本族文化，但随着民族旅游村的发展以及外来旅游公司的营销参与，这些民俗仪式更多地成了吸引游客的商业展演。

四、官畲村教育的困境与思考

1. 在流动中遭遇非连续的教育

随着社会的变迁，畲族儿童的学习环境发生巨大改变，畲族儿童在接受学校教育的过程中有许多类似人类学家进入田野时感受的“文化冲击”一样的“遭遇”。博尔诺夫在谈论非连续教育的过程时提出这一术语，“遭遇”通常开始于宗教领域的经验，是给人带来极大冲击的陌生呈现事件。在现实主义哲学中，“遭遇”意味着一个人所遭遇的现实强度，这种现实与一个人的愿望和期望是如此的不一致，以至于人们除了被迫改变自己的行为之外，反对它也是徒劳的②。随着学校选址的不断变更，官畲儿童受教育的地理、环境等不断发生变化，一边遭遇新的语言环境，一边不断学习官方教育系统中的知识与文化。

官畲村是一个多种语言共存的社会。村民互相之间通过畲语进行沟通，而附近的村落则使用当地的闽南方言，附带一些普通话。官畲儿童从小在村落中成长，濡化于畲族的文化和生活习惯，学习畲语。过去，官畲村的幼童是先在本村读小

① 兰建华:《社会变迁背景下的农村畲族教育》，硕士学位论文，中央民族大学，2011。

② [德] 博尔诺夫:《教育人类学》，李其龙译，华东师范大学出版社，2001，第 76 页。

学低年级，高年级再下山到新圩中心小学续学，新的环境给儿童学业带来新的挑战，如果一开始适应不好，就很难在学习上取得良好的结果。

蓝建国回忆道，自己刚下山读书时遇到到巨大的语言障碍，也影响了当时的学业表现：

差不多四年级去中心小学。那时候普通话不怎么会讲，闽南话是一句都不会讲！就讲畲语。很难交流！老师讲闽南话我们听不懂，理解不过来，真的是傻懵了一个学期。本来在本村学习，考试的时候都能（考）九十多分，一下去就跌到二三十多分。现在没有了，小朋友一出生就教普通话，六岁以前把畲语搞定。……学习应该没什么障碍了。

现在，从幼儿园起，官畲儿童就开始从相对单一的畲族文化圈进入一个多元的文化环境中，语言变更是教育历程的第一个遭遇。进入正规学校教育的官畲儿童接受汉语教学，和汉族儿童一起学习国家统一课程，寄宿在汉族群体之中。对这种年幼离开父母、在外入学的经历适应程度因人而异，像蓝梅珍那样适应良好的只是少数。

2. 基础教育内部的社会分层

随着近几年社会经济条件的改善，畲族村民对优质教育资源的需求不断上升。村落中的小学旧址或破败或转为他用，就近入学已经不能满足部分家庭的教育需求。茶叶市场经济和发展民族旅游业后的官畲村，虽然吸引了部分在外务工的村民回乡，但并不能遏制年轻一代依旧像他们的父辈一样进城务工的势头。而只要有机会，走出去了的人们都会努力留在城市，为下一代谋求更好的读书环境。

尽管教育局官方规定中小学不可择校，我在田野调查中还是遇到了三个通过不同渠道进入县城读小学的案例。第一个案例是蓝建国弟媳的儿子蓝懿涛，我在10月9日晚上因要搭乘蓝书记的顺风车回村，便加入了送他去第三实验小学（简称三小）的队伍。车上，蓝懿涛妈妈告诉我，像她儿子一样在三小的官畲村孩子也就五六个，她是在幼儿园大班时把孩子转到三小幼儿园，然后通过直升入学的，那一年三小幼儿园恰好有几名幼儿转走，就空出了少许名额。懿涛9岁，读二年级，他在车上一言不发，对于即将返城读书似乎并不兴奋，我们陪着他去县里买了鞋，又去蛋糕店买零食，才把他送到一个小区门口。

第二个案例是七妹民宿店家的孩子。据老板娘蓝蔡颖讲，她的小儿子钟诚贤在华安实验小学（简称一小）上一年级，是占用了朋友公司的入学名额送进一小的。她还给孩子报了一个周五晚上的“看图写话”兴趣班，这是我听到的唯一给孩子报补习班的案例，可以看出村中有一定经济资本的父母，已经开始有意识地投资孩子的教育。

第三个案例是雷符民老师读初二的儿子雷浙浩，因为他们房子已经买在县城，平时只有节假日和周末才回来，孩子妈妈在第二实验小学（简称二小）教书，浙浩幼儿园就在华安县第二幼儿园就读，直升二小，后来遇到双十中学（漳州校区）在全市招生招 3 个班，给其他县 80 个名额，他去报考，顺利被录取。据他父母讲，他们对孩子的教育算是“0 投资”，唯一给他报补习班就是那次小升初考试。

从以上案例可以看出，过去曾长期处于知识边缘位置的畲族人民，越来越认识到教育的意义。随着经济条件的改善，有能力的父母都尽力把孩子送到更好的城区学校上学。进城后的学生也面临着生活和适应方面的困境。首先是住宿上，学生要么在学校寄宿，要么住在托管机构，这些都对学生的独立生活能力提出了挑战。其次是适应城市节奏和环境的问题，他们要与来自不同文化背景的同龄人共处，或者在远离家乡的城市独自学习和生活，难免与昔日的畲族伙伴关系疏远，回乡后更感到一种疏离感。事实上，即使是官畲村内部，村民们对教育的需求也并非铁板一块，这种差距曾在官畲村卷入茶叶经济市场后拉得很大。从畲族儿童的不同求学经历，我们得以窥见社会经济资本影响下的教育内部的变迁与分层。

3. 学校教育中的民族文化传承

在官畲村教育中，民族文化传承面临的困境在于，民族文化在与主流文化碰撞时，文化的涵化处于强势地位，而濡化实现的载体和过程都在减少减弱。尽管地方政府从 2020 年秋季学期开始推广讲授地方知识的校本课程，但在具体实践中也遇到了不少问题。

以新圩中心小学推动的校本课程为例，有四个值得考虑的问题：一是这套教材本学期开始使用，除了一年级，其他年级的小朋友都是非连续地接触校本课程，未能按照原先设计的体系循序渐进。二是低年级的校本教材虽然有注音，但太多说明性文字，并不适合还在学习认字的幼儿阅读。三是全校就一个畲族老师，负责讲三年级的校本课，这让我思考：谁有资格上相应的校本课？地方知识讲述的主体正当性如何体现？这些都要纳入教材使用的考虑范畴。四是我发现二三年级虽然都有涉及畲族来源的内容，但前后资料并不太一致，加上校本教材都没有标参考资料，细心的学生也许就会疑惑，应该以哪一个为准？

再说畲歌、畲舞的传承。学校的畲歌社团并无专任教师可以常年授课，未能真正将之作为一种教学惯例，这也就难以真正培养下一代会唱畲歌、跳畲舞的年轻人。此外，给红白喜事吹唢呐的村民蓝班禅①（1971 年生）告诉我，现在凤凰台演出的很多歌舞都是旅游公司改编的，他们村原来并不跳竹竿舞，也不唱那些歌。我 10 月 10 日在村民家中喝茶时遇到了教跳舞的邻村汉族老师，据她和歌舞队成员的对话，我才知歌舞队也是旅游公司为了演出而成立的，队员招募进去再培训动作。展演性的活动虽然给村里创造了收入，但也带来民族文化主体性失语的隐忧。当旅游公司铺天盖地的宣传材料都只是泛泛而谈“畲族”，而非“官畲”，甚至主持人在科普畲族姓氏时，都不知道官畲村没有“盘”姓，民族文化的本真性谁来守护？

我们可以借用人类学中“濡化”与“涵化”的概念，来理解官畲村教育与文化传承的困境。濡化被用来描述文化传播的方式，涵化是指来自不同文化的群体由于持续、集中的接触而相互适应、相互借鉴，导致一方或双方原有的文化模式发生大规模的文化变化。前者更强调文化传播的过程，而后者更强调文化输入的过程。

濡化的过程以家庭教育与社会教育的形式体现，官畲儿童通过家庭的习俗、仪式形成对群体的身份认同，并在潜移默化中习得老一辈人的知识。这种方法主要以上一辈人掌握的奖惩手段为基础，每一代都被教导不仅要重复上一代的行为，而且会因此得到奖励或惩罚。正是这一过程使社会文化和生活方式一代一代地趋同，并表现出一定的连贯性。在官畲村家庭中，老一代的禁忌，无论是文化上的还是信仰上的，都是通过规范孩子的行为使其融入家庭生活来传承的。

① 2020 年 10 月 5 日上午，在蓝班禅家中访谈。

涵化过程以学校教育的形式体现，学校教育通过规范化的教育内容形式来传递主流的文化与知识。学校教育的学习领域在一定程度上是封闭的，甚至可以在不传授民族传统知识的情况下脱离官畲村。

官畲村在发展中面临着涵化与濡化的较量，这种较量实际上折射出全球化背景下主流文化与传统文化的较量。不论涵化或濡化如何较量，我们更愿意看到的是受教育者能在适应社会发展的同时，又不抛弃其民族的传统文化，即成为所谓兼具本土情怀与现代视野的人才。因此，如何应对新旧文化的碰撞，如何培养官畲儿童良好的跨文化沟通能力，也需要未来的教育者更多的思考。

宗祠文化变迁、复兴与乡村振兴融合路径探究

——以三峡库区柱山乡文氏宗祠为例

重庆三峡学院公共管理学院2017级民族学专业　焦明艳①

指导老师　陈永碧

摘要： 宗族和宗祠文化是中国传统农业文化的重要组成部分。宗族曾经作为乡村社会重要的基层组织，发挥着乡村管理、促进经济发展与互助、文化传承和乡村法治的社会功能。万州区柱山乡文氏宗族历史悠久，是“湖广填四川”移民家族的典型代表，他们通过建宗祠、订族规家训、置族产、办学堂等方式，对族人进行社会教化和行为规范，并通过宗族实现族内的互助互惠，实现协调族内与乡邻间社会的关系，为当地的社会、经济和文化做出了重要贡献。文氏宗祠作为宗族的物化象征，几经周折仍保持完好，成为当地家风教育重要的文化载体，对当地乡村振兴具有重要意义。

关键词： 乡村振兴；宗祠；族规；家训；家诫

一、引言

重庆市万州区柱山乡，地处万州区西南部，距城区25千米，东连九池、高

① 现为宁夏大学民族与历史学院2021级民族学专业硕士研究生。

峰，南接甘宁，西邻分水，北依李河、高粱，因境内一柱擎天的 918 米的柱头山和地标性建筑柱山寨而得名。境内海拔 415 米至 918 米，属典型高山丘陵地形地貌，森林覆盖率 72%，年均气温 14℃，年均降水量 1200 毫米，无霜期 270 天左右。柱山乡是万州第一饮水水源乡、万州城西南生态屏障，是历史文化挖掘工程乡镇之一，是近郊旅游休闲康养的目的地、渝万高速路上的天空之城。

2019 年 6 月 20 日至 7 月 5 日，笔者一行 13 人（其中，带队老师 1 人，研究生 2 人，本科生 10 人），在柱山乡展开了为期 15 天的集中田野调查。之后，在老师的带领下，我们又利用每周周六的课余时间进行了十多次有针对性地补充调查。这次田野调查包括柱山乡全境：柱山社区，草盘、金牛、何庙、葵花、山田、青高、戈厂、三木、云安九个行政村落。调查内容主要概括为三个方面：历史古迹和民间记忆，宗族与文化，民间文化和习俗。笔者负责的专题是宗族与文化调查。在调查中，笔者发现文氏族人已经遍布整个柱山九个村和一个社区，根据其《文氏敦本堂族谱》（三修）的数据统计，2016 年该乡文氏族人有 5909 人，2017 年新增人口为 300 人，而 2017 年柱山乡常住人口仅为 1.7 万人。所以笔者从乡村振兴的视角，着重调查了文氏家族及其宗祠文化。

柱山乡作为重庆市历史文化名镇，具有丰富的历史文化底蕴，历史古迹和文物点众多，类型丰富，文化习俗具有鲜明的川东色彩。而且因其历史上是万忠古道和万梁古道的重要关隘，驿道纵横，商贸往来频繁。且光照充沛，水源丰富，高山稻作文化十分发达。在“湖广填四川”的移民大潮中，吸引了众多的家族到这里安家置业。目前，在柱山乡有家谱传承的宗族主要有文氏、张氏、骆氏、钟氏、丁氏、傅氏、王氏、段氏等。戈厂村（桃坪村和戈厂村合并后的村名）的文氏宗祠（2 组）和王氏祠堂（5 组）因为曾经作为桃坪村小和戈厂村小而保留比较完好，云安村的段氏祠堂（段国泰修的私人祠堂，段氏公祠堂在李家嘴）只残留部分房屋和墙壁，其他祠堂则尽数被毁。特别是葵花村曾经作为九岭小学的承载着很多人回忆的张氏祠堂，从报告人 XXM 绘制的平面示意图看，和文氏宗祠如出一辙。从收集到的几张九岭小学毕业照来看，其大门还有石狮，很是气派，遗憾的是在村小合并后，也被拆除了，空留下一片废墟。所以，在柱山众多宗族中，仅有文氏宗族保留有完好的族谱序列和祠堂。2017 年，在 WLT（文氏宗亲会的负责人，即文氏族人的族长）、WMP（具体负责族谱相关资料的收集和文字撰写）等文氏族人的大力支持和参与下，文氏宗族在《文氏族谱》（二修稿）的基础上续修完成了《文氏敦本堂族谱》（三修）。2018 年万州区政府根据《文氏族谱》（二修）所载原图对文氏宗祠进行了修缮修复，基本上恢复了原貌，目前它已成为万州区家风教育基地、宗祠文化博物馆、鲁渝孝慈文化和柱山乡乡村文化博物馆。可见，文氏宗祠及其文化对当地的文化振兴和经济发展具有积极作用。

柱山乡敦本堂文氏宗族历史悠久。据民国十九年（1930 年）编撰的《文氏族谱》记载，万州文氏“派演雁门江西之后”，元末明初先从江西迁至广西，再到湖南。明末清初，“湖广填四川”，其后人又迁至西蜀梁邑（今梁平）。清乾隆四年（1739 年），弼卿公迁至万邑三七甲核桃坪（今戈厂村 1 组）安居，其子二人：文智、文燕。智公无嗣，燕公五子：富、贵、全、臣、圣，即今万州文氏五大房的始祖。柱山乡文氏族人在核桃坪定居后，勤勤恳恳，发家创业，富甲一方，对当地的经济、历史和文化有着重要贡献。经过几百年的发展，文氏族人根深叶茂，人才辈出，文氏成为当地人口最多、分布最广的姓氏，这与其推崇的宗族文化密不可分。

二、文氏宗族文化的变迁

在乡村振兴的视角下，柱山乡的文氏宗族与宗祠文化作为当地乡村文化的典型代表，研究其文化及变迁对于乡村振兴与农村发展具有重要意义。从文氏宗族文化的变迁中我们也可以进一步了解并发掘其对于当地经济发展、乡村治理、精神文化建设的有益部分，使之能够更好地服务于乡村振兴发展战略。

1. 从族内到乡村公共文化空间的转变与拓展

有学者认为，“建筑是社会意识的反映。民居是居住者赖以生存的空间，也是居住文化的载体，其展现了居住者在不同时期的生产模式、经济水平、文化信仰等”[①]。文氏作为柱山乡曾经富甲一方的大宗族，还有许多物质遗存，包括文家

① 高杨倩：《文化生态视野下满族民居及其变迁研究》，硕士学位论文，沈阳师范大学民俗学系，2019。

大院、文家别院、宗祠、族谱、祖茔和寨堡，这些文氏宗族的物质遗存大部分集中在戈厂村 1 组和 2 组（原桃坪村）。我们通过对这些物质遗存的调查与研究可以看到宗族文化变迁的历史轨迹，从而了解更深层的文化内涵。宗祠作为宗族文化的物质载体，其文化空间的变化在一定意义上体现着宗祠社会功能的变迁。从公共文化空间视角考察宗族文化建设，是对宗族文化更为社会化、更为整体性地诠释。

（1）从宗祠修建的初衷和早期文化实践来看，文氏宗祠是族内专有的文化和权力场域

文氏宗祠，位于万州区柱山乡戈厂村 1 组，于民国之初的 1916 年由文氏族人筹资修建，是柱山保留最完好的宗祠，也是万州区文物保护单位。宗祠作为宗族祭祀场所，体现着传统“敬宗睦邻”的思想，承载着传统文化中慎终追远、敬仰先贤的仁孝思想。根据《文氏族谱》的记载，由于文氏“子孙繁衍，家业亦多小康，但惜未能建祠，祖宗无所凭倚”，学圣公的后人倡导集资修建本氏宗祠。清光绪壬午年（1882 年）清明会，邀集本房共捐钱三百串作为建祠基金，丁亥年（1887 年）又集各房共凑钱七十余串，“掌放生息，历年清算一次，锱积铢累，迭置产业”，数年后，有余资千余金，商议修建宗祠，合族同心，“卜祠基于生基坪”，于丙辰年（1916 年）四月初十上梁。由于存款不够，又集合族众重新捐款，在学圣公之后代绍尧、绍舜、绍禹三支的大力支持下，每房各凑钱百余串。宗祠建成共花费两千余金。根据报告人 WMP 介绍，文氏宗祠历经两辈人的努力，从开始筹资到最终建好大约用了三十多年，文氏宗祠的修建正是族人合心齐力的结果。以前，不仅宗族祭祀在此进行，宗族内部的大小事务也都在此商议和决断，对违反族规家训族人的惩戒与教育也在此进行。宗祠是文氏族人心中最为神圣的地方，也是文氏族人最具归属意味的场所。可以说，文氏宗祠在很长时间里都完美发挥了作为文氏宗族族内文化与法治展示平台的功能，对增强和凝聚族内情感和认同具有决定性的作用，是文氏宗族的标志。可以说，文氏宗祠由族人共同出资修建，是宗族祭祀祖先、商议族务和社会教化的场所，是文氏族人历史与文化延续、传承的文化空间。

（2）宗法制度的衰败，宗族组织的瓦解，使宗祠逐渐转变为乡村公共文化空

间，社会功能更加多样化

随着时代的变迁，文氏宗祠多次易主。据报告人 WXL（村支书，文氏族人的姻亲，从小生活在谭家包文家大院）介绍，在 1942 年时，文氏宗祠改为一所小学，1949 年后又被命名为柱山乡桃坪小学，老一辈村民中大多数都曾在这里上过学。不久后，文氏祠堂又被改为类似于收容所的机构，主要收留一些鳏寡孤独者，由政府和族人提供粮食等生活必需品。20 世纪 70 年代，宗祠又被恢复成学校，WXL 本人就在这里读完了小学，后因为生源不足，村小被合并而停办。听村民们讲，宗祠曾经还充当过礼堂的角色，万县的文工团在此进行过几场慰问演出。村小停办后，宗祠主要归村集体所有，后来村集体把它卖给了本村的一个村民，该村民死后，又因为无人居住和管理而闲置。在乡村文化振兴的背景下，柱山乡政府为了更好地保护和挖掘文氏宗祠文化，村集体于 2016 年 12 月将其回购，万州区政府和相关部门对其进行了修缮和复原。

从 2019 年 10 月开始，文氏宗祠由村委会代为管理，每周周末对市民免费开放，吸引了很多万州市民前来参观。我们做补充调查时，几乎每次到戈厂村都有市民在参观，文氏宗祠俨然已成为柱山乡文化展现的一个平台，在这里不仅能了解到宗族文化，还能看到草盘村、青高村、戈厂村和三木村的传统村落文化以及相关产业介绍。据 WXL 说，他们还会经常在这里召开村民和党员会议，经常给大家播放符合社会主义核心价值体系的孝慈文化影片。WLT 还介绍，他们计划要经常组织族人到文氏宗祠学习，回顾家族历史、教化族人，慎终追远，感恩敬祖，传承家族优良家风，规范族人，鼓励他们爱岗敬业，积极为社会贡献。现在，文氏宗祠不仅是文氏族人的标志，也成为戈厂村乃至柱山乡的文化地标。现在的文氏宗祠，从产权上看，属于村集体所有；从功能上看，已经成为乡村传统文化传承、民俗文化展现的公共文化空间，成为乡村文化建设和振兴的着力点，为乡村文化自信、自觉和发展服务。

2. 宗族及组织者角色的变迁：从宗族到宗亲会，从乡绅到新乡贤

宗族是传统中国最为重要的非政府性基层社会组织，在长期的历史长河中，对乡村社会的治理和发展，扮演着十分重要的角色。乡村振兴是助推农村现代化的重大战略措施，这种战略的实施给传统乡村注入更多新要素，带来更大的变化，如基础设施建设的大力投入改善了乡村面貌，旅游开发加快了城乡人口流动、信息流动和地域开放性。[①] 伴随着城乡人口流动性的增强，乡村宗族文化的社会组织结构也逐渐瓦解，其角色也在发生变迁，这是一种必然趋势。这种没落与瓦解有积极的一面也有消极的一面。积极的一面就是逐渐消除传统农耕社会所遗留的部分与现代社会不相适应的封建思想和宗法制度；消极的一面则是弱化了宗族优良族规家训对人的教化、传承和塑造功能，消除或降低了宗族乡村治理的社会功能。

（1）由乡绅构筑的宗族组织是封建宗法制度和乡村治理的维护者和执行者

以血缘为纽带的宗族，由于传统习俗的力量，加之某些物质、经济力量的联结（如祠堂、家谱、族规族训、族田、族公益金等），而具有多种功能，并能在农村社区发挥广泛的作用。[②] 宗族文化中的社会组织功能可以通过宗族的家谱体现出来，费孝通也在《乡土中国》一书中讲道："中国乡土社会采取了差序格局，利用亲属的伦常去组合社群，经营各种事业。"[③] 文氏宗族正是通过血缘关系和家谱来组织以及约束宗族成员的行为和思想，建构宗族社会组织，发挥乡村治理功能的。

从族谱上看，文氏宗族是一个有严密规范的社会组织，族人通过民主选举组成了宗族的领导团体：总理一人与值年若干，总理每三年一选，值年每年一选，他们全权负责族产和家族相关事务的处理，他们是族规家训的制定者、执行者和维护者。从族谱上看，最早发挥宗族核心领导作用的是绍尧、绍舜和绍禹三大房，他们组织族人修家谱、兴宗祠、办私塾、置产业，承担对族人的教化、经济援助等责任。据族谱记载，文氏族人中虽然没有达官显贵，但是有不少民间医生、地理堪舆先生、民兵团首、私塾先生，他们为村民做了很多有意义的事情，是名副其实的"乡绅"。这些乡绅，一方面是家族历史文化的积极发掘者和传承者。另一方面，通过成为宗族的领导者或组织者，延续和维护着以血缘关系为主导的封建宗法制度。此外，他们还通过自己强大的经济、武装和文化实力，充当本方本

① 岳成浩、吴培豪：《重构抑或消亡：乡村振兴背景下宗族功能再定位研究》，《西北大学学报》2019 年第 3 期，第 52 页。

② 王天意：《宗族的功能及其历史变迁》，《上饶师范学院学报》2005 年第 2 期，第 50 页。

③ 费孝通：《乡土中国》，北京大学出版社，1998，第 30 页。

保的保护神，是乡村治理真正的执行者。

（2）新乡贤已成为传统文化的积极传承者与乡村振兴的领头人，由他们组成的宗亲会已演变为族人交流与协同发展的平台

随着时代的发展，作为封建残留的宗族组织已经解体，其原有功能已经不复存在，但是基于血缘关系的宗族观念并没有消失，这与中国传统文化中的祖先崇拜、仁孝至上不无关系，它决定了今天的中国人依然非常重视血缘，尤其是在乡村社会里。血缘和地缘作为乡村社会关系网络的重要支撑，彼此交接渗透，融为一体。现在全国各地都有不同规模的宗亲会，必须看到的是，宗亲会与宗族组织不是一个概念，其社会组织结构和社会功能并不相同，但是它们在以血缘关系为基础的同宗同姓方面是一致的。万州文氏宗亲会因其堂号不同有两个组织，一个是雍睦堂，以李河文氏家族为主；一个是敦本堂，以柱山文氏家族为主。柱山敦本堂宗亲会，现在主要负责族人召集和族内事务商议的有 9 人，他们定期聚会，讨论一些活动的安排和具体执行情况。

在对文氏家族族规家训传承人 WLT 和 WMP 的访谈中，笔者了解到，宗亲会近些年主要做了如下的事情：三修族谱的编撰，已于 2017 年完成；族中人员的统计，并通过网络聊天平台实现族内人员的相互沟通、联络，促进族人的感情，提高族人的认同度；积极参与文氏宗祠的修缮复原工作，为其出谋划策；为族内贫困和优秀学生提供奖励与帮助；促进族内从商人士的商贸交往与互通有无；积极筹划追踪溯源的敬祖活动，计划在 2020 年清明节在文氏宗祠举行祭祖活动（因疫情未能如期进行），以此来鼓励族人秉承族规家训，勤俭持家，积极学习和工作，积极为社会做贡献；等等。从这些活动来看，宗亲会已经不具备宗族原有的法律和政治功能，更像一个以血缘为基础的民间社团。一方面，他们通过组织活动、修家谱等方式重塑和凝聚族人情感，强调宗族优良家训家风文化的传承和延续；另一方面，他们希望借助宗亲会这个平台实现互助、互惠和互通，助推族人的发展，为当地的社会、经济和文化发展贡献力量。在乡村的文氏族人，根植于乡村社会，学以致用，带头发展乡村经济。比如戈厂村 WLH，他带头创办养鸡场、养猪场，2020 年也响应乡里号召，带头种植大球盖菇。而 WLT、WMP、WLH 都是三大房的直系后人，他们都接受过良好的教育。比如，WLT 担任过万

州区文化馆的馆长，退休后做了万州区老年大学的老师，WMP 现在是万州第二中学的教师。像他们一样的文氏“新乡贤”还有很多，他们对文氏族人有着深厚的感情，对家族有着高度的认同，他们积极为家族和乡村社会、经济和文化的发展出谋划策、贡献力量，是典型的“新乡贤”。

3. 族规家训及其功能的变迁：习惯法与社会主义核心价值观的契合

在传统文化中，宗族的族规家训具有民间习惯法的特征和功能。从个人层面看，它约束着族人的思想和道德，规范着族人的行为；从社会层面看，它协调着族人成员之间以及乡邻之间的社会关系，维护着乡村社会的正常秩序；从国家层面看，它体现和渗透着封建社会的上层意识形态和主流文化。在《文氏族谱》中，详细记载了《家训八条》《家训八戒》和《家规十四条》，随着宗族文化及其社会功能的变迁，这些族规家训的社会功能也在不断发生转变。

文氏《家训八条》包括：孝父母、友兄弟、睦宗族、和乡党、崇耕读、慎嫁娶、严教训、保祖茔；《家训八戒》包括：戒忤逆、戒赌博、戒奢华、戒斗殴、戒争讼、戒淫行、戒刻薄、戒乱宗。这些家训，主要从道德和规范层面对个人提出了要求，这些要求既涉及精神层面，又关系着现实社会的生产和生活，涉及个人、家庭、宗族和乡里邻间不同的领域，可以说它体现了封建宗法制度对个人最高层次的要求。

而《家规十四条》则主要涉及宗族组织结构与管理制度，它规定了家族相关的事务和社会关系的处理方式和基本立场。其详细内容如下：

祖庙欲垂久远，必赖有人维持之故，每届公举总理一人，值年三人。凡祠堂内外事宜均由总理主持施为，值年任其调遣，倘有疏虞，惟总理是问，以专责成。总理三年一迁，值年每年一迁，以均劳逸。

财产为组织宗祠之要务，财产不足宗族何由组织。凡掌款之人员必择殷实公正者，轮流掌放，以期财产发达，岁算一次，庶无损失。

迁报总理之人员，必须公众许可者乃得迁报。如上届不择妥人而交择下届，若有损失，过归上届；下届不清算账目两接，则上届若有遗漏，即归下届垫赔；如人共见不妥，虽年限未满，准其另迁，账款如数还出，以杜亏吞。

春秋二季，春季定期于清明前一日，永以为例。值年人员先期办妥，以免临事苍皇，主祭及赞相等人备贴先期遍请，务各斋戒沐浴而虔如在之诚，慎勿怠忽，以亵祀典。

我族人众，岂能人人与祭。凡做祭之时，能不能任事者，只许一家一人，随代分金，以防滥食而杜糜费。

族人良莠不一，为公者少，坏公者多。倘有豪强贪掌祠款，滥费公项，希图利己，不顾先人，务须合族攻击，以严保卫。

修族原以敬宗睦族，不准以强凛弱，以智诈愚。倘敢犯此，召入祠堂，凭族处治，以惩豪强而保良善。

族人不皆富强，设有贫弱之家被人欺凌，甚至有冤屈而死者，祠堂可助钱代为伸雪，以御外辱而顾族纲。

人伦为修齐本原，本原有亏何以为人。设族中有不孝、不友、不弟者，扭入祠堂严加惩戒，以重人伦。

祠款虽以奉先，亦以荫后。待祠款有余，例应附设学堂，以广教育。设族中有鳏寡孤独不能聊生，及男不能婚女不能嫁者，亦可赐其锱铢。以厚族谊而造人材。

宗祠所有田地房廊屋宇，无论同姓异姓均可佃以耕住，但每年租课必须楚给。如遇旱涝，自应酌让。不得借口同姓希图狡懒。

族中如有争讼，为族长者须查明是非曲直，秉公剖断，和平解决，以彰公道而全和气。

祠堂创兴中元会。凡愿入会者，必须另行入款，少则一串，多则随便，加赠其装箱多寡，亦视入钱多寡为准。

祠堂看司，每年给食谷八斗，工资贰串四百文，在总理名下支取，以照香火而管器具。如祠宇有漏滥等故，务须报告，倘不报告任其毁坏，着令照样赔还，以儆效尤。

从这些内容来看，主要涉及：宗族组织结构与办事人员（总理、值年、看司）的选举及相关职责；族内祭祀习俗；族产的管理与使用；族内争讼事务的处理；

族内的教化（兴办学堂）与互助；族内中元会（川东地区流行的一种民间组织，发起人称为会首）的组织等。族规即宗族的组织机构和管理制度，关系着宗族这一社会组织及社会公共活动与事务的构建，体现了宗族的社会性。应该说，文氏宗族在过去扮演着乡村政府的角色，其管理体现着民主、和谐的思想和理念。

随着小农经济的瓦解，宗族及其文化的地位不复以往。但客观地说，抛开文氏族规家训中封建宗法的枷锁，其具体内容与我们所倡导和构建的社会主义和谐社会和社会主义核心价值观的内涵相通。弘扬和传承优良族规家训，塑造新时代优良家风，是从实用角度深度挖掘国学精髓，发挥非遗文化作用，促进现代社会发展的重要组成部分。目前柱山乡政府对文氏家谱进行深入发掘，让文氏家谱中优良的家训家风在文氏族人及其乡邻中传播和研习，这对乡村和谐家庭创建、精神文明建设、社会秩序维护与和谐乡邻建构都能起到促进作用，影响深远，意义重大。

从上文可以看出，文氏宗族及其文化经历了一个从兴盛到衰败再到复兴的过程。在小农经济的影响下，宗族文化呈现出一种兴盛的状态，宗族文化的主要功能是为了维系封建统治和思想教化；到了近代，由于资本主义世界的冲击，人口开始大面积流动，一定程度上瓦解了小农经济，也促使了宗族文化的分崩离析。而到了现代，宗族文化又逐渐以新的姿态出现。自党的十九大提出乡村振兴战略以来，宗族文化中的有益部分又助推地方文化自信、文化发展和文化复兴，可以说宗祠文化正在经历历史性的完美蜕变。

三、宗祠文化复兴与乡村振兴的融合路径

汉族的宗祠文化绵延数千年，宗祠曾经遍布于各个乡村，其兴衰与乡村社会发展密切相关。伴随乡村振兴战略的实施，乡村文化迎来了新的时代。但在城镇化、市场化和现代化的进程中，乡村文化面对城市文化的冲击，日益呈现出衰落之势。如果农民对乡村文化失去信心，乡村社会丧失文化强有力的支撑，承载着农民美好愿望的乡村振兴是难以实施和实现的。从这个意义上讲，如何重塑乡村文化、建设好乡村文化，理应成为当下乡村社会发展的核心问题与价值诉求，成

为实现乡村振兴目标的具体行动。[①] 如何活化和复兴宗祠文化，助力乡村振兴，需要不断探索和实践。

从调查来看，万州区政府和柱山乡政府十分重视对文氏宗族与宗祠文化的发展，对相关物质遗存进行了大规模地保护与修缮，而且正在积极探索怎样利用宗族文化的复兴，实现乡村文化与经济振兴这一目标。笔者认为，柱山乡的发展要坚持文旅融合发展的理念，戈厂村必须合理利用以文氏宗祠为核心的宗族文化遗产，带动地方发展宗祠文化休闲旅游产业，建设传承和发展乡俗文化的平台，结合文氏宗祠极力挖掘宗族的现代价值，为打造乡村文化旅游奠定基础，助力乡村振兴。

1.“取其精华，去其糟粕”，使宗祠文化在乡村治理和文化建设中发挥作用

任何事情只有在充分认识到其价值时，才能真正物尽其用。宗族文化作为封建乡村社会的缩影，其所倡导的一些观念的确带有封建专制的色彩，不合理，更不合时宜，柱山文氏宗祠文化亦如此。宗祠文化的复兴并不意味着要完全恢复和建构其原有的面貌，而是要取其精华，弃其糟粕，保留宗族文化中符合现代社会与文化的部分，抛弃其传统保守的部分。我们需要抽丝破茧，将其有益的、符合社会发展的部分剥离出来，加以挖掘和利用。

比如上文所述的族规家训及其相关民间记忆。在调查中，我们发现有很多文氏先辈遗留下来的家风故事，在今天仍极具教化意义。文家在核桃坪（戈厂村 1 组）最初以制作和贩卖竹草鞋起家，族人倡导耕读传家，崇尚勤俭，反对奢华。村民们普遍都说，文家大老爷为人勤俭和善，重视个人修养和家风传承。据说大老爷及其家人只在固定时间食肉，平时则以素食为主，穿着也十分简朴。一次，大老爷见到儿子欺负轿夫，无理取闹，回家后便严加斥责，并要求他自食其力，不欺凌弱小，对待他人要和善。WXL 介绍说，他小时候见到过大老爷的儿媳，为人非常好，喜欢小孩子，经常拿好吃的东西给他们。孩子们贪吃爱玩耍，甚至还常常搞破坏，但她从来不生气，特别慈爱。大老爷和二老爷很有钱，据说银库的银两还需要定期拿出来晾晒，但他们对下人和佃户族人十分友善，从不苛责下

① 张鸿雁：《“文化治理模式”的理论与实践创新——建构全面深化改革的“文化自觉”与“文化自为”》，《社会科学》2015 年第 3 期，第 8 页。

人，遇到收成不好的年份，会主动减免佃租，甚至对有困难的族人和下人还会伸以援手。他们身体力行，以此教育后人。

这些口头传承的故事正是族人族规家训实践的具体历史记忆，这些看上去零散的片段却潜移默化地影响和教化着族人和村民，他们无形中接受并高度认可这些族规家训。调查中，我们发现戈厂村的村民十分善良、热情，我们的调查得到了他们很多无私的帮助。而且行走在戈厂，不会担心任何治安问题，甚至连狗都不用担心，因为村民会自觉把它们拴起来，使其不会对任何人造成伤害。而且只要有任何一点垃圾，无论是村支书还是普通村民，都会立马捡起来，扔到垃圾桶，村容村貌干净而有序。无论走到哪里，提到文氏族人，他们都有说不完的故事，诉不尽的情怀，文氏族人的自豪感和自信心显而易见。这些对乡村治理和文化建设无疑都具有重要意义。

2. 加强对宗祠文化的科学调查，为乡村文旅发展奠定基础

宗祠作为物质文化遗存，渗透和包含着历史、美学、建筑和习俗等文化，有鲜明的地方特色。文氏宗祠是典型的徽派硬山顶四合院式建筑，同时又有晚清和川东风格，可以说是重庆万州区为数不多的保存完好的祠堂。从乡村旅游的角度来看，文氏宗祠是具有独特性和地方性的人文旅游资源。同时，作为宗祠文化，祠堂建筑只是其文化的一部分，全面调查其他相关的民居院落、族谱、祖茔和寨堡等，才能全面反映文氏宗族的历史文化与变迁，才能更系统、科学地对祠堂进行保护和开发。但是，在调查中笔者发现，除了宗祠、族谱和寨堡外，其他物质遗存则没有得到应有的保护和修缮，甚至一些万州区登记在册的文物点，其登记信息也存在诸多错误，而这些错误无疑会影响宗祠整体文化的展现和传承。

比如文仁高的墓葬，其墓碑雕刻非常精美和独特，在墓碑前面还专门有一个类似石门的石幔帘，将墓碑正面的文字保护得非常好。在这个精美的墓碑右侧，有一个看上去很粗糙的墓碑，但是其上所书“文某某公之墓”依然清晰可见。乡政府给我们提供的信息，这就是文仁高一个人的坟墓，它们是主墓碑和一块标明墓主人身份的副碑。可我们通过走访，认为它们是文贤遇（文仁高次子）与其父的合葬。

柱山乡作为重庆市历史文化名镇，截至 2019 年 8 月，登记在册的文物点有

20处，登记可以申报为文物点的地方也有20多处，而且大多在人迹鲜至之地，全部分散在九个村一个社区。文物点众多，涉及地域又广泛，加上登记普查人员基本没有受过专业训练，人手又缺乏，难免有疏漏。比如我们这次调查对全乡境内登记在册的文物点进行了现状调查，但是我们作为民族学专业的师生，依然缺乏相关的专业知识，而且时间很短，即使想对每个文物点的历史与文化进行深入调查与核对，也无法真正实现。

所以在笔者看来，一方面应该增加乡镇一级文化站的编制，有“人”才可能谈工作，并且上一级文物保护单位应该定期和不定期对文化站工作人员进行专业训练和指导。对一些有价值的文物点，建议邀请专业的专家团队进行调查和研究，这样才能真正做到对地方历史文化的挖掘。在文化挖掘的基础上，再有针对性地对一些文化遗存进行修缮和保护，为文旅发展奠定基础。

3. 重视地方性历史与文化，发挥文氏族人与村民的主体作用，提高他们在乡村振兴中的参与度

宗祠的建立必须以某一宗族为基础，且因为有能力置产业、建宗祠者，必然是当地的豪门大户，地方性的历史与文化在很大程度上是借助于宗祠文化得以传承和展现的，宗祠文化理应得到重视。同时，地方宗祠文化的所有者和共享者是宗祠复兴过程中的主体，在宗祠文化助推乡村振兴的实践中，必须创造条件，提高他们的参与度，进而实现通过文化振兴达到经济振兴的目的。

（1）柱山文氏历史与文化没有得到足够重视和展现

虽然现在文氏宗祠已对外免费开放，但是对其的利用仍然不够，效果不佳。整个文氏宗祠与柱山文氏有关的陈列，主要是拜殿内誊抄的《文氏族谱》中的《家训八条》《家训八戒》《族规十四条》，和右侧二楼厢房陈列的《文氏族谱》《文氏敦本堂族谱》，其他内容与柱山文氏的相关度就很低了。换句话说，文氏宗祠作为本地乡村文化博物馆，实际上并没有关于该村该乡文氏族人历史与文化的详细介绍，其作为地方性知识的特性并没有得到很好的陈列和展现，这在一定程度上会制约文氏宗祠作为乡村博物馆的长远发展。

作为宗祠文化教育基地，文氏宗祠有对传统宗祠文化的详细介绍和文化解读。其中右侧厢房二楼有对文氏族人世系的介绍，这个谱系图包括了全国文氏世系和部分柱山文山族人世系，因为展示有限，很多不了解柱山文氏历史的普通游客，根本无法看懂。甚至，我们民族学本专业的学者在第一次参观时，也会因为祠堂内缺乏相关资料而一头雾水。虽然，二修和三修族谱陈列在那里，但普通人是不会因为想要了解柱山文氏的历史和文化而驻足翻阅的。就像从三修族谱的书名看，柱山文氏的堂号应该是“敦本堂”，但门厅上方戏楼上挂的堂号却是“化蜀堂”，很多游客不明所以。而且，在调查中，很多参观过的游客反映，依然不了解柱山文氏的历史和文化。如果能增加一些介绍，哪怕行文简单，可能就不会出现这种问题。

（2）以文氏宗亲会为代表的文氏族人逐渐被边缘化、客位化

因为诸多历史的客观因素，文氏宗亲会对文氏宗祠没有任何所有权的关联，这导致在宗祠复兴过程中，文氏族人渐渐被边缘化和客位化。在相关文氏族人的访谈中，笔者了解到，文氏族人虽然在前期修缮时的确参与过策划，但是并没有被邀请参与做相关文化展示，而他们内心还是希望能将族人的历史等信息进行简单陈列和介绍的，尤其是展现家风教育的故事。从文化的角度来看，宗祠只是一个物化的象征而已，真正有意义的是文化的所有者和实践者——文氏族人才是文氏祠堂真正的传承者。虽然文氏宗祠这一建筑是集体财产，但是作为地方性知识与文化的继承者，文氏族人的参与至关重要。

（3）当地村民因为密切的地缘关系，是宗祠文化民间记忆的共享者，他们的参与同样重要

当地村民，大多数都与文氏族人有着千丝万缕的关联，他们都共享着文氏族人的历史与文化，是其民间记忆重要的传承者和传播者，他们对宗祠文化的复兴一样起着重要的作用。但是在调查中，我们发现和文氏族人一样，他们的重要性也没有受到应有的重视。村民本身就生于斯、长于斯，宗祠文化复兴对他们的影响是最为直接的，也是最鲜明的。比如作为文化旅游景点配套设施的修建，村容村貌的提升等都必须依托他们才能顺利进行。如果不重视他们的话语权，很多工作便无法顺利进行。同时，在调查中，笔者发现他们几乎没有直接参与到逐渐形成的村庄文化旅游中。看着经常去免费参观和游玩的城市游客，依然以传统农业作为唯一生计方式的他们显得十分局促不安。所以，当地的乡村旅游也必须考虑

如何延伸产业链，让村民参与到其中，提高他们的参与度，让他们共享文化和经济发展带来的红利。这样，才能真正实现共同富裕，助推乡村振兴。

4. 推进乡村公共文化空间的建设，助推乡村文旅融合

虽然，文氏祠堂是作为乡村公共文化空间来进行打造的，但是从目前来看，还存在规划还不够科学和长远、专业人才匮乏、基础设施建设滞后等问题。

（1）重新调整和规范乡村文化博物馆建设和陈列

柱山乡将文氏宗祠作为乡村文化博物馆来打造，但是从目前的陈列情况来看，这一块内容十分缺乏。既缺少物质呈现，更缺少民俗展演，这很难吸引到更多近郊一日游的群体。青云寨有一些相关的陈列和展示，比如生产工具、民俗文物等，但是青云寨作为箭楼，面积十分狭小，那些文物只是密集地堆积在那里，除了名称没有任何相关介绍，所以建议对于文化展示的平台及其场所重新规划，进行整体性、系统性地统筹和安排，并将这些文物移至文氏宗祠，对其具体信息进行规范展示。

（2）加强乡村民俗文化展演平台的建设

文氏宗祠的所在地戈厂村，有很多民俗文化和民间艺人。比如，以村支书WXL为代表成员的吹打锣鼓乐队，就是年轻一辈传承人中的佼佼者。还有当地生产活动中的打夯歌也独具特色，它一反以男性为主的常态，加入了女性角色。他们认为女性的声音高亢而温柔，能很好地融合在男性有节奏的打夯曲调中，而且打夯这一体力劳动本来以男性为主，加入女性之后，“男女搭配，干活不累”，能很大程度上提升男性干活的效率，更能愉悦他们的心情。打夯歌的歌词也很诙谐幽默，有历史故事、爱情传说、民间故事等。所以，挖掘民俗文化和民间技艺，搭建展演的平台和空间，一方面能很好地保护这些乡村非物质文化遗产，另一方面也能使之成为极具地方色彩的文化旅游资源，对其进行合理开发，可以提高村民和民间艺人的经济收入。

（3）发展多样化的乡村文创互动项目

乡村文旅发展中，体验和互动项目的开发至关重要。文氏宗祠现有的雕刻十分优美，我们师生在调查期间，进行了拓片制作，虽然是初学，我们的拓片依然有模有样。如果能有相关的拓片实践项目，相信会吸引很多小朋友或者游客前来，因为目前整个万州都没有类似的文创教育和项目。而且，文氏宗祠是典型的湘徽风格古建筑，周围环境也十分优美，蓝天、灰瓦、白墙、竹叶，无论从哪一个角度看，都是构图完美的写生画作。如果能作为写生实践基地，一定会吸引很多的小画家和大画家。

（4）加大投入，完善基础设施和配套建设

文氏宗祠所在地戈厂村 1 组，地理位置比较偏远。现在宗祠和青云寨侧边的停车场已经修好了，从宗祠外接的道路也硬化了，但是从村委会到 1 组的道路才完成拓宽，还未实现全程硬化，交通不是很便利。据说，硬化会在 2020 年完成。除了硬化外，建议在道路两边种植简单的花卉，真正让游人感受到美丽乡村的魅力。同时，还必须解决乡村旅游配套的食宿问题。戈厂村目前没有餐馆和住宿的地方，游客的食宿非常不方便。我们调查期间，委托村委会的干部帮我们解决了午餐问题，减少了我们来回奔波场镇的辛苦，为我们的调查大大节约了时间。但是，作为最基本的旅游要素，餐饮不可或缺。2020 年 5 月 1 日，戈厂 2 组的“青云寨”农家乐正式挂牌营业，因为恰逢柱山乡村旅游推广，首日便接待了近 1000 人。

（5）吸引人才，培养乡村建设领头羊。除了这些硬件之外，笔者认为最难解决的就是“人”的问题。改革开放以来，乡村文化发生了巨大的变化。大规模的劳动力外流导致的农村空心化、老龄化和非农化是引致中国农村走向衰败的主要原因。[①] 我们在调查中，发现整个戈厂几乎没有年轻人，四五十岁的人都很少，绝大多数是老年人。村委会也缺少受过高等教育的干部，这势必会影响乡村文化的发展。没有人，就没有创意；没有创意，就没有活力；没有活力，就没有发展的可能。

正如费孝通先生在《江村经济》中所提出的“小城镇，大问题”，我们要以实践为基础，具体问题具体分析，重视部分的发展以此来推动整体的发展。也就是说，要重视小城镇的发展，以此来探索和推动适合本地的城乡一体化和乡村振兴战略发展的道路。

---

① Y.H. Wang, C.L. Chen & E. Araral, “The Effects of Migration on Collective Action in the Commons: Evidence from Rural China,” *World Development* 88(2016)：79-93.

四、结语

乡村文化作为中华文化的重要组成部分，它所具有的文化价值、教育价值和经济价值等必然在未来的乡村社会发展中得到释放和彰显，其独有的文化内涵、文化特质和文化魅力必然在乡村振兴战略实施中得以体现和证明。[①] 乡村振兴要借助文化的内涵发展才能更有活力和生命力，才会有更多的创新性和可能性，从而实现乡村产业转型的目的，实现乡村振兴。

柱山乡现任领导班子，十分重视乡村文化建设，在几乎没有专业人士参与的情况下，举全乡之力收集、整理和编写相关材料，令柱山成功申报入选重庆历史文化名城名镇。作为乡一级建制的行政单位，这十分不易。而后，他们与万州区文旅委、三峡移民纪念馆、重庆三峡学院等单位合作，深入挖掘乡镇历史与文化，并积极争取各种资金，修缮了柱山寨、文氏宗祠、青云寨、顺天寨等重要文物点，2020 年，《柱山文氏家训》又成功入选第五批万州区非遗名录。目前，他们正在为三木、戈厂、草盘和山田四个村申报重庆市传统村落而积极工作。在前期工作的基础上，以宗祠文化和家风教育为主题，该乡大力推进乡村文旅融合发展，2020 年五一，他们成功举办了乡村旅游文化节，乡党委书记和宣传委员变身解说员，亲自为游客们讲解柱山的历史与文化，可谓难得一见。可以说，柱山乡村振兴离不开政府决策者的积极引导与大胆创新，他们依托乡村传统文化的发掘与复兴，找准定位，不断探索。乡村振兴必须遵循因地制宜的原则，必须紧密结合当地的历史与传统文化。文氏宗祠经过岁月洗礼，其科学复兴无疑有利于当地乡村振兴的发展，但如何“复兴”则需要更多的实践和更长的时间去验证、去摸索。

---

① 龚春明、朱启臻:《村落的终结、纠结与未来：经验反思及价值追寻》,《学术界》2012 年第 6 期，第 10 页。

家族祠堂文化的调查研究

——以广西贺州市公会镇梁氏祠堂为例

北方民族大学民族学学院2020级民族学专业　蒋一鸿

指导老师　王宏涛

摘要：本田野调查采用半结构式电话访谈、网络文献资料收集等方法，对梁氏家族祠堂的空间功能、地方意义和情感互动展开分析，探讨梁氏宗祠对认同感的塑造作用及其与乡村治理的内在关联。梁氏宗祠作为同姓家族宗亲地域性联系以及情感网络体系联结的物质空间载体，其蕴含的地方性文化、节庆活动等文化特征，构建了乡村地域的情感依恋，提供了一个家族祠堂文化的研究案例。

关键词：公会镇；梁氏祠堂；文化传承

一、梁氏祠堂田野调查概述

1. 田野点的基本情况

贺州市地处广西壮族自治区的东部，位于两广地区的分界线附近，东邻广东省连山壮族瑶族自治县，西连钟山县，南交梧州市，地处湘、粤、桂三省（区）交界处。

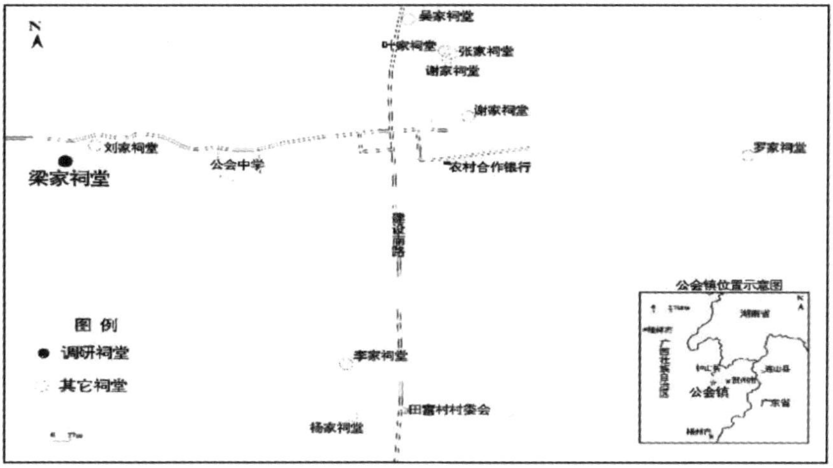

图 1 贺州市公会镇田野点宗祠分布

公会镇是贺州市平桂区下设的一个小镇，人口约有 7 万多人，平原地区以客家人为主要分布族群，以客家话为主要方言，全镇约有客家人口 44000 人，占全镇人口的 75%，是贺州市内各乡镇中客家人口数量最多、居住密集度最高的镇。客家人是汉族中一支具有独自传统和生活方式的民系，在语言、饮食、生活习俗等方面上具有独特性，是汉族中的亚族群。[①] 在当地，谢氏、吴氏、杨氏、廖氏、黄氏等均为镇内的“大姓”。为了缅怀列祖列宗和安邦世第，客家人每年都需要祭祀祖先和神灵。因此，几乎所有家族都修建有 1—3 座祠堂。公会镇合计拥有大小不一、年代不同的家族祠堂约 20 多座。这 20 多座姓氏祠堂均匀地分布在各个街头巷尾，它们互相联结，共同构成了独特的民俗文化景观。

2. 梁氏祠堂的概述

梁氏祠堂在当地又名“安定堂”，与其他宗祠一样，正堂很宽敞，只有一个正门，许多石柱立在正堂前。祠堂大门上贴着对联，上联是“定国家声”，下联是“安邦世第”，横批是“梁氏宗祠”。从屋外往里走，可以看到大堂中间是一个四方的空顶。大堂的三面墙上都记载着梁氏族人的功绩，正堂前供奉着列祖列宗的牌位，供桌上摆放着香炉和“三牲贡品”。正堂前设有天井，墙体上有黑色的

① 渡边欣雄：《汉族的民俗宗教——社会人类学的研究》，天津人民出版社，1998，第 138 页。

石板，石板上写着祠堂的建成时间、修建原因、祠堂简介，并刻着本家族的所有人的名字，包括妇女和儿童。

梁氏祠堂修建在距离人群活动范围不远的区域，距公会镇中心步行大约要半个小时，便于镇上的族人前往祠堂集聚。祠堂平时大门紧闭，未经邀请的族外人无法随意进出，以示威严。祠堂内有四根石柱，起到房梁支撑的作用，石柱上贴着对联，并且每个石柱旁都挂着一个红灯笼。墙边放着凳子椅子，以备节日聚会时使用。从上述描述中可以看出，梁氏祠堂这个展示空间成了宗族成员集体记忆的象征符号，也是维系血缘宗亲纽带的现实基础。

图 2　梁氏祠堂正门　作者 / 摄

3. 研究视角

在《乡土中国》一书中，费孝通先生指出了中国“差序格局”的社会关系形态，对于家庭关系、朋友关系等做出了层次分析：“在差序格局中，社会关系是逐渐从一个一个人推出去的，是私人联系的增加，社会范围是一根根私人联系所构成的网络，传统社会里所有的社会道德也只在私人联系中发生意义。”[①] 这种社会格局从宏观和微观的角度，阐明了中国人对传统社会关系的重视。时代背景影响

① 费孝通：《乡土中国》，北京大学出版社，2016，第 37 页。

着人们的社会关系，生产力的发展、政策的变革、科技的高端化等一系列时代更替，使社会格局不再是单一的线性渐进，而是多元化的、具有扩张性和交叉性的一个关系网络。因此，对于祠堂文化的探究应该遵循其自身发展的时代脉络，了解家族祠堂对当地社会关系产生的一系列影响。笔者将梁氏家族祠堂文化作为个案，通过对当地人进行电话访谈并查阅相关文献资料，分析祠堂时代特征的变化及其社会功能，了解祠堂文化对客家人乡村社会关系格局的影响。

4. 研究方法

由于疫情原因，项目无法开展实地田野调查，因此本文采用文献资料查阅分析、电话访谈相结合的研究方法。对于地方相关资料的搜集是基于互联网上贺州地区宗祠（以公会镇为主要田野点）的相关报道与纪实，再查找历史文献、地方志等，整合梁氏宗祠的相关内容。文献主要包括《番禺祠堂文化的调查与研究》①、《关于深入学习贯彻习近平总书记重要讲话精神 全面推进乡村振兴战略的意见》②和《广西贺州市桂山古氏家祠庆典》③等。通过于 2020 年 11 月初开始的与贺州市平桂区公会镇的家族宗亲进行的电话访谈，获得对当地人产生的地方感和当地乡村治理情况的进一步的了解。其中，电话访谈对象主要包括当地村民、宗祠管理者和乡镇基层工作者三类主体，人数约为 15 人。在访谈过程中，我们围绕这三大类主体，对公会镇梁氏宗祠的家族认同、地方情感以及乡村治理情况等相关内容展开研究。本次田野调研从不同渠道和角度获得梁氏宗祠与当地社会关系网的内在联系，以此作为分析梁氏宗祠对当地社会关系影响的翔实资料。

5. 家族祠堂研究的历史与现实意义

家族祠堂是汉族人供奉和祭祀祖先的场所，历代受儒家文化影响，是中华民族五千年历史传承的重要文化载体，也是宗法观念根深蒂固、传统社会关系延续的集中体现。祠堂主要包含四种功能：祭祀祖先、联络宗亲、传授族规、开展活动。

---

① 黄凤琼：《番禺祠堂文化的调查与研究》，硕士学位论文，中山大学，2010，第 56 页。

② 杨晓娜、辛静：《关于深入学习贯彻习近平总书记重要讲话精神 全面推进乡村振兴战略的意见》，《河南日报》，2019 年 7 月 15 日。

③《广西贺州市桂山古氏家祠庆典》，搜狐网，https://m.sohu.com/a/424185837_120648436。

祠堂为宗室血统所系，也是宗族兴盛的标志。家族祠堂的建设、修缮和保护是一个家族综合经济实力的体现，而家族中不断出现的中第、富贾之人对于保护祠堂有着多方面多角度的意义。梁氏祠堂作为家族精神的核心载体，是对本族人进行礼仪宣教的场所，重在精神层面教化族人。通过诵读家法族规，宣讲劝诫训勉之词和先贤语录，使族人凝聚力量、共同发展。关于家族祠堂文化的延续发展对当地社会关系的影响变化，是一个值得深究的问题。同时，对祠堂文化的研究是了解本民族文化的一个重要切入点。在本次调查研究中，笔者将在探究梁氏祠堂历史文化的基础上，立足于社会现实，从社会关系视角出发，对以个人、家庭、村落为基础的社会关系因家族祠堂的影响而发生的一系列变迁进行研究，最后把对古镇祠堂文化的发展建议整合为相关实践经验，具有重要的历史和现实意义。

二、梁氏祠堂的建筑空间功能和族谱结构

1. 梁氏祠堂的建筑空间功能

梁氏祠堂始建于 20 世纪 80 年代，历经二十年后重新翻修，现在占地约为 250 平方米。据相关史料了解，客家人的家族祠堂大体分为两种：一种是祠堂与住宅混合式的；另一种是梳式分布。总体上按建筑外形看，可理解为一进单院式、两进一院式、三进两院式、三进三院式等几种形式。无论是哪一种建筑形式，都与传统社会关系有着密切的关系，体现出了非常强烈的宗族血缘群体特征。家族祠堂尽量选址在村镇上风景最好的地方修建，一般情况下，会修建在缓坡上。从科学角度分析，缓坡不容易积水，并且适宜人群聚集；从美学的角度分析，祠堂背面是密集的树林，正面是开阔的水池或者田地以及居住区，这样的整体景致更为典雅而优美。祠堂内的空间布局分为三部分：前导空间、调整空间和神圣空间。从大门至内堂大门的这段距离属于外堂，是前导空间，在族人进入内堂前起到引导作用；在内堂大门至天井的这部分属于调整空间，在族人祭拜前起到调整作用；摆放列祖列宗和神明牌位的是祭祖的区域，是神圣空间。这三个空间共同支撑起祠堂的祭祀空间。

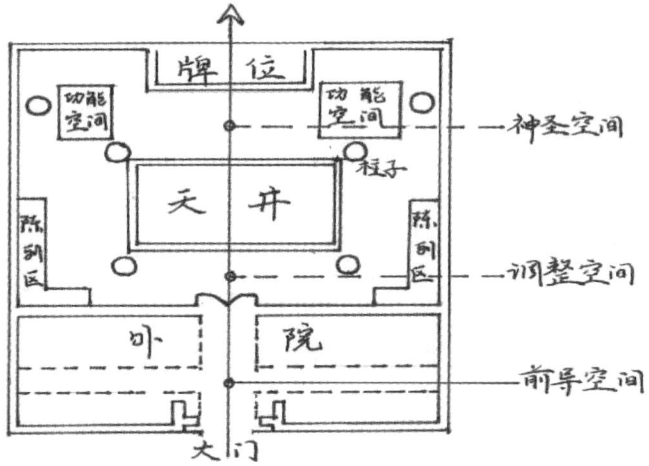

图 3　梁氏宗祠平面图

每年农历十月二十三日，来自各地的公会镇梁氏族人都会前往梁氏祠堂“祭冬”，整个仪式的到场人数约为四五百人。家族有威望的长辈都会换洗一新，集中于祠堂的前导空间商议仪式的主持事务。族内的年轻人通常比长辈更早赶往祠堂，提前整理三个空间的物品摆放，并准备午餐宴席。外来族人则会到祖宗牌位和神龛前上香祭祖，以示友好与敬重。可见祠堂文化对家族内部成员与宗族内的其他支系成员都产生了强烈的凝聚力和感召力。

2. 梁氏祠堂与族谱结构

家族祠堂可被视为“第二本族谱”，里面根据支系记载着族人的繁衍状况。纸质族谱通常由族长掌管，不能拍照外传，更不能外借，否则会被视为背叛族群，并受到族人们的惩罚。族谱根据辈分排列出族内的所有成员姓名，采取分房记载的方式。诸如客家人姓名中的“字”，即记录辈分的一个特征。外系亲属通常不会载入族谱。例如嫁出去的女儿所生之子被视为“外人”，无法将名字记入本家族，这个特征体现了汉族人血缘远近亲疏的谱系传统。族谱中还会记录家族中发生的重大事件，例如每家每户分到的田产或粮票布票，以及参与修路、水利等公共工程的捐款等信息。

鲁思·本尼迪克特在《菊与刀》中，做出类似于家族社会功能的解释：“部落长的主要任务是管理部落财产；监督部落对遇到丧事的家庭或遭到火灾的村民的援助情况；安排耕作、建造房屋、修筑路面等公共事业的日程；防止火灾的报警；休息日的敲钟打更。”[①] 在亚洲地区，家族文化深远持久，并且有相似性。新中国成立后，受政治、经济、文化的共同影响，家族权力趋于多元化。许多德高望重的长者及地方乡贤，开始与族长一同前往祠堂中商议家族大事，共同负责财政、公共卫生事务以及教育方面的事务管理。

三、梁氏祠堂文化的地方意义和多元化建构

1. 梁氏祠堂的文化表述

有学者认为，宗祠及其文化意象是特殊的文化载体，我们可以从不同的层面去体验中华传统文化在其中的传承与发展。[②] 在梁氏祠堂中，放置于正堂中的牌位、刻在墙壁石板上的碑文以及对联，与宗祠相关的族谱、带有时效性的收支账目和族事活动安排启事等文书类物件，是客家乡土历史文化的间接载录。碑文的内容可列为四类：记载家族迁徙繁衍的；记载宗祠建筑情况和捐资者的；记录宗祠田产和其他族产的；族规或者祠堂禁规。碑文记载有助于族人了解梁氏家族历史上的社会经济状况，铭记祖先为家族发展所做的贡献。除碑文外，另一个祠堂文化意象即为对联。梁氏祠堂一对对联的上联是“宗功启万代绵绵瓜瓞宏开家风绍箕裘”，下联是“祖德肇千秋济济人文丕振宏图兴骏业”；另一对的上联是“承昭穆敬先祖子孝孙贤箕裘永绍”，下联是“祀本源荫后代枝繁叶茂麟趾呈祥”。

这些联文大多辞藻华丽、对仗工整、注重用典，它们的编写和诗文一样严谨，并请族内书法功底较好的人来书写。这些祠堂文化意象，体现了中华传统文化在民间的传承与发展，体现了汉文化的不断传承和发扬光大。

① [美] 鲁思 · 本尼迪克特：《菊与刀》，民主与建设出版社，2017，第 72 页。

② 黄凤琼：《番禺祠堂文化的调查与研究》，硕士学位论文，中山大学，2010。

图 4 梁氏祠堂内部对联 作者 / 摄

此外，祠堂还被赋予了诸多延展性功能。例如彰显自己家族的文化地位，开设给孩童教育的书塾，用作仓储等。祠堂内开设讲堂，可让家族内的孩子前来接受教育，听族内长者宣读族规。祠堂作为仓储中心，还承担着维系族员命脉的责任——在某年收成不好的情况下，族长会派相关人员给族人发放储存好的救助粮食。总之，家族内的社会文化活动都可围绕祠堂而进行。

2. 梁氏祠堂文化的地方意义建构

在乡村振兴背景下，地方性民族文化建构起乡村地域认同，进而形成文化自信，这成了新时代背景下乡镇文化发展的重要方面。发展宗祠文化，即重视乡村宗族社会的象征性活动：通过祭祀等方式弘扬祖先文化，使族人形成稳固的家族记忆。同时，把抽象的宗族精神具体化，让其融入乡村教化、精神构建之中，成为后世增强宗祠文化地域认同的蓝本。另外，在宗祠设立村规民约，以此作为族员需要共同遵循的“族规”。这在道德和情理层面上具有很好的行为规范作用，可以有效调节宗族内部矛盾并在乡村治理中发挥重要作用。

发展宗祠文化亦要重视社会实际性物质活动，包括丧葬嫁娶、日常民俗仪式，奖励帮扶制度，联宗会议以及文化展演。物质文化弘扬形式也在潜移默化地影响着宗族内部的社会关系，以信息传递的方式增强人们的地域认同感。每到大年三十和元宵，族人都会在晚饭前把完整的白切鸡煮好放到祠堂门前，插上三炷香，把全家人叫到门口一同叩首，向先人说出自己的愿望。此仪式展现出“敬宗孝祖”

的传统价值。随着宗祠文化教育功能的不断发展，家族内部也兴起“奖学助学”制度。一位当地村民透露：“我们宗祠里面的人每年都会给高考考上一本线的人奖钱，就是为了激励村里的孩子好好读书，以后有出息了就不用再去打散工了。”[①] 这说明发扬宗祠文化，也离不开物质活动的支持。

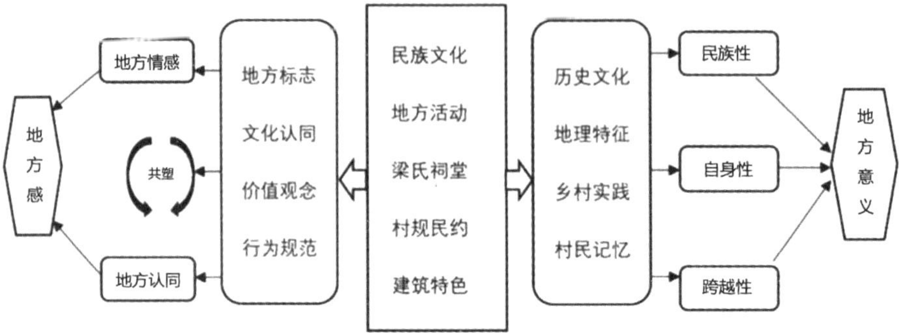

图 5 地方意义与地方感的建构逻辑

3. 梁氏祠堂文化的多元化建构

具有地方性文化特征的宗祠作为中华民族文化的载体、历史脉络的媒介以及个人情感的寄托，被赋予了独特的寓意。宗族管理应多角度多主体多方位，积极引导族人共同完成祠堂的文化空间建设，以此来达到影响当地社会关系、塑造地方民族认同的作用。

表 1 访谈对象及访谈内容

编号	访谈对象分类	人数	访谈内容
A（1—5）	宗亲	5	描述宗祠活动事件，回忆祠堂历史发展过程，乡村民俗
B（1—3）	宗祠管理者	3	介绍管理宗祠的人员和方式，说明宗祠对当地社会的影响
C（1—7）	当地村民	7	了解村民对宗族文化的认同感，宗祠在当地的社会地位以及宗祠文化对日常生活的影响

注：A 类为宗族亲戚；B 类为宗祠管理人员；C 类为住在乡镇里的梁氏族人或非梁氏人员

① 访谈对象：吴氏（C1），贺州市公会镇大井头村人，67 岁。访谈时间：2020 年 10 月 11 日。访谈方式：电话访谈。

首先从自身发展出发，建构地方性知识的文化框架。将当地村民、本族族员置于家族宗祠及其文化内涵所能覆盖的范围内，基于梁氏宗祠空间组合和应用功能的需要，在宗祠门前预留充足的场地及相对开阔的置办特殊活动仪式的空间。一位族长介绍说："每次请酒（置办酒席）的时候，我们就会把人叫出去，然后把桌子在祠堂门口摆开，然后叫那些人（宗亲们）过来放炮。有时候那个炮可以绕三圈，绕的圈数越多，炮就放得越久，这样就可以凸显出这家人的气魄和财力。放完炮才吃饭，不过有时候也会边放边吃饭。"① 个体对宗祠文化的认同构建着村民层面的地方归属感，村民在宗祠文化中所亲身经历的事件，在意识层面上强化了对地方的认同。这种认同感源自过往荣耀事迹、艰苦岁月中的经历以及杰出人物的卓越表现。一位宗族管理人员描述："隔壁村的一个人（梁氏族人之一）很勤奋，虽然文化水平没那么高，但是靠自己的努力在外面做生意，发展得特别好，后来在我们镇修路的时候出了很多钱，我们都特别感谢他。"② 因此，自身性文化构建即自我认同意识强化的过程。

其次从历史性、民族性的角度出发，建构村民们的共同体价值观念。在当今建筑现代化的时代背景下，为凝聚人们的共同体意识，宗祠建筑在整体样式上应沿袭历史传统，在重建与翻新工程中保持其原有的历史特性与民俗风格。在此基础上，召集德才兼备、德高望重的长者和地方乡贤成立管理小组，方能引导族人与其他乡民深刻了解地方溯源与根植过程，继承乡村的中华传统文化。

四、乡村振兴背景下梁氏祠堂的家族认同和发展愿景

1. 梁氏祠堂的家族认同感及其塑造

在快节奏的社会时代背景下，祠堂的传统社会作用略为淡化。但宗祠作为家族观念的象征建筑，仍然能唤醒人们心中潜在的身份认同感。契合现代化变迁的

① 访谈对象：梁氏（A1），贺州市公会镇凤凰头村人，82 岁。访谈时间：2020 年 10 月 12 日。访谈方式：电话访谈。

② 访谈对象：梁氏（B1），贺州市公会镇联合村人，55 岁。访谈时间：2020 年 10 月 12 日。访谈方式：电话访谈。

传统文化模式更有利于凝神聚气、规范群体的心理和行为，延续地方认同感。因此，在精神文明建设的过程中，必须尊重和保护传统文化。对于贺州公会镇这个具有深厚宗族观念的地区而言，应该顺应时代变迁，以现代化的方式传承家族祠堂文化。

尽管祠堂不对外开放，但老人们依旧习惯性聚集在祠堂门前聊天，祠堂也渐渐由神圣性的祭祀空间流变为老年人的娱乐场所。一位退休村干部提议："我们打算把祠堂改成活动室或者扩建祠堂，让那些老人以及不外出务工的农村劳动力在村里有美好的闲暇栖息地。要把古祠堂与乡村新文化相结合，在祠堂里展览一些有书法特长的老年人写的作品，让村民们前往欣赏，或者请人在祠堂说书，给老年人讲述一些他们感兴趣的抗日战争故事。这样不仅可以很好地促进祠堂的重修保护建设，激发人们的家族认同感，还能传播大众喜闻乐见的文化，达到祠堂的'教化'目的。"[①]

祠堂文化的建设，顺应传统文化保护的号召，与新时代新文化相结合，培养族群村镇人民的高尚情操，从而树立起良好的村风镇风、村容村貌，达到乡村文化振兴的目的。

2. 梁氏祠堂建设过程中遇到的问题

在抗战时期，贺州古镇的部分祠堂曾遭到日军侵略部队的炮火轰炸，部分建筑墙体被烧毁。贺州市保留至今的古建筑只占历史建筑的一小部分，那些在古镇内保留下来的部分庙宇和古民居、水井盖以及古老的墙体等均为当地居民日常生活所依靠的古老建筑设施。这些遗迹很大程度上说明了贺州是一个历史悠久的古镇。然而在人们修葺祠堂时，会遇到不同的问题，主要分为自然因素造成的问题与人文因素造成的问题。

首先从气候、地形、水文方面分析。贺州市八步区公会镇是一个以亚热带季风性湿润气候为主的密封性盆地，四周群山环绕，地形崎岖。在修建祠堂的过程中，选址是一个重要的问题。祠堂需要选择修建在一个相对空旷开阔的平地，然而选地是不容易的。此外，湿润性气候使广西受东南季风的影响较强，水汽饱和

---

① 访谈对象：梁氏（B2），贺州市公会镇解元村人，74 岁。访谈时间：2020 年 10 月 24 日。访谈方式：电话访谈。

度高，水汽受到地形的抬升引起频繁的降雨，这成了腐蚀建筑的一大原因。

后者是人文因素造成的问题。在改革开放之后，人们要求重建祠堂，以显示自己家族的荣耀。这涉及资金的筹集问题，家族性祠堂的建设更能体现出人们对宗祠文化的认同感。据访谈了解，贺州梁氏祠堂修建的时候，族长发布通知，希望每家人都可以出资。作为宗族的一员，族人之间都有着血缘关系，都应尽力而为，但对于公会镇这个贫困的小镇而言，每次筹集到的资金对重建祠堂来说都是个比较微小的数目，因此，修葺祠堂的项目通常进展缓慢。

3. 其他宗族祠堂发展的经验借鉴

公会镇杨会村的杨氏家族是一个经济基础较为雄厚的大姓家族。根据祠堂内的祠志记载："溯吾祖源，乃广东梅州杨氏始祖六十四世云岫公一脉传承……至今已有六百五十多年。"[①]

杨氏是客家人中的大姓，与梁氏有着相同的家族发源地，即梅州。经过多年的迁徙与发展，杨氏家族内部人丁兴旺、人才辈出。据杨氏族人描述，杨氏家族祠堂最近一次的翻修时间为 2018 年。祠志中记载："为了志颂宗功于二〇一八年冬月族会决定……成立建祠小组，筹集资金，按每鸿丁筹取资金一千一百元，同宗叔侄慷慨解囊，共筹得资金六十多万人民币。"[②] 经翻修后，杨氏祠堂占地面积得到扩大，堂屋内的天井与周围的墙体都镶入瓷砖，围墙的外面是广阔的停车位。独到又便捷的设计，彰显出杨氏家族的迎客热情。而且，为了方便外来游客、政府人员以及相关学者的到访，杨氏宗祠的大门始终对外敞开。

自公元前 112 年汉武帝元鼎五年始，贺州的人类居住史距今已有 1900 多年。贺州境内许多古镇都拥有历史悠久的古祠堂建筑，这也促使其成为广西东部地区著名的文化历史名城和古镇聚落。据《贺州发现》介绍，广西贺街古镇从 2000 年起，重新对区域内古建筑进行规划，目标是打造特色历史文化旅游小镇。乡村祠堂建设可以借鉴这些旅游景区祠堂的开发模式，即通过发展旅游业，既能提高地方知名度，同时也能获得更多的资金进行古祠堂的修葺，达到真正保护传统祠堂文化的目的。

---

① 参见公会镇杨会村永高杨公祠《祠志》。

② 参见公会镇杨会村永高杨公祠《祠志》。

图 6　杨公祠外部建筑结构　作者 / 摄

图 7　杨公祠内部建筑结构　作者 / 摄

4. 梁氏祠堂发展的愿景

关于对梁氏祠堂的发展，首先要从宗祠管理入手。为了强化宗族的凝聚力，巩固血缘群体的关系，提高族人的文化素质和幸福指数，同时，要明确族人对宗族所承担的义务和享受的各项权利，因此，族规的制定和执行需落到实处。通过调研，发现宗祠以集体形式管理的居多，其管理组织可以称为宗祠理事会或者通俗地称为管理小组，组织成员负责对祠堂相关事务的管理。其管理事项既包括祠建筑的养护和维修，也包括修谱、主持族中事务，比如在祠中祭祖、祭扫祖墓、在祠中举办人生仪礼[①]。

其次从旅游资源的保护与开发的角度考虑，对于要进行旅游开发或本已是旅游景点的祠堂，应多进行网上宣传，让人们了解当地的民俗文化。可以借鉴周边黄姚古镇的第三产业发展模式，在宣传历史民俗文化的同时，通过发展特色饮食和服装产业，或装修民宿、举行乡村特色活动等不同方式吸引全国各地的游客前往参观，以此来提高政府对祠堂的关注度。

图 8　黄姚古镇梁氏古祠堂正面　作者 / 摄

五、结语

宗祠文化始于周朝，是神权与族权结合的产物，体现出宗法制家国一体的特征。家族祠堂有着深厚的文化底蕴，无论从外在建筑特征还是内在特质，都呈现

① 罗方贵：《柳州宗祠现状调查概说》，《广西地方志》2008 年第 4 期，第 5 页。

出深厚的文化价值。因此，学界对祠堂文化建设的关注程度不断提升，学者们提倡对祠堂进行科学的开发和保护。随着时代发展，古祠堂所具有的传统功能在现代文化变迁中得到创新，这既有利于物质文化遗产的保护与开发，也是对非物质文化遗产的传承。综上所述，在加大祠堂文化的宣传力度的同时，推动乡村文化旅游产业的发展，可以更好地延续和发扬中华民族传统文化。

大姚县六苴镇新型婚姻方式的探究

云南民族大学云南省民族研究所民族学与历史学学院

2017级民族学专业　王红妹

指导老师　张力尹

摘要：本文以云南省楚雄州大姚县六苴镇的婚俗为探究对象，从六苴矿区的开发、思想观念的转变及现代化的影响方面，探究“不招不嫁”是如何产生的。“不招不嫁”意为“不来我家也不去你家”，既非招赘也非嫁娶，是近年来出现的一种新型婚姻形式，在处理财产继承、姓氏的归属、居住方式、亲属称谓等问题上都呈现出与以往入赘婚或嫁娶婚不同的方式。在缔结婚姻的过程中，“不招不嫁”重新构造了男女双方的责任与义务，站在相对平等的角度上，力求呈现双方乃至双方亲属集团的平等。这种新型的婚姻形式是传统文化与现代文化相碰撞的结果。

关键词：六苴；彝族；矿产；不招不嫁；社会调整

一、引言

1. 研究缘起

彝族在云南少数民族中占有重要的位置，它分布在云南各个地区，楚雄彝族自治州就是其中之一。彝族婚姻一直以来是众多学者研究的方向。由于所处地区的地理环境、历史文化以及支系不同，不同的地区在婚姻及家庭形式上存在着差异。婚姻作为传统文化的一部分，不单单是男女关系的结合，其中还包含着对社会或家庭的责任与义务。人类学家韦斯特马克就曾把婚姻定义为“得到习俗或法律承认的一男或数男与一女或数女相结合的关系，并包括他们在婚配期间相互所具有的以及他们对所生子女所具有的一定的权利和义务”。2020 年 9 月 21 日，笔者同老师同学到大姚县六苴镇进行田野调查，在调查的过程中发现了一种新型的婚姻形式——“不招不嫁”，且其普遍存在于六苴，笔者对其非常感兴趣，由此引发了深刻的思考：“不招不嫁”是在什么背景下出现的？它是怎么样的婚姻形式？它如何解决家庭的责任与义务？它对社会产生了什么样的影响？这些都是值得研究的问题，为此，笔者展开了调查。

2. 文献回顾

（1）彝族婚姻研究

彝族婚姻历史源远流长，在不同的历史背景下，呈现出不同的婚姻方式，通过对彝族婚姻的研究可以反映出当地的民族性和地方性。近代关于中国彝学的研究始于 20 世纪上半叶，到 20 世纪中叶，《云南彝族社会历史调查》[①]、《四川广西云南彝族社会历史调查》[②] 等著作的出现，为云南彝族婚姻研究提供了巨大的参考价值。改革开放以来，中国彝族婚姻家庭研究进入了繁荣阶段，林耀华的《凉山夷家》[③] 是一部关于彝族地区的研究报告，里面提到了家庭生活的方方面面，包括婚姻、家族、亲属等内容。陈本明的《昭通彝族史探》[④] 也谈到了关于婚姻的内容。袁亚愚的《当代凉山彝族的婚姻与家庭》[⑤] 也谈到了彝族的婚姻家庭有着自己本民族的特征。21 世纪以来，出现了许多关于彝族婚姻的研究，如冯琳、袁同凯的《凉山彝族婚俗的当代变迁与社会适应——以身价钱与婚姻缔结为例》[⑥]，描述了身价钱在婚姻中的重要位置。

---

① 编辑委员会编，云南省编辑组修订《云南彝族社会历史调查》，收入《中国少数民族社会历史调查资料丛书》，民族出版社，2009。

② 编辑委员会编《四川广西云南彝族社会历史调查》，收入《中国少数民族社会历史调查资料丛书》，民族出版社，2009。

③ 林耀华：《凉山夷家》，云南人民出版社，2003，第 44—422 页。

④ 陈本明：《昭通彝族史探》，云南民族出版社，2001。

⑤ 袁亚愚：《当代凉山彝族的社会和家庭》，四川大学出版社，1992。

⑥ 冯琳、袁同凯：《凉山彝族婚俗的当代变迁与社会适应——以身价钱与婚姻缔结为例》，《民族研究》2019 年第 6 期，第 61—141 页。

云南楚雄作为彝族重要的聚居地，众多学者也对其进行了大量的研究。李晓莉在《云南彝族婚礼的民族学观察——以永仁县直苴村为例》[①]一文中介绍了男女缔结婚姻的交往方式，描写了彝族婚礼的仪式过程，和从媒人说亲定亲到回门认亲的具体过程。从婚礼过程出可以反映出当地的婚姻观，以及贯穿于婚姻家庭的社会交往。杨甫旺在《云南彝族婚姻家庭生活方式的变迁——永仁县谢腊村彝族生活方式变迁的研究》[②]中提到，随着社会的发展，当地彝族婚姻家庭生活发生了巨大的变化，婚嫁打破了传统血缘婚、民族和地域的局限性，新一代的婚姻形式及择偶观念都发生了极大的变化，这离不开社会环境的影响，在家庭生活中，妇女的家庭地位也在逐渐改善。张丽虹在《彝族妇女婚育观念变迁研究——基于对云南姚安县大河口乡涟水村的调查》[③]一文中提到，改革开放以来，婚育观念随着社会的发展而变化。朱炳祥、余园的《通婚圈与民族社会的变迁——楚雄南华摩哈苴彝族村和大理周城白族村的调查与分析》[④]谈到，在现代化的影响下，民族社会的通婚圈逐渐扩大，随之而来出现了文化的交流。

目前为止，学界对于彝族婚姻的研究越发重视，硕果累累。但研究的范围较广，鲜少人关注到现代化的新型婚姻形式，笔者的大姚六苴镇彝族“不招不嫁”研究是一个新的视野，具有一定的研究价值。

(2)“不招不嫁”婚姻的研究

“不招不嫁”是社会转型、现代市场化以及生育政策实施下人们的必然选择，关于“不招不嫁”的研究也是21世纪以后才出现的。许沃伦在《“祖荫”博弈与意义建构——大理白族“不招不嫁”婚姻的人类学研究》[⑤]一文中详细描述了大理

---

① 李晓莉:《云南彝族婚礼的民族学观察——以永仁县直苴村为例》,《学术探索》2004年第8期，第112—116页。

② 杨甫旺:《云南彝族婚姻家庭生活方式的变迁——永仁县谢腊村彝族生活方式变迁研究》,《学术探索》2007年第5期，第113—116页。

③ 张丽虹:《彝族妇女婚育观念变迁研究——基于对云南姚安县大河口乡涟水村的调查》,《云南民族大学学报（哲学社会科学版）》2014年第3期，第81—87页。

④ 朱炳祥、余园:《通婚圈与民族社会的变迁——楚雄南华摩哈苴彝族村和大理周城白族村的调查与分析》,《云南民族大学学报（哲学社会科学版）》2012年第3期，第51—58页。

⑤ 许沃伦:《“祖荫”博弈与意义建构——大理白族“不招不嫁”婚姻的人类学研究》，博士学位论文，云南大学民族学专业，2015。

白族“不招不嫁”婚姻中的责任与义务，也具体描述了在婚姻过程中产生的矛盾与问题及其处理方式。杨海燕在《无差序格局：广西福村“不招不嫁”婚中的姻亲关系》[①]中谈到了“不招不嫁”讲究的双边性，和彩礼方式的改变在其中的重要性，以及姻亲关系的差序格局。茶刘英在《当代滇西彝族女性婚姻变迁研究》[②]中描述了彝族婚姻以嫁娶婚为主，招婿婚与不招不嫁婚姻形式并存，简单地描述了一下“不招不嫁”，但不深入具体。

由于地理区位和历史发展状况等的不同，不同的地方有不同的婚姻文化。大姚六苴镇由于地理位置与经济发展状况与其他地区不同，其婚姻文化也有着自己的特色。

3. 思路与方法

跟随小组进入田野点，深入当地与居民初步构建良好的关系，在取得居民的信任后展开访谈并做好录音及笔记。在访问结束后学会自我总结，查缺补漏，试着发现新的观察视角。查阅资料，阅读相关的文献，借鉴前人的成果，发现自己的不足之处。建立起自己的研究框架和采访提纲，深入社区中去访谈。遇到不懂的问题及时和老师联系，请教老师。在交往交流的过程中，适当地给居民送点自己力所能及的小礼物，建立起彼此间的友好关系。适当地关注及提升自己的共情能力，构建起聊天的舒适性。

关注个案的研究与分析，理清自己的研究思路，按照民族学的研究方法整理及编排个案。在初步了解情况以后，参与观察他们的家庭生活，也有利于自己的调查。在彼此互相认识后，可以彼此互留手机号，还可以加个微信，后期有不明白的地方，可以通过通讯的方式再联系。

4. 研究的目的和意义

婚姻作为传统彝族文化的一部分，体现了彝族独特的民族文化。近些年来，六苴镇的婚姻形式随着铜矿的介入发生了重大的改变，随之而来的是婚姻关系的

---

① 杨海燕：《无差序格局：广西福村“不招不嫁”婚中的姻亲关系》，《黔南民族师范学院学报》2017年第3期，第98—105页。

② 茶刘英：《当代滇西彝族女性婚姻变迁研究》，博士学位论文，陕西师范大学中国少数民族史专业，2018。

双方在责任与义务上与传统的婚姻产生了区别。

对六苴新型婚姻方式的研究，对理解当地人的家庭关系、亲属关系、社会关系以及生产生活等方面有一定的帮助。这项研究可以帮助他们更好地协调婚姻关系，以及在婚姻延续的过程中，发挥主观能动性解决家庭问题。同时，深入探究铜矿介入当地后，彝族的婚姻生活发生了何种变化。

从理论的意义上看，在市场经济迅速发展和铜矿开发的背景下，聚焦于对新型婚姻方式的研究，对比出现代化婚姻和传统婚姻的区别，有益于发现当地人是如何让婚姻关系在现代社会中发展的。从实际意义出发，笔者通过访谈法和参与观察法，了解当地彝族的传统婚姻和新型的婚姻形式，以及他们是如何适应新型婚姻形式带来的在社会关系、家庭关系、亲属关系上的改变。关于这些问题的思考，对于民族婚姻的研究是不错的经验材料，能提供一定的参考价值。

二、田野点概况

六苴原系彝语“倮着”，含义是石头多的地方，后变音为六苴。六苴镇位于大姚县北部，距县城 45 千米。东北与永仁县宜就镇毗邻，南与大姚县赵家店镇、金碧镇相邻，西与大姚县昙华乡和新街镇接壤。国土面积 267 平方千米，管辖 8 个村（居）委会，105 个村民小组，分布有彝、汉等民族，按户籍人口统计，2020 年全镇共有人口 12429 人，共有 4667 户，彝族占总人口的 55.5%。彝族主要分布在红光村委会、者纳么村委会。汉族主要分布在外期地、六苴、簸箕、波西、石房、双河六个村委会。共有耕地 10014 亩，其中水田 2917 亩、旱地 7097 亩，人均占有耕地 0.89 亩，森林综合覆盖率达 74.6%。境内铜矿资源丰富。六苴镇从 1976 年采矿选铜至今，已有 44 年的历史，全镇已探明的金属储量为 67 万吨，是滇中重点铜矿区。地势西部高东部低，有簸箕河、六苴河、者纳么河，三条河流由西向东贯穿全镇。六苴镇彝族文化深厚且久远，现在有些建筑还保留着特色的民族风格，下面住人，楼上堆放粮食或其他杂物。铜矿住宅区还保留着早期的建筑特色。随着矿产业逐渐式微，政府近年来开始计划发展旅游业。彝族文化多样，主要的民族节日有火把节、七月半鬼节等。当地主要种植核桃、板栗、苞谷、百合、魔芋等经济作物。[①]

根据彝文文献记述，武、乍两支进入今武定、禄丰、寻甸一带后，曾多次发生武装冲突，结果“乍”支获胜，留居原地。“武”支失败后，向滇西迁徙，其后代为“蒙舍细奴罗”，今楚雄州境操中部方言的彝族罗罗濮、俚濮与“武”支有渊源关系。[②]大姚县彝族主要是“武”支的后裔，罗罗濮支系和俚濮支系在大姚都有所存在。就方言分布而言，操罗罗濮土语的彝族主要居住于县境西北部的山区和半山区；操俚濮土语的彝族分布在蜻蛉河、一泡江两流域的山区地带。[③]“罗罗”在彝语中有老虎或勇敢之意，“濮”则有族或人的意思，按照彝语的意思解释，“罗罗濮”是“虎族”或“虎人”的意义。六苴主要属于罗罗濮支系。

图 1 六苴镇视图 作者 / 摄

① 数据来源于六苴镇政府于 2020 年 9 月 22 日提供材料。

② 杨甫旺：《融合与嬗变：罗鲁民俗的文化变迁与现代适应》，《楚雄师范学院报》2014 年第 1 期，第 17—22 页。

③《大姚彝族服饰》，博雅特产网，www.bytravel.cn。

三、六苴婚俗历史与现状

1. 历史时间段

从传统彝族婚嫁的起源来看，在很早以前，彝族是不兴婚嫁的。彝族创世史诗里谈道："阿黑西尼摩，生下万物时，万物分公母，从不成双对，从不兴婚嫁。"后来经过孵蛋之争，轮流孵蛋，孵出了雏鸟，一只是雌雁，一只是雄雁。天神彻埂兹，见了雏燕后，找来地神黑得坊，一起商量："雌雁嫁雄雁，你说行不行？"地神黑得坊，开口把话讲："天宫千万物，地上万万千，样样分公母，理应有婚嫁，应该配成双。"自从那时起，婚嫁开始兴起。[①]

在《梅葛》[②]和《查姆》[③]等彝族文献中，记载了不同历史时期的婚姻形态，包括古代彝族的兄妹婚、母系氏族外婚、近代彝族父系氏族的对偶婚和当代彝族主要的婚姻文化。

彝族楚雄婚姻发展史，是人类婚姻演变发展的"活化石"。新中国成立前，楚雄彝族基本上是世袭民族、支系内婚，很少与其他民族通婚。有一夫一妻、一夫多妻、等级内婚、家支外婚、姨表不婚、姑表舅优先婚、抢婚、买卖婚、入赘、转房婚、童婚等婚姻形式存在。它们存在的原因：其一，为了保证彝族血统的纯正；其二，彝族内部等级森严，不同等级之间严禁通婚，一旦通婚，就会降低本来的等级。而影响婚姻最重要的原因是彝族存在着家支制度，家支不仅影响着彝族的社会活动，还深刻影响着彝族的婚姻生活。在现代婚姻法律出现前，彝族一直靠着家支的力量解决婚姻家庭纠纷——两个人的婚姻不仅是个人小家庭的事情，也是两个家支之间的事情，处理不好甚至还会导致家支的矛盾。父母在彝族传统婚姻中占着主导权。《梅葛》中写道："小哥啊！我爹把我嫁了，我妈把我嫁了，我两个都不晓得，我两个都不知道。"这表明父母在婚姻中占有决定权，以至于女性在婚姻家庭关系中处于弱势地位。大姚的罗罗濮和俚濮支系中，还存在

① 施文科、阿黑西尼摩：《彝族创世史诗》，中国国际广播出版社，2016。

② 云南省民族民间文学楚雄调查队编《梅葛》，中国国际广播出版社，2016。

③ 郭思九、陶学良：《查姆：彝族创世史诗》，中国国际广播出版社，2016。

着自由婚和“不落夫家”的婚姻形式。当地彝族自由婚有自己独特的特点，基本上都是男女自己通过打跳等方式在公共场所认识的，不需要媒人也不需要婚礼，直接居住在一起，共同生活。“不落夫家”在罗罗濮支系中盛行，这种婚俗存在的原因主要是包办婚的童婚制，普遍的表现为当女方为长女且家里弟弟妹妹尚未长大，家里还需要她时，则女方要在娘家住一段时间。在这种婚姻关系中，丈夫可以经常去看望妻子，但要在妻子家进行一定的义务劳动。

新中国成立后，民主改革、土地改革接踵而来，给楚雄彝族家支制度带来冲击，家支制度在婚姻家庭中逐渐弱化。随着现代化改革步伐的加快，彝族与外来人的交往日益频繁，开始出现了族外婚、自由婚的现象。婚姻法实施后，楚雄彝族的婚姻转变为一夫一妻制。婚姻的选择权开始从父母的手上转移到子女的手上，但随着而来的是“身价钱”的提升。“身价钱”是由学历、身材、外貌以及家庭经济条件等因素决定的。“身价钱”不仅可以缓解女方家庭的经济状况，也体现了家庭的“面子”。“身价钱”成了缔结婚姻最关键的因素，这是婚姻市场化的结果。

2. 现状

自铜矿 1976 年开采以来，六苴的婚姻形式就发生了重大的变化，不再只以嫁娶婚和入赘婚的形式存在，还出现了一种新型的婚姻形式——“不招不嫁”，且现在一直流行于六苴。“不招不嫁”的出现是多种因素综合的结果。这种婚姻不仅是为了满足生理上的需要，也是适应当地经济文化发展的需要。

（1）“不招不嫁”的含义

“不招不嫁”的彝语表达是“mo^{31}i^{51}mo^{31}luɣ^{51}”①，是“不来我家也不去你家的”意思。“不招不嫁”是近年来出现的一种新型的婚姻形式，它不同于传统的嫁娶婚或入赘婚。在“不招不嫁”这种婚姻中，女方不是嫁给男方也不是招男方上门，男方也不是要把女方从家中娶出来，而是“两边照顾”的婚姻状态。不需要彩礼也不需要嫁妆，居住方式可选择在女方家或者男方家，也可以选择在外边建立自己的核心家庭。男女双方不仅居住权具有双边性，其财产权利与赡养义务也具有双边性。“不招不嫁”的出现打破了传统的婚姻形式，打破了家族传统的

① 当地彝语，笔者用国际音标表示。

祭祀观念，打破了财产的继承方式。

（2）“不招不嫁”出现的背景

六苴镇从 1976 年采矿选铜，由于当地劳动力有限，无法满足矿产业的需要，大量外地人开始涌入六苴。由于工作的性质与强度，外来务工人员大多为男性——铜矿产业对男性需求更大。年轻且长期在这里当矿工的人开始考虑在当地寻求对象恋爱结婚。外来人口增加了人口的流动性，扩大了社交圈。在笔者调查中，就发现了矿工与当地人通婚的现象。

案例一：居住在格鲁簸的张成[①]，1985 年生，汉族，“不招不嫁”，是从昆明东川来的。由于来这里当矿工，认识了现在的妻子，在这里结婚生子。妻子是彝族，孩子跟随父姓，选择了彝族身份，目前八岁。由于妻子的妹妹嫁出去了，妻子就继承了家里全部的财产，张成自己在东川也继承了家庭财产。目前在六苴妻子家里居住，等到孩子大了就会到昆明发展。

计划生育政策也在深刻着影响着婚姻结构。1982 年开始实行计划生育政策，提倡晚婚、晚育，少生、优生，从而有计划地控制人口。矿厂规定双职工只能生一胎，单职工至多生两胎。计划生育政策的出台时间与开矿时间大致相近，正式矿工要求严格，导致 80 年代以后出生的孩子相较之前大幅度减少。一个家庭只能生一胎或者两胎，大多数家长不舍得女儿嫁出去或者儿子去上门。“传宗接代”是长期以来中国社会传统的需要，无论婚姻的形式如何，结婚的一个重要目的就是生孩子，传宗接代。为了响应当时计划生育政策，大多数夫妻只生一胎，也存在少数两胎。笔者在调查的过程中发现，开放二胎政策以来，大多数夫妻极少会愿意去生二胎，虽然有一部分是身体原因，但大多数是经济原因。

案例二：居住在六苴社区大仓的薛少方，1974 年生，汉族，“不招不嫁”。夫妻俩只生了一个儿子，平时都是夫妻俩在照顾孩子。因为是丈夫是矿工，所以就生了一个。以前孩子小的时候怕他孤单，但有兄弟姐妹的孩子同他玩，就没有这

① 本文案例、受访人均已采用化名。

种顾虑了。二胎开放后，也没有再生一个的想法了——为了孩子能过得好点儿。

同样只生一胎的，笔者在调查时发现有很多。大多数人的观念不再像以前一样认为“多子多福”，而是转变为“孩子精细养”。现代生活水平的提升，随之而来的是教育成本的提升，父母总是期望孩子成龙成凤。只生一个孩子，重视孩子成长投入的观念变得越来越普遍。

近年来，随着现代化的不断发展，第三产业加速发展，对劳动力的需求不断增加。铜矿的开发使基础设施得到改善，出行便捷了，当地外出打工的人数不断增多，与外地人的交流呈现多样化，择偶范围不断扩大。经济基础决定上层建筑，铜矿产业的发展带动了当地的经济，满足了人们基本的物质需求，重视教育的观念不断增强。六苴镇居民的文化程度普遍呈现较高的水平，长辈对后辈的培养投入越来越大，正确培养了当地人的价值观、人生观、世界观，让后辈对择偶有了自己的想法。人们的婚姻家庭观念开始发生转变，父母不再像以往一样干涉儿女的婚姻对象。

案例三：居住在六苴队的李行飞，1993 年生，彝族，其发小“不招不嫁”。李行飞的发小和发小的妻子是在外面读书的时候认识的，属于自由恋爱。该发小大学文凭，现在在外面定居，只有过年过节才回来。

由于经济的发展和教育水平的提升，使自由恋爱成了“不招不嫁”的主要选择。受教育水平的提高使社交圈子扩大，加上电子设备的不断更新，网络社交也为自由恋爱带来了可能。

（3）“不招不嫁”的表现形式

彝族传统婚姻一般都会产生“身价钱”的问题，尤其是当彝族与其他民族通婚时，“身价钱”是两个家庭之间商量的重要内容。但六苴的婚姻文化很特殊，结婚不兴彩礼和媒人，不发请帖，婚礼请客送礼一般是送米和苞谷等物。结婚时穿民族服装打跳，三天或一星期新人要回门。[①] 自 1976 年矿区得到开发后，跟外

① 访谈人：刘兰，女，1968 年生，彝族，者纳么村人，农民。访谈时间：2020-09-27。

来人的互动多了起来，才慢慢开始兴彩礼了。“不招不嫁”出现后，又没有了彩礼的说法。“不招不嫁”婚礼的仪式极为讲究。婚礼仪式既不能表现得像嫁娶婚，也不能表现得像入赘婚，也就没有了打跳、回门等礼仪程序。为了避免这种矛盾，六苴人一般采用在男方家或是现代酒店办婚礼的形式。现代西式的婚礼要发请帖。传统彝族择偶一般是通过姑娘房、跳歌、串寨等途径进行，但现在，择偶的方式多种多样，例如在外读书、矿区务工、外出务工。

案例四：居住在杨柳坡的李施，1940年生，汉族，有两个儿子，大儿子在家，小儿子“不招不嫁”。小儿子目前在昆明教书，中学老师，小儿媳妇是昭通人，是小儿子年轻时出去读书的时候认识的。现在夫妻俩在昆明定居，过年过节偶尔回来，育有一个女儿。小儿子当时结婚就是“不招不嫁”，不要彩礼嫁妆，两个家庭给新人提供家庭设施。以前李施自己结婚的时候婚礼较随意，当时矿区还没开发，经济条件比较差。现在经济条件提升了，小儿子的婚礼是在外边办的，现代西式婚礼，在老家没办。

李施的家庭不会太看重婚礼，只要形式和过程上都体现了“女不嫁、男不上门”即可，其他方面都会遵循儿子的意见。对长辈来说，孩子幸福最重要。“不招不嫁”在对等的身份上，把两个人甚至两个家庭联系在了一起。随着矿区的开发和家庭生活水平的提升，人们对人生仪式的经济投入也越来越大。

大多数“不招不嫁”婚姻形式的家庭里一般育有一个或两个孩子，所以孩子的姓氏归属，以及涉及的家庭财产继承是一个很大的问题。在中国传统文化中，姓氏代表着血脉的延续，中国古话“不孝有三，无后为大”一直在流传。姓氏代表着身份的认同，“进一家门”也意味可以参与家庭的财产分配。姓名有“明身份，辨血缘”的作用，姓也因此成为家庭继嗣的重要特征。六苴传统彝族婚姻中，如果是嫁娶婚则随父姓，如果是入赘婚一般是随母姓。“不招不嫁”的夫妻，婚后孩子姓氏的选择要考虑“两边照顾”，尤其是在二胎政策开放以前。一般，“不招不嫁”的两家人婚前要坐在一起商量关于姓氏的归属问题，免得到时候因其起纷争。姓氏的归属是根据两个家庭的情况而决定的，如果新婚夫妻未来打算育有两个孩子，可以一个随父姓，一个随母姓。但是，在二胎政策未开放前，一个家庭只有一个孩子的情况下，一般都是根据家庭人口结构和对未来发展状况的预期决定的。在调查的过程中，笔者发现了个案例。

案例五：居住在六苴队附近的余苗碗，1963年生，有一个女儿和一个儿子，都是“不招不嫁”。女儿在文山工作且定居，生了一个女儿、一个儿子，都是随女婿姓，女婿有稳定的工作。儿子生的孩子也是随父姓。虽然女儿的孩子是跟男方姓，但是丝毫不会影响女儿继承家庭财产，儿子、女儿共同平分余苗碗家里的财产。

余苗碗的家庭根据家里人口的结构，选择孙辈的姓氏都随父方，这样，不仅照顾到了对方的家庭，自己的家庭也得到了姓氏的归属。对于财产的继承，余大婶认为无论是随父姓或母姓，自己的孩子都应该都有继承财产的权利。从家庭人口结构上去考虑，这是一个两全其美的办法。

“不招不嫁”这种婚姻形式的出现，改变了以往的居住格局。嫁娶婚是指女方嫁入男方家，并在男方家居住，入赘婚是男方上门居住在女方家。“不招不嫁”讲究“双可居”，可以选择在男方家居住也可以选择在女方家居住，但是随着社会的进步，越来越多的年轻人外出工作，出现了新居制，不管是在外租房还是买房，只要过年过节回来探望双方的家人即可。选择在外自己居住的人一般是为了工作的需要或孩子未来的成长需要，在一方家庭长期居住或轮流居住的人一般情况下是为了使生产生活的利益最大化。土地面积继承的大小和家庭财产的继承等都会影响到居住方式的选择。

亲属称谓作为亲属制度的一部分，通过语言将社会中的人物划分为不同范畴与类别来表示社会构成的原则。费孝通先生认为，亲属称谓不仅表示了一个社会的构成原则，而且借用语言的力量将亲属名词中包含的感情和权利义务推广到同一亲属称谓的人身上。“不招不嫁”的婚姻形式在亲属称谓上也不同于以前，不会特意用“爷爷奶奶”和“外公外婆”去区分男方和女方的父母，都统一称呼为“爷爷奶奶”，强调对等的身份。“爷爷奶奶”也不会称自己的小孙为外孙或外孙女，都称孙子孙女，都是以平等的爱去对待和呵护小孙的成长。

案例六：居住在六苴队的王忠厚，1953 年生，彝族，家有两个女儿，都是“不招不嫁”。大女儿住在王忠厚家隔壁，现在在矿上工作，有两个孩子。第一任丈夫因意外去世，后来又和当地人结了婚，夫妻都是彝族。第一个孩子随母亲姓，第二个随父亲姓。大女儿在王忠厚家附近组建了自己的小家庭，方便照看父母。二女儿现在楚雄政府工作，在楚雄定居，二女婿是楚雄人，开了一家小公司，二女儿有一个女儿，今年上初一，能歌善舞。二女儿过年过节会回来看望父母，和亲家们去旅行。王忠厚以前是矿工，有三千多的退休工资，可以满足自己和老伴的基本生活，生活较休闲，偶尔出去钓鱼。大女儿和二女儿的孩子都称呼王忠厚和老伴为爷爷奶奶，不称为外婆外公或者姥爷姥姥。王忠厚对外介绍小孙时，都会说“我家孙子”，也不会称为外孙。

王忠厚在和笔者的谈话中，经常会夸奖自己的小孙女，“我小孙女带回来一只可爱的狗给我们养”“我家小孙女获得了舞蹈一等奖”。“不招不嫁”凭借着同以往不同的亲属称谓拉近了隔代的距离，使夫妻两家以同等的地位和身份相处。

在六苴镇的彝族中，满月酒极为重要，他们的一生可能没有婚礼，但是总要办满月酒，祭奠祖先。在“不招不嫁”婚姻形式中，这种观念逐渐显得无足轻重。

案例七：居住在六苴队的罗燕景，1954 年生，彝族，和王忠厚是夫妻。大女儿生了两个孩子（与第二任丈夫“不招不嫁”，后来生有一子），二女儿生有一女。孙子孙女出生的时候，没有在这里举办满月酒。平时也会烧香，但是孩子出生的时候没有举办祭祀祖先仪式。“我们家仪式比较随意，人过好当下的日子就好了。”

“不招不嫁”婚姻双方大多数在外组成了新居，也就是组建了自己的核心家庭，只有过年过节的时间才回去看望父母，这会减少双方亲属的联系。“不招不嫁”强调的是不招女婿也不嫁女儿的意思，所以女方或男方不像传统的嫁娶婚或入赘婚那样，完全的归属一方亲属集团，双方具有双重亲属的身份。这意味着两个人在自家承担着女儿或儿子的身份，在亲家承担着儿媳或姑爷的角色，各占一半。这种双重身份会导致归属感逐渐弱化，情感距离会拉远，所以会出现女方跟自己的父母较亲近，同婆家关系较疏离的情况。在笔者进行调查的过程中，发现一位“不招不嫁”的女子李雨佳和她丈夫正好回来过节，女方有事一般便拜托自己的父母。

案例八：李雨佳，彝族，居住在杨柳坡。李雨佳的丈夫在外面工作，平时空闲时间较少。孩子现在差不多一岁了，平时都是拜托女方的父母照顾小孩，暂时把孩子放在女方父母家里。

在笔者走访的过程中，发现其孩子一般由李雨佳的母亲带着。女方父母出门在外虽然会被街坊邻居调侃，但两个老人非常乐意带孩子，认为这是自己女儿的事，也就是自己的事，带孩子可以为女儿减轻压力。李雨佳把孩子托付给自己父母，不愿麻烦婆家，可见虽然李雨佳归属于双重的亲属集团，但对原属的亲属集团归属感比较强。

四、影响

1. 经济上的影响

“不招不嫁”没有彩礼上的负担，减轻了男方的压力，一定程度上减小了人们因为财产而放弃结婚的想法，减少了双方结婚的阻碍。“不招不嫁”遵循了双边制的原则，两边都可继承财产，减少了新婚夫妻的经济负担。“不招不嫁”的缔结方式使两个亲属家庭共同组成家庭经济互助联盟，共同抵御经济困难，增强了小家庭的可抗力。居住形式上，不同以往的嫁娶婚和上门婚只能固定在一方居住，“不招不嫁”可选在女方或者男方家居住，这减少了夫妻双方的住房负担。“不招不嫁”的婚姻形式在一定程度上保障了双方家庭的养老问题，尤其是缓解了独生子女家庭的养老问题。但是，在很大程度上会造成小家庭的养老负担，增加了夫妻俩的赡养压力。

2. 平等的地位

“不招不嫁”在强调双边的同时，也蕴含着平等的观念。男不上门、女不嫁入门，婚姻是在平等的关系上建立起来的。在传统的嫁娶婚中，一直有“嫁出去的女儿泼出去的水”这种说法。“不招不嫁”模糊了“招”与“嫁”的绝对概念，女性在婚后有充分的自由选择居住在夫家或者原来的家庭，两可居和新居制并行的居住方式意味着女性并不完全从属于夫家，她无须离开原来的亲属集团。较以往的婚姻方式来说，这是男女平等的体现，尤其是从女性的角度来说，这是现代劳动市场下社会分工的一大进步，提高了女性在家庭中的地位。

在财产的继承上，女孩子跟男孩子的地位趋于相同，父母不会因为性别而区别对待。两个大家庭对待小家庭时都会以平等的观念去看待，不同于以前传统的嫁娶婚和上门婚，女方或者男方的家庭地位较低。

“不招不嫁”在提高女性地位的同时，在一定程度上也减小了婆媳之间的矛盾。婆媳矛盾是现代社会婚姻中一大热议话题。“不招不嫁”不仅在家庭中提高了儿媳妇的地位，也平复了不用支付彩礼的婆婆的情绪。女性有了自由的生育观，家庭也不会强加“重男轻女”的观念。

在大家庭中，强调了男女双方两个家庭的平等地位，尤其体现在亲属称谓上。在“不招不嫁”婚姻的亲属称谓中，孩子都会以爷爷奶奶称呼自己爸妈的父母亲，不会出现“外公外婆”的“外”字以示区别，避免疏离彼此的关系。在小家庭的事情上，双方大家庭都有参与的权利，例如孩子的名字、过年在哪过等。“不招不嫁”的婚姻形式在核心家庭中营造了关系平等的氛围，潜移默化地影响着孩子的成长，塑造孩子正确的价值取向。

3. 人口结构的调整

“不招不嫁”婚顺应了人口结构的调整。“不招不嫁”是在出生于20世纪六七十年代的这代人中出现的，当地的经济发展速度正好适应了“不招不嫁”婚姻的兴起。矿区的发展和计划生育政策的出现，改变了原来的人口出生率，在只能少生优生的状况下，在现代生产的激励下，外出打工的群体增多，“不招不嫁”的婚姻制度正好满足了当时人口结构的调整。在当地，部分“不招不嫁”夫妻选择生育一个孩子，而孩子归属于两个大家庭的亲属集团。当这代独生孩子成家时，

“不招不嫁”也成了他们婚姻的优选。

4. 社会问题

由于外出务工的需要及物质生活条件的改善，大多数“不招不嫁”的夫妻选择在外面组建了自己的新居。在六苴人的观念中，特别重视孩子的教育，孩子大多数是跟随父母，由父母教育成长的，这样也可以不给夫妻双方的父母带来不便。孩子跟随父母以核心家庭的方式存在，在一定程度上缓解了留守儿童的问题，但不可忽视的是空巢老人现象会增加。

5. 文化的交融与对冲

大姚六苴镇“不招不嫁”具有与其他民族“不招不嫁”相同的特征，但由于彝族文化和当地铜矿的开发，也具有了其自身的特殊性。在“不招不嫁”的通婚群体中，存在着彝族同彝族，彝族同其他民族通婚的现象。人们在婚姻关系的缔结中互相交往，不同文化发生交融甚至出现对冲。铜矿的发展促进了基础设施的建设，现代建筑风格开始出现在六苴，一层层铜矿办公宿舍大楼建起，深刻地影响着当地。21 世纪以来，彝汉通婚的新婚夫妻选择在传统彝族建筑风格的房屋中居住，且彝彝互婚选择在建起的现代化新楼中居住，两种建筑文化相互影响着。

在彝族传统婚姻中，一般家有喜事，亲朋好友都会闻讯赶来帮忙。[①] 但随着现代婚礼的盛行及为减少“不招不嫁”婚姻形式的烦琐性，人们都会倾向于现代婚礼或法律化婚姻，即不办婚礼只登记，导致亲属圈的社会交流活动减少，不利于亲朋好友间的感情维系。且在传统彝族婚礼中，穿彝族礼服成亲和婚礼打跳是一件极为重要的事情，但随着“不招不嫁”婚礼的现代化，也不再讲究这些了。对于孩子的教育，不再注重彝族传统文化的学习，例如不再要求孩子学会彝语和打跳，这会导致六苴彝族文化的传承出现困难。

① 访谈人：张志成，男，1965 年生，彝族，六苴上村，曾担任村主任。访谈时间：2020-09-26。

图 2 彝族传统住宅（翻修过） 作者 / 摄

图 3 现代住宅 作者 / 摄

图 4　矿区职工宿舍楼　作者 / 摄

五、结语

受家支制度的影响，传统彝族的婚姻大事由父母决定，不能自己做主。民主改革加速了民族内婚、等级内婚、家支外婚的瓦解，婚姻决定权由父母逐渐让渡到子女的手上，自由恋爱开始兴起。六苴矿区开发后，六苴经济快速发展，当地人教育水平提升再加上生育政策的实施，为婚姻形式的改变创造了条件。“不招不嫁”正是在这样的社会背景下应运而生的。

吉登斯曾将婚姻定义为“两个成年个体之间为社会所承认与许可的性的结合”①，结婚意味着男女双方成为双方的“亲属”。不仅如此，婚姻作为纽带，将男女双方更大范围的亲属（父母、兄弟、姐妹以及其他血亲）联结起来。“不招不嫁”也离不开双方的亲属集团。在缔结这种婚姻的过程中，双方互相商量互相妥协，巧妙处理居住方式、孩子的姓氏以及双方的家庭关系。但这种婚姻在处理问题上有模糊性，它的表现形式不固定，不同家庭会根据不同情况选择不同问题的处理方式。

“不招不嫁”是社会发展下出现的一种新型的婚姻方式，它能够脱颖而出，

① ［英］安东尼·吉登斯：《社会学》，赵旭东、齐心等译，北京大学出版社，2003。

有它存在的理由和意义。它不仅调节着生产的方式，还调整着人口的结构。一种新事物必有它的先进性和局限性，但不可否认，它是现代化发展中人们智慧的创造结果，它突破了传统的婚姻，适应了当时的社会发展，正走在逐步发展的路上。

致谢

在过去的学习生涯中，谢谢各位老师对我的培养，谢谢同学们对我的帮助，在这段田野的时光里，收获颇多，在此表示诚挚的谢意!

首先，谢谢李兴福和张力尹对我的指导。在田野调查遇到困难时，老师们总是积极耐心地给我指导和建议。感谢李兴福老师为我们创造了良好的实习环境。

其次，感谢六苴镇政府为我们提供食宿和参考材料，在田野期间指导我们如何适应当地以及如何跟居民打交道。

最后，感谢当地人对我的帮助，及时解答我的疑惑，给我们讲解当地的文化。感谢我的采访对象，热情欢迎我们并且给我们很大的帮助。

苗族背带刺绣工艺及其文化内涵

——贵州省锦屏县裕和村个案调查

北方民族大学民族学学院2020级民族学专业　宋金玉

指导老师　戴宁宁

摘要：苗族背带刺绣是苗族人民在长期的历史积淀过程中创造和传承下来的具有民族代表性的文化，是苗族人民生活中不可或缺的部分。文章基于对贵州省锦屏县裕和村苗族背带刺绣的历史与文化考察，力图展现背带刺绣文化中的生育观。通过对背带刺绣组成元素及工艺的考察，对具体图案内涵的分析，对色调色彩的使用说明等，解读背带刺绣对于苗族人而言所具有的“生育保种”“祈福平安”“团结互助”等意义。最后提出关于背带刺绣文化传承和保护的一些思考。

关键词：裕和村；苗族背带刺绣；文化内涵

一、走进裕和村

裕和村位于贵州省黔东南苗族侗族自治州锦屏县河口乡西南，距乡政府驻地15千米。东邻培尾村，南隔深溪与美蒙村相望；西邻培陇村，并延伸至青山界大山深处十数里，与剑河县培由村交界；北靠青山界大山，抵剑河南加镇。

图 1　当代裕和村　作者 / 摄

裕和，旧名“苗吼”，苗语音“阳赖”，意为在一块光滑石板上的寨子。在清朝咸丰年间，知府胡林翼在此设立碉堡，改名“裕和”。1953 年在此设裕和小乡，1992 年撤区并乡时并入河口乡。全村共包括裕和、牛角田、里留、上往贺、党类五个自然寨，有 9 个村民小组，347 户，1443 人。国土面积 9.6 平方千米，耕地面积 1315.9 亩。村域内主要居住着苗、侗、汉等多个民族，其中，苗族 860 人，占总人口的 60%。2019 年，裕和村被评为“贵州省第四批少数民族特色村寨”。[①]裕和村山高路险、依山傍水，自然环境优美，但与外界的交通较为不便，仅有一条公路蜿蜒而至，故在货物运输等方面比较困难。历史上的裕和更可以说是一片“世外桃源”，基本生活资料处于自给自足的状态。当地人所需的很多生活用品如盐、铁器等都得翻山越岭到好几千米以外的乡镇上购买。这种交通环境也是长期以来裕和村交通状况的一个缩影。沟通困难，社会环境相对封闭，因此，裕和村许多苗族村民的生活方式较完整地保留了苗族古代先民的文化形态和风俗习惯。

苗族自称“木”（音），侗族称之为“谬”或“腊谬”，汉族称之为“苗”或“苗家”。“苗”作为族称在夏代即已出现，至秦汉则与今黔湘等地的其他少数民族统称为“黔中蛮”，或“五陵蛮”。三国以后至隋代或称“荆州蛮”，或称“五

① 资料来源：贵州省黔东南苗族侗族自治州锦屏县裕和村村委办公室。

溪蛮”。唐代以后，“苗”作为单独的民族称呼从“蛮”族中分离出来。至元、明及清，“苗”除指苗族外，还泛指侗、瑶等邻近民族。[1] 新中国成立后，“苗”作为单一民族族称才最后固定。

锦屏境内的苗族基本上是从外地迁徙而来的，只不过有时间的先后和出发地的不同。裕和村苗族基本上是从广西大瑶山迁来的，迁徙的原因多是谋生。

据村里 85 岁高龄老人李爷爷讲，裕和村的苗族属于六合支系，该支系自系“木”，分布在黎平县尚重、六合、大稼、平寨，锦屏县固本及剑河县南加等乡镇的部分村寨。裕和村苗族迁徙的主要原因是为了讨生活，求安定。裕和村苗语为苗语中部方言东部土语。因为靠近清水江畔，所以服饰为清水江型六合式。[2]

苗族是中华民族大家庭中的重要一员，在漫长的历史迁徙过程中，苗族创造了异彩纷呈的苗文化，这些文化集中体现于苗族的生产生活及风俗习惯中。苗族背带刺绣即是其重要代表，具有极强的说服力。苗族背带刺绣工艺代代相传，作为当地重要的非物质文化遗产，记录了苗族的历史文化特征，蕴含着深厚的民族文化意蕴。背带刺绣工艺不仅展现了苗族妇女最真实的情感，还蕴含了苗族人民最淳朴的情怀。背带刺绣的一针一线，表达了苗族妇女对子女的关爱，对幸福生活、家庭和谐的美好向往。

当前，学界对贵州苗族背带的刺绣文化也有诸多关注，为我们的田野工作提供了可供借鉴的研究成果。如钟世梅在《贵州苗族刺绣中常见动物纹样浅析》[3] 中介绍了贵州苗族刺绣中常见的动物纹样，进行了简要的归类，简要分析了其代表的文化内涵和寓意，希望让更多人了解进而保护苗绣这一传统手工技艺。任晓波、李纶在《初探贵州苗族背扇图案》[4] 中谈到，背扇图案表达了苗族人民对其晚辈的美好期望与对生活的热爱，它的美学价值和文化内涵值得我们去探究，这也会对今后的相关研究工作献出微薄之力。朱春红在《贵州黔东南苗族背扇动物纹样类型研究》[5] 中谈到贵州黔东南苗族背扇纹样记录了其民族的历史文化特征，蕴涵了

---

① 贵州省锦屏县志编纂委员会编《锦屏县志》，贵州人民出版社，1995，第 123 页。

② 采访人：宋金玉。采访时间：2020 年 11 月 10 日。采访对象：李先生，锦屏县裕和村人，85 岁。

③ 钟世梅：《贵州苗族刺绣中常见动物纹样浅析》，《中国民族博览》2020 年第 9 期。

④ 任晓波、李纶：《初探贵州苗族背扇图案》，《前沿》2013 年第 8 期。

⑤ 朱春红：《贵州黔东南苗族背扇动物纹样类型研究》，《艺术品鉴》2020 年第 7 期。

深厚的民俗文化，是人类最伟大、无私的母爱。相关方面还有很多的文章，都从不同角度对苗族刺绣进行了研究，纹样的内涵是其解读的重点。

当前，随着社会经济的发展，人们的生活水平不断提高，苗族背带刺绣工艺的传承也大受冲击，部分区域的背带刺绣手艺在很大程度上已然处在了消逝的边缘，保护工作迫在眉睫。2020 年暑期，作为裕和村苗族的一分子，笔者对村落背带刺绣工艺及其文化内涵产生了浓厚的兴趣，通过访谈、记录与分析，力图通过本调查报告呈现裕和村苗族背带的制作过程及刺绣工艺，并运用文化人类学的分析视角，进一步挖掘苗族背带所蕴含的文化意涵。

二、裕和村苗族背带的制作工艺

在裕和村，一副完整的背带（见图 2）包括背带心、镶条、“屁哒哒”、背带手、背带绳、背带盖、流苏带七个部分。

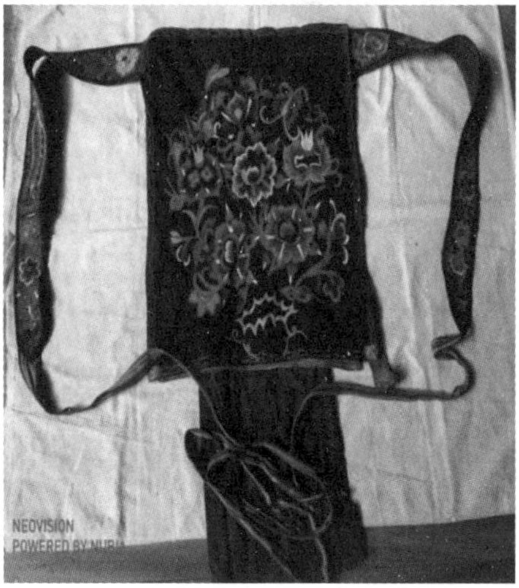

图 2　裕和村苗族背带　作者 / 摄

背带心是长为 16 厘米、宽为 13 厘米的长方形布块。背带心作为背带的中心部分，无论是材质还是样式都尤为重要。

镶条分为上下镶条和左右镶条。上下镶条是上底长 11 厘米、下底长 18 厘米、高 4 厘米的等腰梯形。左右镶条是长 22 厘米、宽 4 厘米的长方形。上下镶条分别缝合在背带心的上下面，而左右镶条连接在背带心的左右两边。背带心与镶条缝合以后，背带心就变成了长 20 厘米、宽 16 厘米的大长方形布块。背带心在构图上，无一例外都是被镶条包围缝合而成的“大菱形”，菱形图案里会由底部的一盆花再延伸出一朵朵鲜艳靓丽的花朵，这一朵朵花营造了一种百花齐放、生机勃勃的画面。在贵州省锦屏县裕和村的苗家人，对于背带纹样有不一样的认识。例如，背带心上绣满了一盆茂盛的花，寓意姑娘嫁过去以后能够为家族开枝散叶，能够使家族兴旺。每一朵绣花上都表示一种希望，也是花开富贵的象征。而镶条上一连串的绣花也不是随意绣之，它是由一根藤蔓生长开出来的花以及花苞。藤蔓寓意着相连相接，有表示夫妻连心的美好祝愿，也有家庭和谐美好、团结一心之意。

图 3　背带心　作者 / 摄

连接在背带心下方的布名为“屁哒哒”。“屁哒哒”是长 22 厘米、宽 16 厘米的长方形布面，主要用来兜住小孩子的屁股，就相当于一个布制成的板凳，防止小孩子下落或者下坠。

背带手，顾名思义，它是连接背带左右镶条的带子。背带手的形状类似于两把枪头朝向外的手枪。背带手的长为 44 厘米，宽为 3 厘米，使用时贴近背部和肩部。制作较宽是为了扩大接触面积，起到省力的作用。

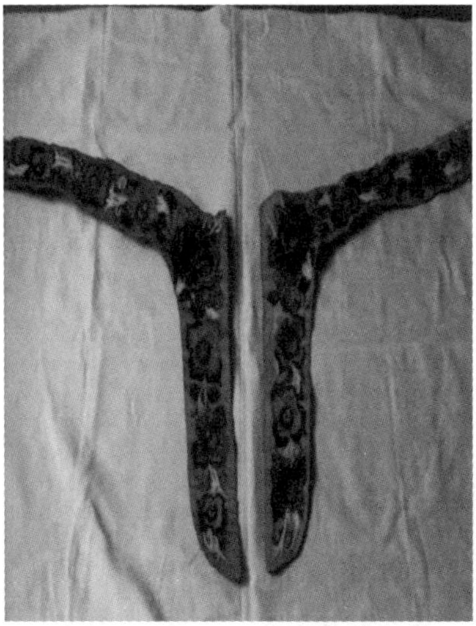

图 4 背带左右镶条 作者 / 摄

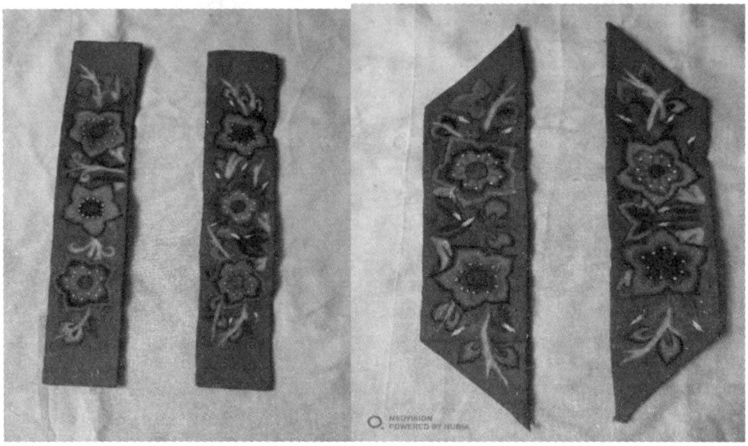

图 5 背带手 作者 / 摄

衔接背带手末端的背带绳长 70 厘米、宽 1 厘米。比原来的背带手更长是为了便于捆绑在妇女的身上，比原来的背带手更窄目的在于捆绑方便。

背带盖长 29 厘米、宽 21 厘米，覆盖在背带心的上面，是与上面等腰梯形镶条的下底面连接缝合而成的。背带盖是“两面花”。所谓两面花，便是由两张尺寸相同并且都绣上刺绣的花布制作而成的。背带盖是能灵活地翻上和放下的绣满刺绣的“布帘子”，每个苗族妇女制作的背带帘子各有各的特色，图案丰富，彰显了苗族妇女的心灵手巧。

流苏带是两条长为 15 厘米，宽为 1 厘米的彩带，分别连接在背带盖下方的两个角上。背小孩时，将其折叠翻过小孩头顶，然后将其别在紧贴肩部的背带手上，用来在小孩睡觉时遮光或平时遮太阳等。

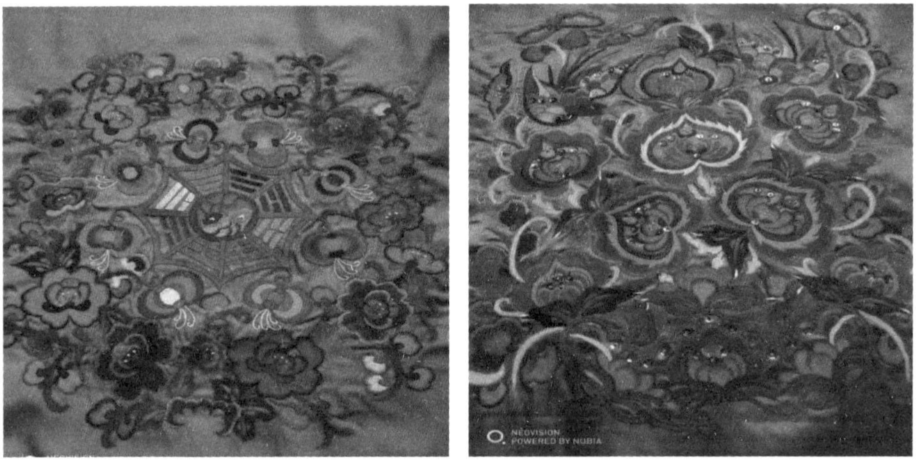

图 6　背带盖绣花图案　作者 / 摄

背带心和镶条是由五层布粘贴而成的，粘贴的材料是自家种的魔芋。苗家人懂得利用自然资源，善于就地取材，这与他们根深蒂固的“自给自足”观念密不可分。首先把魔芋烧熟，去皮，放入容器之中，捣碎，搅拌。在搅拌过程中一边用棒头碾压，一边加入开水。水不能放太多，太多会导致魔芋酱过稀，降低了魔芋的黏合性。水太少则魔芋酱太干，粘贴过程有硬块，不利于布面平整光滑。搅拌魔芋酱的过程正如和面，得把握得刚刚好方可。粘贴材料弄好，接着准备好平整的木板以及布，然后用一根硬木片把魔芋酱均匀涂抹在布上，接着把另一张相同尺寸的布盖在上面，用手把它磨平，让布与布充分粘贴。先用魔芋粘贴的布是三张，这在当地称为“打布壳”。粘贴好的布壳，还没有完全风干，需要用重的砖头或者青石板平整地压在上面，防止魔芋酱风干以后布翘起来，同时也能让布看起来更加光滑平整。布壳一般压上一两天便可以拿出来画图案了。布一般选用白布，因为用黑笔在白布上画图案才明显，这样在剪切的过程中也不容易出错。用尺子在布壳上画下背带心的尺寸，以及左右镶条、上下镶条的尺寸，接着用剪刀剪下来。剪下来的背带心和镶条还只是布壳，还需要两层。一层是直接用魔芋酱涂抹在背带心以及镶条上，用同样剪有背带心和镶条的形状的布粘贴上去，这是布的第四层。最后一层布就得有讲究了，它需要用优质好看的布，并且剪出来的布形状得在原来形状的基础上增加 1 厘米，这个增加的 1 厘米是用来“包边”的。所谓包边，就是粘贴第五层时把第四层布料的边缘包起来，让人看不到横截面有多少层。每一个背带心和每一条镶条都是采用上述方法去做的。

三、裕和村苗族背带纹样及其文化内涵

在准备背带刺绣之前，还得需要一个会“画花”的人，也就是在背带上画图案的人。会画花的女人十分受当地女性欢迎。所画之花的种类不同，寓意也有所差异。

“画花人”龙女士说：“画花没有特别的讲究，她们想画什么花，我就（给她们）画什么花。画她们喜欢的花，她们刺绣起来也开心自在。我画得比较多的就是牡丹花，她们觉得牡丹花好看。而且画牡丹花的时候还必须画上凤凰鸟，凤凰鸟的羽毛刺绣出来五颜六色的，特别好看，所以画这个的还比较多。除了牡丹花，什么荷花、菊花、芙蓉花、石榴花、月月红……她们也会叫我画。花的寓意有很多种，我听以前的老人家讲过。比如蝴蝶图案，还有一个‘蝴蝶妈妈’的故事。还有石榴花，以前在姑娘还没嫁过去的时候婆家就喜欢送带有石榴花的背带花，希望女孩子嫁过去以后能够早生贵子，为家族延续香火。还有荷花，画荷花就得画鲤鱼了，鲤鱼和荷花都是搭在一块儿的。鱼在水中游，荷花在水上开，这样才

好看嘛。”[①]

苗族的背带图案体现了当地的自然环境以及风俗习惯。比如，植物纹体现了当地的地理环境下所生长出来的植物有哪些，反映了苗族人民的生活环境。作为苗族背带刺绣不可缺少的一部分，它反映出了苗族人民的图腾崇拜。而几何纹的运用则反映了一定的宗教信仰以及文化习俗。基于自然敬畏和自然崇拜的图腾崇拜情结，依然可以从背带文化上看到。自然景物的图案大致可以分为植物纹、动物纹、几何纹等。

1. 植物纹

在中国古代的所有信仰当中，天地被认为是最神圣的。天神为“皇天上帝”，地神为“皇天后土”。若从词义来解释，“皇”是“大”的意思，“后”是“厚”的意思，皇天覆盖万物，降甘霖雨露于人间；后土负载万物，献衣食用具于世上。贵州黔东南地处山地地形，自然资源丰富，植物种类繁多。背带中的植物纹占据背带纹样的大多数，也与当地所处的自然环境密切相关。以贵州省锦屏县裕和村苗族背带为例，背带中的植物纹主要包括牡丹花纹、荷花纹、梅花纹、菊花纹、石榴花纹、芙蓉花纹、月月红花纹等。除了这些直观上能够叫得上名称的花纹以外，还有一些不知名的花草纹。牡丹花纹象征着花开富贵，是对财富的一种美好憧憬。荷花纹象征着品德高洁，希望小孩长大为人正直坦率，能够受人尊敬。梅花纹象征着坚贞不屈的气节，寓意小孩在长大的过程中能够经得起挫折，磨炼出坚强的意志。菊花纹主要象征着“儿行千里母担忧”的情结，希望孩子能够不要因为走得太远，而忘记回家的路，能常回家看看。石榴花纹，寓意除了多子多福以外，还有家族团结、兄弟和睦，像石榴籽一样紧紧地抱在一起。月月红花纹，则象征家门兴盛，好运连连。在贵州黔东南苗族不同分布地区，同一花纹也存在不同的寓意，表现出来的风格也会存在差异。

2. 动物纹

博厄斯说过，任何图案表示的意义都会随着时间和地区的变化而变化。黔东

① 采访人：宋金玉。采访时间：2020 年 11 月 13 日。采访对象：龙女士，锦屏县某村人，70 岁，长期制作刺绣。

南苗族背带中的动物纹样亦是如此。以贵州锦屏裕和村背带动物纹为例。动物纹样种类丰富，色彩斑斓，造型夸张有趣，表现技法多种多样。苗族妇女对纹样的运用注意形象与精神的并重，在她们的背带纹饰中储存着大量的族源信息及信仰理念，及对未来生活的憧憬等诸多的信息。标志符号龙、凤、鱼、鸟、蝴蝶、蜜蜂是较为常见的动物纹样，其中蝴蝶、龙的形象作为当地祖先和吉祥的代名词频繁出现在背带装饰中，体现了苗族人民的精神追求，也展现了当地人们的生活感受。龙在苗族的背带文化里是作为一种力量与精神的象征受到喜爱以及崇拜的，它与古代皇家讲述的龙的神话完全是两回事，它洋溢着喜乐、欢乐、奋进的气氛，而没有丝毫威严的样子①。次说背带刺绣中常见的凤凰图案。凤凰作为一种仁义道德以及安静祥和的象征，预示苗族人民对于家庭幸福和满的美好追求。蝴蝶纹的出现还得追溯到苗族“蝴蝶妈妈”的故事，除了故事，还源于苗族人民对于自然环境的观察，才描绘出人与自然和谐共生的画面。当然，这些动物纹样并不是单一存在的，不同的纹样在背带刺绣中交错使用，形成不同的视觉效果，在艺术形式上产生了高度图案化、装饰化、多样化的效果，具有浓烈的地域文化特征。

3. 几何纹

苗族背带刺绣纹样的几何纹的文化内涵，可以延伸到苗族人民所处的地理环境中去。裕和村依山傍水，依靠山便出现了“锯齿山”的纹样，临近水便出现了“水波状”。且山与水的纹样也类似于象形文字出现在苗族的背带刺绣之中。几何纹伴随着人类的生存条件和审美意识不断地增强而不断完善。从贵州的山地地形我们可以得知，原始苗族大多居住在自然环境恶劣的高原山地中，而这种特定的自然环境必然会造成社会发展的滞后，同时也正是这个原因，使最原始的苗族背带图案得到了保留，其几何纹的原始含义和形态也得到了保存。除了“锯齿山”与“水波状”的几何纹以外，在背带图案中的几何纹包括十字纹、回纹、云纹、井字纹，以及自然形象和动植物形象的几何化形态。从几何纹可以看出，苗族劳动人民在用最简单的符号语言表达最本真的生活态度。

---

① 程裕祯：《中国文化要略》，外语教学与研究出版社，2017，第 414 页。

四、裕和村苗族背带蕴含的文化内涵

1. 背带与苗族的生育观

谈裕和村背带文化的发展，还得从苗族的生育观念谈起。苗族在历史上是一个饱受苦难的民族，在封建社会时期，饱受统治者阶级的剥削和征讨，人口流失严重。再者，苗族社会也是一个实行自给自足经济的社会，生活环境较为封闭，因此与外界的沟通和联系自然也就少了，也就导致生产力水平的低下。除了自身的经济水平不高，以前的医疗水平也低下，各种流行疾病导致人口锐减。从历史背景、生存环境以及社会经济出发，苗族人民对于人口的增长也就更加重视，自然而然地形成了一种“多子就是多福，多儿多女光荣”的生育观念。苗族多子多福的生育观念，也是与当时特定的社会政治经济文化相适应的。研究苗族背带刺绣工艺，也能了解到苗族人对于生育的重视和对于迎接新生命到来的美好期待。

在此生育观念的主导下，苗族人民自然很重视孩子。由于女性在后代的繁衍过程中充当重要角色，女性的生育能力也会对自己在家庭甚至家族中的地位有一定的影响，正如古代的“母凭子贵”思想观念一样。正因为这样的生育观念，苗族少女从小学习刺绣的基本工艺，接触大量的背带刺绣图案。苗族女性在结婚之前，要在母亲的带领下系统地学习背带刺绣的技法。苗族的母亲们会为女儿结婚准备好种类繁多的刺绣工艺品，比如服饰、床被、刺绣头冠，其中必不可少的就是蕴含“子孙绵延不断”寓意的背带。当这些少女们嫁为人妻，初为人母时，她们便会重复自己母亲的教导工作，将这份民族共同记忆和传统不断地传递下去。直到今天，在黔东南苗族聚集的地方，背带文化依然盛行。在过去，家庭妇女以及未婚女孩子们把更多的时间和精力花在一针一线的刺绣上，在她们眼里，背带刺绣绣得越美越有成就感。

2. 背带与苗族社会的历史文化记忆

苗绣背带图案体现了具体的民族价值。根据苗民的历史传说，在苗族先民们长期的迁徙过程中，背带为必备物品，苗族妇女把自己的孩子背在身上，方便长途跋涉。把孩子背在背上不仅拉近了母亲与孩子的距离，而且在迁徙过程中，减少了孩子走丢或走散的可能，在一定的程度上保证了行程中孩子的安全。除了出行方便，也有利于母亲与孩子的沟通交流，方便母亲照顾孩子。背带作为苗族独特的民族象征，不仅能够通过它识别具有血缘关系的氏族团体成员，还能使分散迁徙的本民族同胞保持联系。在这个过程中，背带刺绣图案充当了标志和信物的功能。由此可见，背带这种能够使民族取得联系的物品集中体现了苗绣图案的民族价值。

村民杨女士告诉我们："制作背带是在给自己的娃娃准备嫁妆。在我还是姑娘家的时候，我的母亲也教我怎样刺绣、制作背带，手把手地、一针一线地教，我学了好久才上手会做。那时候母亲让我学习制作背带，就是让我自己给自己准备嫁妆。正因为是自己给自己准备的嫁妆，自然需要用心了。再说了，制作背带这门技术，别人家女孩子都会，做得也都挺好的，自己不会做的话也怪不好意思的，所以不仅要学会做，还要做得漂亮才行！背带需要准备好几样东西哩！单单只是背带心和镶条的制作就要花费心思。等背带心和镶条准备好了，还得找专门会画花的人把图案画好，然后才拿来插花。背带心和镶条准备好了，就可以准备背带手。背带手上也都要插满花，这样才好看。背带盖的花也都要绣好。当每个部分都插满花了，再找专门的师傅来把背带每个部分都用缝纫机订起来。以前没缝纫机的时候，还得一针一线缝合，容易缝得不整齐，现在就可以用机子来装订，方便多了。"①

3. 背带与苗族社会的女性观

背带布料颜色鲜艳，常见颜色以红色、黄色、蓝色、绿色、黑色等为主。红色布料细分下来又分为大红、水红、粉红。大红色一般在结婚的时候会用得比较多。红色之所以能够成为背带布料不可缺少的颜色，主要源于背带作为嫁妆，红色契合结婚时喜庆的一种氛围。红色是喜庆的象征，表达了苗族人对于婚庆的重视以及背带颜色选用的讲究。而水红、粉红颜色较为淡一些，在其上刺绣可以用颜色较为深的线，这样不仅可以突出绣花的精美图案，也能够让色彩更加夺目。

① 采访人：宋金玉。采访时间：2020 年 11 月 10 日。采访对象：杨女士，锦屏县裕和村人，45 岁。

对黄色的偏好得从苗族古人对于地神的崇拜谈起[①]，同时也深受阴阳五行学说的影响。在南方地区，土为黄色，而土地是能够种出庄稼、提供生存资料的物质基础，所以黄色崇拜与土地是有关的，表达了苗族人民对大地的敬畏以及感恩。蓝色布料的选用，也源于苗族女孩对于美好的婚姻生活的一种美好而浪漫的期待。苗族少女在结婚之前学习背带刺绣，那时自然喜欢淡雅且浪漫一些的颜色，蓝色也是苗族女孩情窦初开时对于爱情的美好向往与追求的一种象征。绿色背带布料的选用也有一定的讲究。在选画的图案上，倘若画的是牡丹花，必然会有凤凰鸟。牡丹花寓意富贵吉祥，是苗族背带刺绣不可或缺的植物纹。倘若画的是荷花，一定不会少了鲤鱼。鱼为“余”的谐音，因此，苗族人民用鱼来寓意“年年有余”“吉庆有余”等。这种特别的构图方法与鱼在水中游，鸟在枝上栖息是一个道理。画作的灵感来源于生活又高于生活。黑色布料一般较少选用，之所以还有苗族妇女选用黑色，主要是为了突出其刺绣手艺的高超，黑色可以让刺绣图案看起来更为清晰和直观。除了这一点，还跟黑色布料自身的特性有关，黑色耐脏。苗族是一个勤奋的民族，苗族妇女在背孩子期间为了生活不得不劳作，在劳动过程中很容易把背带弄脏，而黑色正好解决了这个问题。除了耐脏，还跟背带不能水洗有关。背带刺满了各种各样的刺绣，且背带心和镶条是用魔芋作为粘贴材料的，如果水洗会导致背带变形以及图案走样，这对背带也是一种损失。

苗族背带除了在选用布料上有所讲究以外，还在选用刺绣的线上下了很大功夫。刺绣的线分为大毛线以及细毛线两种。穿针引线只能用一股一股的线，不能为了加快刺绣的速度而用双层线，这也体现了苗族妇女对于刺绣的严谨态度。

刺绣的线大都色彩鲜艳，配色时，可以选择同色或者近色搭配，当然也可以选择互补色搭配。这三种颜色搭配方式都有不同的效果。例如，一副背带刺绣的花主要为红色，那么其他的花的颜色就会出现深红、浅红、粉红、淡红等，就像我们在日常生活中见到的一盆花一样，颜色有深有浅，交相呼应。这也源于苗族人对生活的留心——艺术的创作来自生活的灵感与启发。红花配绿叶，而绿叶颜色也能出现好几种：叶片较大的叶子颜色较深，刚刚冒出来的叶子或者藤蔓的叶子颜色较浅，这也是由叶子的生长状态决定的。苗族人民向来都喜欢大红大紫，

① 程裕祯：《中国文化要略》，外语教学与研究出版社，2017，第 440 页。

喜庆鲜艳的颜色，所以在背带选用的布料以及刺绣颜色的搭配上大胆和新颖，在刺绣过程中配线时也凸现出颜色的明艳。追求冲击感较强的色彩体验，这与苗族人民率真坦荡的性格也是密不可分的。

每一副背带看起来都像一副栩栩如生的画，其图案、线条、色彩搭配中都含有当地女性对生活的向往。

我个人就是在选线和颜色搭配上注意了一些。我没读过什么书，也不懂什么秘诀，感觉怎样好看就怎样绣了。其次就是，我们绣的花在平时生活里都是看得到的：它是怎样开花的，花朵颜色是怎样的，花蕊是什么样子的，以及叶子是怎样的。多看看，在刺绣的时候凭着（积累的）感觉配颜色上去就可以了。——一副背带（的制作时间）呀？可不简单了，少则三年，多则五年了。一张背带盖上的绣花绣出来都差不多要半年，更何况还要绣背带心，背带手。绣完了这些，爱好（讲究）的人还要在绣花上订一些亮闪闪的铜钱作装饰。这都是用来准备嫁妆的，一针一线，耗费的时间精力多，也是母亲对于孩子的良苦用心。[①]

五、结论与讨论

苗族背带刺绣文化在继承与发展过程中面临的危机。就目前来看，虽然国家对少数民族文化保护的重视程度在不断提高，但是保护的力度还不够。许多苗寨隐匿于较为封闭的深山，这些较为偏远的地区一时无法被顾及。而村寨里的苗族文化没有被人挖掘，也没有引起重视。对苗族背带刺绣工艺文化的保护，更多地停留在具体形式的学习的阶段，而忽略了对其背后深层文化价值的挖掘与保护。随着时代的改变，人们思想的变化，苗族背带刺绣工艺无疑会受到巨大的冲击与影响。在现代化的过程中，苗族人民受到现代文化的影响与冲击，对本民族传统文化的价值可能产生怀疑，并且随着年轻一代走出大山，苗族传统文化的传承面临着“断代”的危机。此外，背带刺绣自身的技术性也有很大关系。背带在制作过程中耗费的时间精力巨大，当代年轻的苗族人很少有兴趣去学习这门手艺了。

① 采访人：宋金玉。采访时间：2020 年 11 月 13 日。采访对象：李女士，50 岁，锦屏县裕和村人。

苗族没有自己的文字，很多东西依靠的是言传身教，但口头语言的传授已不能满足文化传承的需要。没有文字的记录，背带刺绣缺少了历史的厚重感。

苗族背带刺绣是一种中国传统的民俗文化，无论是从它的实用性和艺术性，还是模仿性而言，都是值得被我们保护和传承的。背带刺绣与现实生活紧密联系，它的内容贴近生产生活，风格质朴、率真，既保留了原始的工艺特征，又反映了生产活动和生活情景。在这种艺术活动中，物质生产和精神生产相互交织，创造了既有实用价值又融入审美功能的艺术品。研究苗族刺绣艺术是一个对其吸收消化之后并提炼的过程。在初步接触苗族刺绣艺术时，要深入剖析，透彻研究，这是一个漫长的过程，但是这并不是我们最终的目的，我们所需要的是再次地创造，创造出具有传统苗族文化气息而又符合我们当下要求的艺术作品。我们只有认真而不是敷衍，深入而不是肤浅地研究并学习苗族背带刺绣艺术，才能把这当中可以为现代艺术服务的部分变成一种新鲜的血液，注入现代艺术的创作当中。

苗族是中国多民族大家庭中的重要一员。苗族文化历史悠久、内涵丰富，以苗族文化为研究对象的苗学已经成为一门国际显学。这些文化是苗族人民智慧的结晶，是中华民族传统文化的重要组成部分。在新的世纪，如何继承和发展苗族传统文化，走具有民族特色和中国国家特色的现代化道路，是包括苗族人民、苗族文化研究者在内的各界人士共同面对的课题。

虚拟与现实中的“传统”想象与建构

——汉服作为自我呈现方式的研究

中山大学社会学与人类学学院2017级人类学系　李　颖

指导老师　段　颖

摘要：汉服是二十一世纪初出现的概念，经过十年发展，围绕着汉服和汉服文化，已经形成了一个小众的亚文化圈。本文通过对“汉服圈”的线上和线下活动的研究，意图阐明，个体通过汉服进行自我呈现，并表达他们对汉服和汉服文化的理解与认同。他们自觉地向观众展示着他们心目中的传统文化，而汉服则成为他们心目中重要的民族文化象征。通过线上线下的活动，“汉服圈”的群体认同得以强化，并于虚拟与现实之间完成对传统文化的想象、建构和创造。

关键词：自我呈现；符号意义；汉服

一、导论

1. 问题缘起

现代汉服诞生于网络。2003年前后，网络上涌现出大批的汉服论坛网站，爱好者们围绕汉服与传统文化进行讨论，掀起了一场“汉服复兴”运动[①]。经过将近

---

① 王军：《网络空间下的“汉服运动”：族裔认同及其限度》，《国际社会科学杂志（中文版）》2010年第1期，第38—45页。

二十年的发展，形成了以汉服文化为核心的网络兴趣圈。汉服爱好者不断考据传统文献，同时建构着独特的线下实践形式，例如通过复原传统节日节气习俗、举办汉服节、汉服春晚等自发活动，来实现普及推广汉服的目的。

作为汉服爱好者中的一员，在接触汉服的六年时间中，我与其他“同袍”[①]一样身体力行地践行着我们所热衷的“汉服文化”。在与“同袍”们的交流中，他们为我展示了一个个鲜活的个体如何与汉服发生联系。各不相同的动机和原因使得我们汇聚在一起，最终都指向了对汉服的高度认同。我在汉服爱好者的身上发现传统文化与当代青年人的生活并没有脱节，个体的日常生活早已与汉服一词紧密地联系在了一起。

2. 研究主题

本次研究关注“汉服圈”及汉服爱好者在虚拟与现实生活中的表现与实践，探究网络时代的青年为何选择“汉服”来塑造个体在互联网中的形象，哪些因素影响着个体的选择？个体如何通过汉服来满足现实生活中的展示欲，并由此建立起新的社会关系网络和话语体系？从线上走入线下，汉服爱好者们被看到和被承认的诉求如何产生？他们如何在理解和建构传统的同时进行自我表达？

3. 文献回顾

（1）自我呈现之研究

自我呈现（self-presentation）理论最早起源于符号互动论。库里（Cooley）提出“镜中我”的理论，认为人的行为很大程度上受自我认识的影响，而自我是社会互动的产物。[②]而戈夫曼（Goffman）在《日常生活的自我呈现》中认为，自我呈现是指人们常常会运用各种符号，来布置自己的“舞台”，通过自己的表演，使自己以符合人们期待的方式出现在人们眼前。[③]在人际互动中要进行自我呈现

① 同袍：取自《诗·秦风·无衣》：“岂曰无衣，与子同袍。”早年外界称汉服群体为“汉服爱好者”，但汉服群体并不认可这一称谓，于是开始使用“同袍”一词自称或互称。“同袍”有两重含义：一是同穿汉服的行为，二是汉服复兴运动的“战友”。在本文中，“汉服爱好者”或“汉服群体”与“同袍”为同一群体。

② Charles Horton Cooley, *Human Nature and the Social Order*, New Brunswick, 1983, p51.

③ 周梅、李桂平：《人际互动中的戏剧理论——解读〈日常生活中的自我呈现〉》，《经济研究导刊》2010 年第 12 期，第 210—211 页。

需要满足两个方面的要求：一是理想化，个体需要与社会理解和期望相符合；二是神秘化，通过与观众保持一定的距离，来维持深刻的印象。他还提到了印象整饰的概念，认为人们会制造某种印象让自己看起来表里如一，表演者不断与人互动，并试图给观众一个自己希望的角色。[①]

学者琼斯（E. E. Jones）把自我呈现扩大到包含企图控制他人对其个人特征的印象[②]；莫斯（Mauss）认为人们用身体的技巧作为在生活世界中控制自我的技术，它们通常反映在衣食住行和生老病死这些与身体有关的习惯或是习俗上，主要的目的是社会的复制[③]；而威廉姆斯（Williams）和本德洛（Bendelow）认为那些需要自我展现的社会行为是消费导向和依靠个人利用符号、象征、品牌和实践来传递想要的印象[④]。

国内关于网络自我呈现的研究中，刘中起、风笑天对网络空间个体的自我呈现做了详尽的论述，认为网络中的人际交往实际上是根植于生活的，网民在网络环境中的自我塑造受到知识结构、现实生活方式、价值理念和个性特征等因素的制约[⑤]。黄少华等人认为，网络中的自我呈现不仅能避免他人对自己身体的伤害，还能展示个体在现实生活中被压制的自我面貌，从而塑造全新的自我形象。这种真实虚拟的角色扮演使现实与网络间的界限变得模糊，增强了个体的自我认同感及归属感。[⑥]

（2）汉服、汉服群体与汉服活动

当前对汉服、汉服活动和汉服群体的研究还比较少。研究成果比较丰富的是学者周星。周星对以互联网为主要依托的汉服运动的内涵、特征和活动模式进行

---

① [美] 欧文·戈夫曼：《日常生活中的自我呈现》，浙江人民出版社，1989，第 77 页。

② E. E. Jones, *Ingratiation: An Attributional Approach*, General Learning Press,1973, pp.233-243.

③ Mauss, “Techniques of the body,” *Economy&Society* 2(1973), p70.

④ Williams & Bendelow, *The Lived Body: Sociological Themes Embodied Issues,* Routledge, 1998, pp.200-205.

⑤ 刘中起、风笑天：《“虚拟镜像中的真实”——网路人际互动者的自我呈现》，《安徽科技》2002 年第 7 期，第 47—48 页。

⑥ 黄少华、李魏华、郭叶红：《网络空间中的自我呈现》，《未来与发展》2009 年第 4 期，第 71—73 页。

了梳理，讨论了“民族服装”与中国人民族身份认同的关系。[①]周星还总结出了群体构建汉服概念和汉服审美观的途径，认为汉服运动对汉服之美的实践性建构或再生产具有明显的种族纯粹性。[②]周星对汉服运动的再次研究，认为当前汉服运动的相关理论具有追求文化纯粹性的本质主义的特点，汉服的实践具有明显的建构主义特点。[③]

杨海燕对“汉网论坛”虚拟社区中的网友互动进行了研究，总结了网络中的互动特点和互动规则，首次将汉服、汉服运动和网络结合起来考虑，但并没有对汉服进行多要素的研究探讨。[④]韩星认为现在所论述的“汉服”完全是现代社会建构的产物，网络的迅速发展为汉服活动的开展提供了平台，将共同观点的群体联结在一起，形成了亚文化群体。[⑤]张兵娟从新媒介的视角来研究汉服春晚的传播影响，她认为互联网成为建构礼乐文化共同体的一种新的手段，新媒介提供了礼乐文化记忆认同的空间。[⑥]

以往许多学者已经关注到汉服、汉服群体和汉服运动，但相关研究还存在着一定的缺陷：研究不成系统，比较零碎，忽略了当下的政治经济背景，一味强调具体的事件。部分研究试图从历史的维度来探讨汉服的概念，进一步强调汉服的正义性与合理性，缺少整体性的视角；或是单纯展示汉服的发展历程，缺少进一步的反思与讨论。对汉服群体与汉服运动的研究，多数聚焦于现状的呈现，也很少关注作为核心的“汉服群体”的主体性。

---

① 周星：《新唐装、汉服与汉服运动——二十一世纪初叶中国有关“民族服装”的新动态》，《开放时代》2008 年第 3 期，第 125—140 页。

② 周星：《汉服之“美”的建构实践与再生产》，《江南大学学报（人文社会科学版）》，2012 年第 2 期，第 94—99 页。

③ 周星：《本质主义的汉服言说和建构主义的文化实践——汉服运动的诉求、收获及瓶颈》，《民俗研究》第 2014 年第 3 期，第 130—144 页。

④ 杨海燕：《网络虚拟空间的社会互动》，硕士学位论文，华东师范大学社会学系，2007。

⑤ 韩星：《当代汉服复兴运动的文化反思》，《内蒙古大学艺术学院学报》2012 年第 4 期，第 38—45 页。

⑥ 张兵娟、刘佳静：《新媒介环境下中国礼乐文化的记忆认同及其建构——以汉服春晚的传播为例》，《新闻爱好者》2015 年第 7 期，第 46—49 页。

4. 理论框架

在本次研究中，我们将汉服爱好者的整个活动过程划分为三个阶段：认知、体验和诠释。这三个阶段的具体作用机制如下：(1) 准备阶段，社会舞台设置、认知了解汉服爱好者角色及角色规范；(2) 后台工作，准备正式表演的“外表”与“举止”并尽量保持一致性；(3) 前台表演，在剧班维持的情景定义中扮演角色、进行表演；(4) 印象管理，使用理想化和神秘化的管理策略；(5) 个体通过表演获得反馈，又反作用于个体对汉服的认知，影响个体调整印象管理。

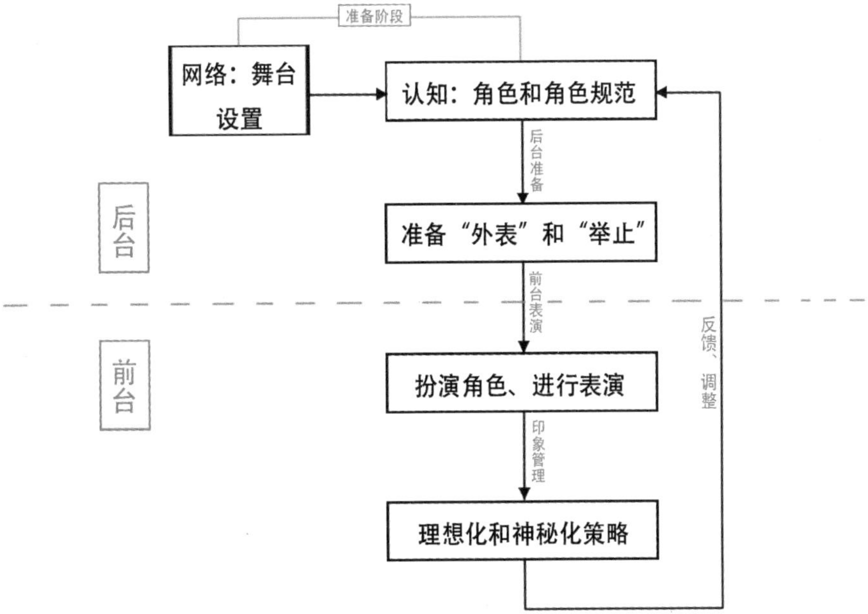

图 1　理论框架结构图

在本框架中，主要引入了拟剧理论的视角，分阶段地呈现了个体通过汉服进行自我呈现的机制和策略。首先个体在受到网络的影响后，形成自我形象的想象期待以及对所要扮演角色的认知，并准备与之相符的“外表”和“举止”；随后个体开始进行表演，试图塑造由自己掌控的个体形象；个体在一系列实践中诠释着自己头脑中的“传统”，而表演者又通过观众的反馈能动地反思其原有的认知，进而开始影响下一轮的自我呈现。

5. 方法论与研究对象

（1）方法论

本次研究中使用了两种访谈方法。第一种方式是自由访谈，即不设计结构和问题的单纯聊天；第二种是深度访谈，根据不同个体在群体中所承担的角色，各自的年龄、性别和社会经验等，制定了不同的访谈策略和提纲，这是本次研究主要使用的方法。

由于疫情影响，原有的访谈由线下改为线上，我通过在数个汉服群、汉服贴吧、微博等线上社区中进行观察，整理出一个汉服的网络生态环境。本次研究中所展现的其他汉服实践活动，则是凭借我与其他同袍参与的历年活动及活动记录、返图、视频、文字等材料，或是通过对参与者进行访谈而整理重现的，力图从内部视角出发还原多元的汉服实践。

此外，在本次研究中还使用了二手资料分析法，主要是从网络、部分汉服著作中获得了现代汉服和“汉服圈”的发展状况，搭建起整个我们对“汉服圈”和汉服群体的印象与基础的认识。

（2）研究对象

本文选择从外部的视角出发，弱化汉服的历史、政治属性，立足于最宽泛的现代汉服[①]定义，即现代汉服是部分当代人根据出土文物、古籍文献、壁画古画、陶俑塑像等材料，“复原”服装形貌，并进行售卖或自我穿着的一类展现他们心目中民族特征的服饰（包括市面上所有售卖的汉服，不对其进行材质、形制、版型和山寨原创的区分）。研究对象为在网络和实际生活中向外界表露出喜欢汉服的态度，并有主动穿着经历或穿着意向的汉服爱好者。

二、现代汉服：网络时代兴起的产物

2003 年 11 月 22 日，汉网网友“壮志凌云”穿着一件从汉服商家“采薇作坊”处定制的汉服，走上郑州街头，有的路人指指点点认为那是日本和服，冲着他大

① 现代汉服：本文所提及的“汉服”一词，均指此处定义的现代汉服。

声喊“八格牙路”，这让他意识到“复兴汉文化”“复兴汉服”还任重道远。在“汉网论坛”的汉服板块上，“采薇作坊”将“壮志凌云”的街头出行照片以文字直播的方式发帖，迅速突破了汉网论坛单帖的最高点击量。随后，新加坡记者张从兴了解到国内发生了这样一件“壮举”，在新加坡《联合早报》上刊登了名为《阔别三百余载，汉服重现神州——访当代汉服第一人王乐天》的文章，将这一事件推向高潮，汉服和汉服活动自此走入大众的视野。王乐天也因此被“汉服圈”称为汉服运动的先行者。后来者将每年 11 月 22 日定为“汉服出行日”，鼓励更多的汉服爱好者走上街头，实现汉服的穿着自由。

由此，我们也产生了一些疑惑：现代汉服是如何萌芽并发展起来，最终变成了今天的样子的呢？汉服爱好者们更新换代，不同时代的他们有怎样的气质和特征，他们的现状是怎样的？

1. 国际、族际语境下的民族意识与文化冲突

21 世纪初正是我国网络环境迅速发展的时期，以天涯社区为例，该网络社区创建于 1999 年，集合了空间、相册、博客、虚拟商店等功能，创造了一种新的网络体验，让网友们有了交流思想、发表观点的网络场域。此时过于宽松的网络环境使网络社区容易受到境外反动势力的影响和渗透，时常出现一些反华言论。

以“赵丰年”“冠军侯”“鸿鹄”等为首的汉文化爱好者针对当时的一些不当言论在天涯社区进行反驳，呼吁广大网友不要自卑，要对中华文化充满信心。[①]随后他们逐渐意识到需要一个能够自己掌握规则秩序和话语权的网络空间，需要更多有共同利益诉求的爱好者直接对话并加入他们。2003 年元旦，网友“步云”建立了全新的网络社区“汉知会”，随后该平台迅速壮大，改名为“汉网论坛”。汉服以及汉服群体在此萌芽，网友们激烈讨论汉族的传统民族服饰应该被称为什么，最终大家达成了共识，将其命名为“汉服”，现代汉服和汉服群体正式诞生。

2007 年前后，论坛逐渐式微，百度贴吧崛起，“汉服圈”迅速建立了“汉服吧”作为新的网络据点。

2.“精英群体”与身份焦虑

汉服运动的理论精英和积极实践者经常以文化的“发现者”“先知”自居，

---

① 杨娜：《汉服归来》，中国人民大学出版社，2016。

有一种世人昏昏、唯我独醒的优越感[①]。此外，群体的优越感还来自汉服暗示的消费门槛和独特品位。汉服“有钱有闲有文化品位”的要求自然地排除了一部分群体，而纳入了另一部分，从而使其具备了象征意义[②]。

汉服群体同时具有优越感和身份焦虑并不冲突。据博主洛梅笙 3 月 28 日帖文：“我现在回想起来，最早提及汉服这个概念的那拨人，其实对服装本身是完全没有概念的……他们只是想找一个符号……汉服概念的提出归根结底还是因为一部分人面对一些社会现实的一种深层的文化身份焦虑。”

汉服群体尝试构建汉服和汉服文化来解决文化身份的焦虑。这里所讨论的身份焦虑显然与边缘群体、移民流动或亚文化等问题带来的焦虑不同。有学者认为现代化运动导致了自我生存根基的整体性崩溃[③]。传统文化价值观念消解，新的文化价值观念还未成熟，面对全球化浪潮的文化同质化压力，汉族中的一些人产生了“东方化民族”的身份焦虑[④]。面对来自他人对自己的传统文化、民族文化的攻击之时，汉文化成了这些汉族群体身份认同的重要来源[⑤]。

于是，汉文化爱好者们迫切地寻求他们心目中的汉文化的合法地位，开始回归到本民族的历史之中挖掘民族自信的根据。他们发现民族服饰是最直观、最容易推广普及的物质载体，作为他们心目中民族文化符号的汉服出现了。汉服改变了个体与社会、个体与个体之间的连接方式，为汉服群体提供了文化、民族和历史维度的立足点，而汉服群体也由此产生。

3.“仙汉之分”

2019 年 4 月 8 日，微博账号为“说给汉服”的博主发布了一条“仙汉分家”的微博，“汉服圈”内的考据党、复原党等“党派”纷纷发言支持分家，认为需要肃清“汉服圈”的不良风气。随后，网友将市面上的汉服商家分成汉服商家和

---

① 周星：《本质主义的汉服言说和建构主义的文化实践——汉服运动的诉求、收获及瓶颈》，《民俗研究》2014 年第 3 期，第 130—144 页。

② 张翼：《关于现代汉服的符号分析》，《四川理工学院学报（社会科学版）》2013 年第 6 期，第 96—99 页。

③ 魏红珊：《炫耀消费与身份焦虑》，《文艺理论与批评》2005 年第 1 期，第 84—90 页。

④ 金春平：《现代性语境下民族文化焦虑的生成与消解——以回族小说为例》，《华中科技大学学报（社会科学版）》2012 年第 4 期，第 8—14 页。

⑤ 刘珩：《文化转型：传统的再造与人类学的阐释》，《民族论坛》2012 年第 22 期，第 10—19 页。

仙服商家，这一举措将“仙汉之分”推向高潮。

针对“仙汉分家”中汉服定义这一问题，不同的子群体持有不同价值观念，这些观点绝大多数能在其群体之内变成价值共识。由此，我们认为汉服群体内存在认同和认异机制。黄义灵、汪信砚认为价值共识包含了两种不同的基本形式：价值认同与价值认异。其中价值认异，即人们没有形成共同的价值观念，但知悉和理解对方所持价值观念产生、存在的根据，从而能够包容这些价值观念。价值认同是指交往各方形成了共同的价值观念，它或者表现为人们赞同和接受了交往对方的价值观念，或者表现为交往各方形成和共享了一些新的价值观念。[①]

汉服群体采取了寻找重叠共识（overlapping consensus）的方式，认同大部分观点中共同交叉的内容，并在此基础上形成了一个新的强调传统意义的共识，即那些有传统的出土文物等佐证的市场汉服就是正确的“汉服”。重叠共识的概念由罗尔斯提出，讨论社会如何在多样性的基础上达成一致意见、协调行动和稳定秩序的问题。这个共识的逻辑含义就是“不同的前提有可能导致同一个结论”[②]。

但认异与区分他者的边界是模糊的，在汉服群体认同—认异—区分他者的过程中，传统性要素的占比也呈现递减趋势。一些子群体提出的定义与重叠共识的距离更远，甚至游离在外，不被认可。尽管这些观点可能与某些被认异的观点之间存在着交叉，但重叠部分既不足以形成一个新的共识，也不能完全地形成认异或排斥，这就导致汉服群体界定群体边界模糊。

① 黄义灵、汪信砚：《“一带一路”的文化互通与人类命运共同体建设》，《江汉论坛》2017 年第 12 期，第 129—133 页。

② 童世骏：《关于“重叠共识”的“重叠共识”》，《中国社会科学》2008 年第 6 期，第 55—65 页。

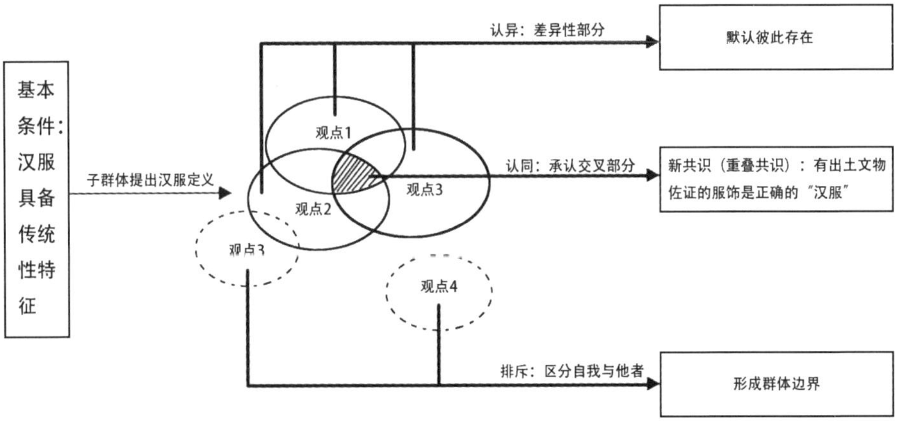

图 2 “仙汉之分”中汉服群体的认同—认异—排斥机制

4. 小结

戈夫曼认为在日常生活的互动中，人们通过控制前台的舞台设置，理想化、神秘化剧班表演以及后台行为的管理实现印象管理。前台和后台是彼此相对的，是对于是否能作为表演场所而言的[①]。在本节中主要陈述的是作为前台中“舞台设置”部分的网络环境。论坛、贴吧、微信、QQ 或微博，都为汉服群体提供了一个可以进行表演的舞台。而在现实生活当中，汉服群体所进行的实践活动也离不开具体的场景设置，这些场景来自群体内部自行提供的场所，例如道具，服饰造型，等等，来自政府部门能够提供的合法场景和物质帮助。区别在于网络中的舞台设置呈现出被动的“使用”或者是转移状况：当网络论坛发展进入衰退期时，汉服群体所建立的网络社区也常常受到限制，因而被动地转向更加开放的网络环境。

三、汉服“文化”：从认知到认同

我最开始是喜欢古风，后来又了解到汉服是中国的传统服饰，然后就想传承一下。我想，每个民族都有自己的传统服装，汉族也应该有，所以我就想穿（汉

① ［美］欧文 · 戈夫曼：《日常生活中的自我呈现》，浙江人民出版社，1989 年，第 97 页。

服），就是希望能靠着自己的努力把它发扬光大。我也有想让更多的人认可它、承认它的这种想法，我觉得自己就是民族文化的传承者。（同袍闻闻，2020 年 2 月 10 日访谈记录）

我的访谈对象们通过不同的途径接触到汉服，结果是对汉服形成了高度的认同。因此我产生了几个疑问：这些个体为什么会被唤起对汉服的认同？在不同的时期“汉服圈”盛行的主流观念对这些个体起到了怎样的影响？他们形成群体认同的机制是怎样的？这些个体在进入“汉服圈”前后对于汉服的认知又有怎样的转变？

1. 娱乐化的动机：从政治诉求到“圈地自萌”

汉服群体早年的诉求是政治层面的：希望政府能够承认汉服的合法地位。2007 年汉服群体向北京奥运会发出倡议，希望以“深衣”作为北京奥运会的礼仪服饰，最终没有被采纳。

自此，汉服爱好者们意识到实现汉服的官方合法性是很难的，于是转向了追求普罗大众的认可。汉服群体逐渐放弃了直接的政治诉求，而个体的诉求，诸如追求美，追求穿着自由，追求认同等观念成为主流。

个体进入“汉服圈”的原因主要有两方面：被汉服文化吸引和对美的追求。早年“汉服圈”中“兴汉”的观念是主流：认为“汉服圈”必须以“汉”为本，以“服”兴“汉”，发展汉服复兴运动。在我与子熙的聊天过程中，我问起她当时是怎么喜欢上汉服的，她说：“其实一开始真的就是那种热血少女，就是想要把文化传承下去，让更多的人认识有这个东西。我想最早的那一批人都是这个心态。”

当汉服转入贴吧发展时，核心成员们为了避开一些敏感政治话题，将汉服的“服”方面提到更加重要的位置，“兴汉”的观念转变成了以汉为魂，以服为体，“汉”和“服”具有了同等的重要性。进入自媒体时代，汉服之“美”不再是禁忌，汉服网红也越来越多，比如汉服模特、汉服摄影师、汉服造型、穿搭博主等。这些网红对汉服群体的影响很大。在我与墨轩、橘子等汉服爱好者访谈时，他们认为一些汉服网红掌握着“汉服圈”的话语权，汉服网红对汉服爱好者的网络行为、消费行为和审美观念都产生了重要的影响。

网络的极端作用在于加快了“汉服圈”从“汉”到“服”的转变，加快了个体兴趣周期的衰老速度，使得很多人在经历“汉服圈”发展转型的时候无法良好适应新的网络环境而退出“汉服圈”。网络平台多元化也导致汉服群体的矛盾被扩大到各个场合，难以忍受恶劣环境的个体开始选择逃避，不参与到群体的争端之中，进入“圈地自萌”的状态。

2. 认同：拥护汉服“文化”

个体接触汉服之后是如何快速形成认同的呢？早期的汉文化爱好者从历史的角度来看汉服，对汉服进行赋权。主要包括两个方面：一是从历史文化的角度出发，赋予汉服文化内涵，强调其传统性、正义性和特殊性。二是从当时的社会历史背景出发，赋予汉服政治意义，追求其合法性，创造“合法性困境”的同时为个体赋予了“不可推卸”的责任。

找准了立足点之后，汉服群体必然要进行扩张。学者高宪春认为，弱势个体的利益诉求通过渲染，按时在网络互动中被放大：一是具有类似个体利益诉求者产生“同步共鸣”；二是让其他不同个体利益诉求者产生“移情共鸣”。其目的是寻求最大范围内的支持和认同。[①] 汉服群体的“同步共鸣”发生在论坛这个时期，当时汉文化爱好者因为相同的利益诉求或者是处于相同的身份认同困境而聚集在一起进行讨论，这种共同的要求和处境在网络的互动中被放大，使得这些个体产生了“同步共鸣”，进而凝聚成最初的核心群体。

要实现汉服群体的诉求，就必须使更多的人接受汉服甚至成为汉服群体的一员，这就进入了“移情共鸣”的阶段。汉服群体通过正义性的渲染来整合那些有着相似亚文化处境的群体，比如小说、游戏、cosplay、lolita 等迷群，唤起彼此共同追求合法性的诉求，达到扩大圈层影响的目的。

网络上的群体形成了认同之后，开始走入线下的实践。汉服群体进入到现实生活中，最直接的就是与他们居住生活的城市社区产生互动。谢静认为，由于拥有具体的地域指向，社区网络论坛可以通过与现实社区的互动而将自己嵌入居民

① 高宪春：《新媒介传播语境下的网络社群“正义观”及影响分析》，《南京社会科学》2015 年第 8 期，第 121—127 页。

的日常生活，从而成为社区生活的有机组成部分[1]。线上的社团会通过“面基”的形式逐渐变成一个实体的、以地区为划分的地方社团，而每一次的面基活动其实本质上就是网络社区与城市社区的一次互动过程，地方的组织通过宣扬共同的价值观念、实现共同的目标来整合成员，使个体在其中找到归属感和认同感。同袍闻闻告诉我：“像我们社团这种，虽然人不是很多，就是大家在一起玩玩乐乐就会有一种很热闹的感觉，比较亲密吧。”

3. 小结

在本节中，我们讨论了汉服爱好者是如何对汉服及汉服相关概念形成认知的，这一过程也是汉服爱好者在“后台”所完成的对自我角色的认知过程。戈夫曼将角色扮演与社会规范结合起来，认为角色扮演的前提是个体遵守角色规范，角色规范是社会规范体系对特定角色的权利、义务、行为模式所做的规定和要求。汉服群体对汉服相关内容进行认知、认同到内化，他们形成了对汉服爱好者这一角色规范的认知和了解，是个体对所要扮演的汉服爱好者这一角色清晰化的过程。

当舞台设置和后台的准备都已经完善时，个体将在前台进行表演。戈夫曼将前台分为舞台设置和个人前台，他认为个人前台的促进因素，包括“外表”和“举止”，是表演的两种符号活动。外表就是表演者们所呈现的静态的社会身份，而举止则是表演者们进行的动态社会交往互动。[2]因此，汉服群体通过穿着汉服向外界展示其“身份”，使用一套与汉服相对应的行动礼仪作为自我的个人前台，传达出他正在从事一种正式或不正式的社会活动，表露出自己想要通过汉服获得更多的认同、追求合法地位的目的。通常情况下，这种外表与举止之间具有一致性，在穿着汉服时，他们自然而然地使用一套与现代交往方式不同的礼仪。例如在网络空间中发布汉服写真时，常常会用诗词来代替日常的语言文字。在这里，外表和举止是最能够被自我掌控进行呈现的两种方式。

---

① 谢静：《虚拟与现实：网络社区与城市社区的互动》，《现代传播（中国传媒大学学报）》，2010年第12版，第107—111页。

② ［美］欧文·戈夫曼：《日常生活中的自我呈现》，浙江人民出版社，1989，第24页。

四、汉服体验：被凝视的身体与群体关系网络

2014 年 11 月，子熙和两个大四的学姐一同前往西塘古镇参加西塘汉服文化周，这是她第一次去参加这类大型的活动，她非常地兴奋：

第一天就是（走）一些方阵还有射箭之类的。走方阵的那些人要在头天下午四点钟彩排，在古镇里面走一圈，最后走到古镇中心的那个大广场里面。那些唱歌跳舞的比赛也是在那里搭了一个舞台。

第一天晚上是才艺表演比赛，跳古典舞、唱古风歌这些。第二天晚上是决赛，但我没有去看，主要是忙着“面基”了。我们一伙的五六个人一起呢，就在 QQ 上问有没有人在西塘，“我去了我去了”，大家就约着见面、吃饭。

我记得我们那年还有一件事很感动。有一个人在船上坐着吹笛子，我们旁边的另外一个人走着走着就把他的笛子掏出来跟船上那个人一起吹起来了！当时很多人在围观他们两个，还有一个大哥忽然就在那里打起了拳。我们当时就正好在古镇里面，都看见了！

1. 被“凝视”的身体

汉服的服饰本质要求它必须有一个实际的载体，而汉服群体是将身体作为了一种展示的工具，他们的主要目的在于展示这件汉服，展示身着汉服的这个角色。个体在穿着汉服时往往会出现过高的心理期待，主要表现在两方面：一是对身着汉服后的自己评价过高。个体将头脑中塑造的形象转化成现实中的形象时，同时认为现实中的自己也具有了期待中的“端庄雅正”“古典大方”“温文尔雅”等气质，实际上他们试图展示的这些气质很大程度是由其身着的汉服来展现的。第二是对身着汉服的效用评价过高。由于汉服群体为汉服赋予了太多合理性和正义性的内涵，导致很多汉服爱好者认为穿着汉服就是在复兴传统文化。汉服很大程度上只起到了连接个体与传统文化的桥梁作用，但在汉服群体这里，桥梁的连接作用被放大了，汉服直接等于传统文化，模糊了传统与现代的边界，才导致个体对

穿着效果的误判。

但穿着汉服会将个体直接地置于他人的凝视之中。个体在这里扮演着一个“文化复兴者”的角色，来自他人的凝视正好为汉服群体提供了一个可供表演的舞台。受到的注视越多，他们所承担的反抗责任越大，就越能够体会到实现个体价值的愉快。对于那些被指指点点被围观的经历，同袍墨轩曾说：“也不是讨厌吧，还得分情况。如果觉得我这样穿好看，觉得好奇的那种，就可以接受，但是有一些恶意的那种，就比如说觉得我是穿古装在拍电影的那些就很讨厌了。”因此可以说个体是享受着“凝视”的，他们乐在其中并因此感受到个体价值。

网络中的汉服互动也会引起相当的凝视。个体在社交平台发布自己的汉服图片、视频等，会因为与众不同而引起更加广泛的关注，获得更多的认同，也因此，汉服群体都是在享受这种凝视的。故梦描述过自己在网上展示汉服时的心情：“感觉我喜欢的东西可能大家都不知道，我就是想要发出来，（这样）我就会很快乐。”

2. 作为共同体的“汉服圈”及其规则秩序

共同体一词最先由滕尼斯（Tonnies）提出，他认为共同体应该是人们由亲密关系产生的自然情感基础上的共同生活[①]。随后社会学家涂尔干、鲍曼等人也对共同体进行了论述。互联网的出现使得共同体这一概念被重新提起，并被镶嵌在各种新的语境中，网络共同体的实质是在网络上存在的，基于主观或客观的共同特征（如相同或相似的兴趣爱好、价值取向、共同目的或者利益），以信息交流为联系纽带而形成的一种集群形式[②]。

作为共同体的“汉服圈”是如何形成的呢？首先，必须有良好的网络互动交流。在滕尼斯的理论当中，他强调共同体是某种生活状态，也就是说成员之间必然有长期、稳定的互动交往。汉服群体在网络中基于共同的兴趣爱好——汉服或者汉民族文化，彼此交换意见，网络中的交往与讨论本身就是他们网络生活的一部分。

其次，形成共同的价值取向。共同体还意味着在共同的生活中已经形成了一

① [德] 费迪南·滕尼斯：《共同体与社会》，林荣远译，商务印书馆，1999。

② 李浩思：《网络共同体的公共性建构》，硕士学位论文，吉林大学社会学系，2014。

种特定的伦理关系和共同的价值取向[①]。汉服群体形成了认同的先验条件（重叠共识），这一共识随着群体不断地扩大和互动频率的上升，逐渐变成了一种抽象的概念，由此“汉服圈”呈现出了一种整体感：对汉服的认同并不是对服饰本身的认同，而是对作为抽象符号的汉服的认同。

最后，汉服群体对重叠共识的认同是一种感性形式的共同感，是一种集体表象。涂尔干提出了“集体表象”的概念，指称法律、道德规范、习俗、宗教信仰以及舆论和时尚等社会潮流，并把它视为集体意识的具体形态或基础来进一步阐释其社会整合的功能[②]。简单来说，集体表现是一个集体的共同心理、共同意识，它先于个体存在，将自己强加给每一个成员[③]。集体表象对个体的行为和意识具有一定的约束力，同时也具备了整合集体成员的功能。当汉服爱好者们达成对重叠共识的认同，那么作为共同体的“汉服圈”便形成了。

围绕着核心共识，掌握话语权的核心群体提出一整套隐语、仪式和群体规则。群体规则能够调节成员之间矛盾，以及维持群体稳定和发展。“汉服圈”的规则包括正式规则和非正式规则。正式规则体现在，一个汉服爱好者想要进入一个汉服群体，必须经过一定的“测验”，可以是回答一些问题也可以是线下活动的参与度等。“汉服圈”的正式规则的形成是非正式规则从网络领域向实际现实的扩散过程。非正式规则具有“纯粹性”，迁移到实践活动之后，形成了保持成员纯粹度的成文排外规则，例如在群体对部分子群体地位的否认和排斥，比如排斥“皇汉党”“仙女党”或“穿山甲”等群体；日常活动中排斥其他服饰文化群体，规定举办祭祀仪式、大型活动类时必须着汉服等。

最后，群体的规则还必须通过成员的遵守固定下来。汉服群体形成了重叠共识，当人们在承认价值方面发生分歧时，在规范方面却具有共识——基于不同价值的人们认可和遵守同样的规范[④]。因此，尽管汉服爱好者各有不同的价值观，也

① 王露璐：《共同体：从传统到现代的转变及其伦理意蕴》，《伦理学研究》2014 年第 6 期，第 77—80 页。

② 王林平：《迪尔凯姆集体表象概念的思想史地位与影响》，《社会科学辑刊》2010 年第 6 期，第 28—30 页。

③ [法] 布留尔：《原始思维》，商务印书馆，1981，第 5 页。

④ 童世骏：《关于“重叠共识”的“重叠共识”》，《中国社会科学》2008 年第 6 期，第 55—65 页。

容易产生各种冲突矛盾，但成员通常不会违背重叠共识展开的各项规则。

3. 小结

在这一节中，我们讨论的是汉服群体的切身体验，汉服群体在这些不为观众所知的空间中进行着后台准备。戈夫曼认为前台总是让观众看到的，是具有社会规范对角色期待的一种特定的表演模式；而后台则是不让观众看到的，是限制观众与局外人进入舞台的部分[①]。前台的表演者必须遵守角色规范的限制，并且尽力做到与该角色贴合，而表演者在后台则处于一种放松自然的状态，恢复没有角色身份和表演者身份的自我。一些研究者将戈夫曼的前后台表演的戏剧理论引入网络互动的讨论，把人们在互联网上的表演，如个人主页、博客等视为前台，而人们的身体则在后台[②]。

但在汉服群体的自我呈现表演中，前台和后台不同于以往虚拟网络研究中前台后台的划分。我们认为，一切向他者展示汉服或是进行汉服价值观意识表露的行为都是在前台的表演行为，比如在个人的网络空间中进行展示，在网络社区中进行互动交流，在线下穿着汉服进入公共空间进行展示的过程，都属于向第三者进行意识表露的行为，因而可以被认为是前台。

其中比较特殊的是身体，身体在汉服群体的表演中，打破了网络与现实生活空间的二元对立，是一种后台的准备工具。当身体跨越到现实空间的表演中时，就成了走向前台进行表演的必要载体，因此身体既可以是后台也可以是前台。而汉服群体关于个体传统形象的想象和构建过程，以及与之相对应的面向个体的行为，包括对自我穿着汉服的认知、心里期待和结果反馈，以及个体在私人空间中，穿着汉服满足自我欣赏的行为，都是属于后台的运作。

五、汉服群体对“传统”的诠释

个体围绕着汉服进行的一系列实践，究竟是要展示什么呢？通过汉服，个体

① 余萍：《网络“晒客”的自我呈现》，硕士学位论文，华东师范大学社会学系，2013。

② 李强、刘强、陈宇琳：《互联网对社会的影响及其建设思路》，《北京社会科学》2013 年第 1 期，第 4—10 页。

形成了怎样的传统意识观念？他们将汉服作为表达、阐释、创造自己头脑中传统的一种方式，那这种现代人所理解的“传统”究竟是怎么样的呢？

1. 践行：文化再生产与建构

现代汉服是汉服爱好者们把观念中的“传统”具象化的过程。市面上的汉服都是在“形制”的基础上进行创新改良的，包含着汉服群体再现“传统”的诉求和非常现代的审美观，所以“汉服”作为服饰本身，就是一种“新”和“旧”结合的产物。我访谈的几位汉服爱好者都向我传达出他们并不是汉服形制党、考据党，正如墨轩说的：“我只觉得这件衣服很好看，我可以穿出去，它是代表我们汉族的传统服饰。”故梦也说过：“我其实不是很严格的形制党，因为汉服是‘复兴’而不是‘复古’嘛。”

在“汉服圈”，汉服活动中的祭祀仪式也是典型的新旧结合产物。祭祀仪式为个体提供了表演的机会，每个人在这场“戏”中扮演着不同的角色：“主祭”“参祭”“司仪”等，每个人各司其职，保证整个仪式得以完整地进行。2018 年本地汉服协会在湿地公园举办了一次中秋节祭月仪式。仪式开始时，一名身着汉服的女子手持折扇，走上了永子棋院的大桥，她是今晚仪式的主祭。在她身后有两排身穿汉服的女性，这是参祭。她们缓缓地向棋院门口摆放的供桌走去，供桌上放着几样时节贡品和香炉。而一名身着汉服的男性司仪则拿着话筒宣读祭词，并指挥着整个仪式的流程。主祭带着参祭在供桌前跪定，司仪向月亮和上天祷告。

此类祭祀仪式，其作用与传统民间信仰中的祭祀完全不同，是实现群体价值的一种方式。汉服活动中的祭礼，有两个方面的象征意义：一是作为群体成熟强大的体现；二是高度凝练了汉服群体对传统的理解，是“汉服圈”内“礼乐观”的集中体现。可以说这是汉服群体将“旧”的习俗嫁接到“新”的时代和环境上的尝试。在大部分的汉服活动中，“传统节日 + 祭祀仪式”的形式已经成了一种标配，比如三月三花朝节祭拜花神，端午节祭拜屈原，七夕节祭拜织女，等等，但这种模式几乎是不加分辨地推广普及到全国的各个地区，当地很少真的有这样的民间信仰，通常参与的成员也并不一定相信。子熙曾说：“他们（本地汉协）祭祀的那些，就太乱搞了，人还是要有一点敬畏的。”墨轩也说：“我个人是不太信这些什么神的，就当作是一个仪式吧。”

2. 网络生活中的“传统”

汉服是诞生于网络的，同时汉服也拓宽了传统文化在网络的生存空间。最直接的就是它把传统服饰展现在当代人的面前。汉服依附于网络表现得以广为传播，另一方面汉服的传统性也得到了很好的再现。因此，汉服在网络上，自然而然地承载着关于传统和民族问题的讨论，可以说汉服为传统在网络上的拓展开辟了一条渠道。

汉服群体通过汉服将他们理解的传统再现出来的过程，是一个创新的过程。首先，汉服爱好者很早就意识到，由于欠缺文化传承和环境，想要复刻历史上的传统服饰、活动、仪式是一件很难的事情。因此，汉服爱好者将穿着汉服的重点放在展现传统的概念、气质上，这就为建构传统提供了可能性和创新性。个体只需要认同汉服的传统性与民族性，就能在此基础上进行自己的创造，因此，不管是单纯的服饰还是衍生的汉服活动，只要认同基础的观念，遵照“汉服圈”的“规则”，都可以被认为是汉服群体基于传统的一次次创新实践。

此外，汉服是个体与传统联系的桥梁，但并不是所有穿汉服的人都是从喜欢传统文化出发的，对于喜欢古风、喜欢 cosplay、觉得汉服好看的受众来说，汉服的美、实用性和功能性对他们来说更加重要。显然，个体对于传统的理解和需求是不同的，传统的部分依旧存在于每个人身上，汉服只是一些人用来诠释展示自己“传统性”、展示自己“本源”的一种工具和途径。

3. 小结

在本节中我们展现了汉服群体日常生活中前台表演。汉服者通过外表和举止两种方式进行表演，他既是一个表演者也是一个角色。戈夫曼关于表演的论述，认为扮演者必须有一个清晰的自我概念，他知道自己是谁，他要给观众呈现出怎样的形象，同时，为了令这个形象是可信任的，表演者会采取一些策略（进行印象管理），也就是通过理想化和神秘化的方式使观众相信这个形象。理想化是指让表演与它所处的社会的认识和期待相符合，如果个体要在互动期间表达出理想的标准，那么他将必须摒弃或隐瞒与这些标准不一致的行动；神秘化是指表演者与观众之间保持一定的距离，不让观众知道表演背后的事情，只让观众感受到表演背后的神秘性和威力。[①]

理想化体现在一些汉服爱好者为了具有与汉服相符的传统气质，会学习更多具有仪式感的非日常化的传统礼仪仪式，例如模仿古人的身形步态、相互行礼等。而神秘化则体现在面对观众时，汉服群体不会轻易解释汉服是什么，而采用晦涩深奥的语言（或所谓的行话）、极具戏剧性的表演方式拉开与观众的距离，从而使观众产生一种敬畏、好奇的心理。这种印象管理的策略，使得汉服爱好者能够及时获取来自观众的反馈。他们根据观众的反应及时调整自己的表演，以更加贴合角色规范和社会期待，并且根据观众的反应调整下一次的表演的后台准备。

六、结语

当代青年都有着自己对传统的理解，也有自己实现传统的方式。汉服群体通过汉服把他们观念中的东西变成了实际的存在，汉服起到了连接个体与传统的作用。传统的再造不是一种文化体系或者文化理念的根本改变的问题，它更显得是文化主体（社会参与者）在管理和操作一套修辞观念和符号体系时的运作逻辑和技术手段，更多的是和自我意识，情感体验乃至身体的因素（比如身份意识，以及话语和行为实践）密切联系在一起的[②]。

汉服的产生是网络时代青年人们对传统的一种想象和再造。网络社会中，人们接收到的信息往往是碎片化、平面化的，个体通过想象对这些信息进行填补，形成自己的判断，“黏合”出一个完整的汉服形象。生活在当下的年轻人们对传统的理解是不断更新的，他们对汉服的诉求也会随着时间的推移而变化。此外，个体通过在网络和现实的“前台”的表演进行印象管理，能够随时获得行为的反馈结果，这些反馈又反过来重新调整他们对于传统、对于个体自我形象的塑造。观念上的调整影响着他们选择自我展示的方式和策略。

个体之所以能够长期地活跃在汉服实践中，主要是因为能够从中获得认同。汉服和汉服活动为爱好者们提供了一个除了日常生活之外的自我展示平台。对于

① ［美］欧文·戈夫曼：《日常生活中的自我呈现》，浙江人民出版社，1989，第 6 页。

② 刘珩：《文化转型：传统的再造与人类学的阐释》，《民族论坛》2012 年第 22 期，第 10—19 页。

个体来说，只要一成为汉服爱好者，他就进入了“汉服圈”所准备好的舞台，无论是活动中的才艺表演，还是单纯穿着一下，都是一种表演、呈现的形式，他们通过这样的方式“承担”起自己的责任，与世俗相抗争，或者吸引更多人的注视，这使他们感到穿汉服是有意义的。相同行为、相同利益诉求的群体给予个体认同，认同他们的表演形式和观念想法，以此来固定成员。

汉服到底对我们有什么影响呢？汉服的出现回答了一个最简单的问题：汉服群体所认为的汉族的传统民族服饰是什么。汉服最重要的是引起青年人对于传统、对于传统文化的思考：透过汉服应当看到什么，透过汉服复兴又该意识到什么，汉服是否为我们提供了一种解决身份认同的途径？我想这才是汉服之所以存在的意义——它不仅回答了“我是谁”的问题，更促使人们对过去进行反思，寻找到面向未来的新方式和新途径。

社区博物馆与泰北傣泐人的社会记忆

云南大学民族学与社会学学院民族学专业本科生　张媛媛
厦门大学民族学专业硕士研究生　汪玫珺①
指导老师　龙晓燕

摘要：傣泐人是云南省西双版纳傣族的自称。历史上，傣泐人不断迁移，如今在老挝、缅甸及泰国北部也有分布。随时间流逝，傣泐先民颠沛流离与重建家园的艰辛对如今泰北的傣泐人而言已是历史。但当地傣泐人通过建立社区博物馆对傣泐传统文化进行视觉呈现，并与社会多方协调，共同保存并重构了当地傣泐人的社会记忆。本文通过考察曼远博物馆的建立过程、展品内容和布局以及支持博物馆运行的多元主体等，发现当地社区博物馆在维持泰北傣泐人的身份认同和保存其社会记忆方面发挥着关键作用。

关键词：社会记忆；傣泐；身份认同；博物馆

一、研究缘起

傣泐人是云南省西双版纳傣族的自称。傣泐人的村庄大多坐落于河谷地带，他们信仰佛教，以水稻种植为生，并通过佛教仪式和佛教礼节来表达自己丰富的社会文化。近两百年来，西双版纳的傣泐人因战争和冲突等多重因素不断向外迁

---

① 两位作者共同于2019年参与“中国与南亚东南亚文明互鉴研习营之‘了解东南亚社区文化’2019中泰暑期学校”项目，并开展泰北傣泐社区研究。

移。如今，傣泐人主要分布在中国云南南部、缅甸掸邦东北部、泰国北部、老挝北部以及越南西北部。其中，分布在泰国北部（简称“泰北”）的傣泐人数量最多，约有 50 万，均是从西双版纳等傣泐人传统聚居地迁去的，其迁徙时间较晚，大致始于 19 世纪。[①] 由此，在泰国北部形成了许多傣泐社区。随时间流逝，傣泐先民不断迁移与重建家园的艰辛对如今泰北的傣泐人而言已是历史。尽管如此，他们还是以多种形式记录自己的移民历史、饮食和服饰等传统文化，如建立社区博物馆、举办傣泐文化节及绘制大量寺庙壁画等，以此唤醒并重构“傣泐人”的社会记忆，从而形成了对泰国和祖籍地并重的双重认同格局。

据此，泰北傣泐人对其社会记忆的保存与重构吸引了国内外众多学者的兴趣，然而，目前我国学术界对泰北傣泐人的关注为数不多，主要有学者饶睿颖对泰北傣泐人佛教文化的研究[②]，郑晓云对泰北傣泐人族群认同与维持的研究[③]，龙晓燕对泰北傣泐人历史记忆的研究[④]，以及刘岩对傣泐先民南迁历史的研究[⑤]等，主要都集中在泰北傣泐文化的宏观领域。而此次研究主要聚焦于泰北傣泐社区博物馆中的静态社会记忆，通过对具体展品及展品布局等的深入考察，以微观视角探讨当地人如何进行社会记忆的建构与保存，厘清保存社会记忆的参与者和主导者，并探究博物馆如何在维持傣泐人的身份认同和社会记忆方面发挥作用。笔者于 2019 年 8 月中旬参与了云南大学与泰国清迈大学联合举办的“中国与南亚东南亚文明互鉴研习营之‘了解东南亚社区文化’2019 中泰暑期学校”项目，对泰北傣泐人的社会记忆进行了较为深入的调查研究，试图以此来弥补微观研究领域对傣泐文化研究的不足。

---

① 高立士：《傣族支系研究》，《中央民族大学学报》1998 年第 6 期，第 22 页。

② 饶睿颖：《迁移境外傣泐人南传佛教文化观研究——以泰北南王村寨为例》，《世界宗教化》2016 年第 5 期，第 113—118 页。

③ 郑晓云：《泰国傣泐人的传统维持与族群认同——基于泰国两个村寨的田野考察》，《云南社会科学》2013 年第 3 期，第 115—118 页。

④ 龙晓燕：《从西双版纳到兰纳：泰国清坎傣泐如何记忆历史》，《广西民族大学学报（哲学社会科学版）》2012 年第 1 期，第 13—21 页。

⑤ 刘岩：《傣族先民南迁探源》，《云南民族学院学报（哲学社会科学版）》1993 年第 2 期，第 34 40 页。

二、田野点简介

1. 傣泐人迁移的历史背景及原因

据《泐史》《庸那迦纪年》及《云南事略》等官方史料记载，傣泐人从西双版纳迁移至泰国北部的原因主要有三，即以人口掠夺为主的战争、以稳固政权为目的的联姻和跨境贸易。但因联姻与贸易导致的人口迁移规模不大且数量有限，其主导因素实为战争与冲突。

在暹罗的拉塔纳科辛时代（1782—1932），北部以清迈为中心的兰纳王国实行“捡菜入篮，驱民入城”[①]政策。当时，由于兰纳与缅甸的战乱冲突，兰纳城邦中的人口数量急剧减少，因而需要人口维持兰纳城市和边境的稳定。于是在1782年，清迈统治者戛于腊为了增加人口及劳动力，迫使众多傣泐人从西双版纳迁入今天的泰北地区。这是傣泐人历史上最大规模的一次迁移。另外，明清时期，西双版纳的许多傣泐人离开故土，前往老挝。后来部分民众被官府召回，但仍有部分民众留在老挝，其中又有一部分民众迁往泰北。[②]

19世纪末，由于殖民者划分势力范围，傣泐人被区隔在不同的国家。在接下来将近一个世纪的动荡中，许多傣泐人，包括当地精英和村民，从西双版纳迁移到其他地区，并多次跨越多个边界。学者谢世宗和Wijeyewardene曾提道：19世纪晚期，欧洲殖民主义带来的灾难是傣泐人迁徙的一个重要原因。[③]进入20世纪以后，因为战乱，傣泐人开始了第三次移民热潮——傣泐人首领带领一些民众南下，迁移至老挝、缅甸和泰北的不同地方。

除上述官方史书的记载以外，傣泐先民的迁移历史还被记录在寺庙的壁画

① 龙晓燕在《从西双版纳到兰纳：泰国清坎傣泐如何记忆历史》一文中提及，“放菜入篮，驱民入城”意指通过战争将战败方的人口掳掠到战胜方，来增加战胜方的人口劳动力，以此种方式来促进当地的生产力。

② 龙晓燕：《从西双版纳到兰纳：泰国清坎傣泐如何记忆历史》，《广西民族大学学报（哲学社会科学版）》2012年第1期，第15页。

③ P. Wasan, “Re-Emplacing Homeland: Mobility, Locality, a Returned Exile and a Thai Restaurant in Southwest China,” *The Asia Pacific Journal of Anthropology* 8(2007) :117-135.

中。不同于官方史书的记载，寺庙壁画所描绘的，不是傣泐人被迫离开家园的悲痛与颠沛流离的无助，而是他们在泰北重建家园的努力与喜悦。在壁画中，傣泐人迁移的故事始于刀太康和其侄子刀绳武的争吵——19 世纪 20 年代，叔侄二人因争夺召片领的职位而发生争吵，这次争吵最终演变为战争。刀太康分别向清政府、老挝、越南及泰北寻求帮助，在他们的帮助下，侄子刀绳武被打败。侄子的权力与财产都被其叔叔掌控，不得已，刀绳武带领其军队和随从迁移到湄公河流域。到达之后，他们惊喜地发现那里的土地十分适合耕种，于是就在那里安家并开始了新的生活。他们种植水稻为生，并修建寺庙进行宗教活动。随着人口的增长，最初来到湄公河河岸的傣泐人开始沿着河流迁往老挝、缅甸和泰国北部的不同地区。如今清堪的曼远、曼满、曼都摸、曼塔梭湾及曼端差等傣泐村寨的村民都是从不同地区迁来的傣泐人。

2. 田野点概况

此次田野调查在帕尧府清堪县展开。帕尧府为泰北傣泐人的聚居地之一，位于老挝和泰国的交界地带，其东北部与老挝相连，北部、南部、西部与东南部分别与泰国的清莱府（Chiang Rai）、帕府（Phrae）、南邦府（Lam Pang）、难府（Nan）接壤。清堪县（Chiang Kham）位于帕尧府的东北部，其东部与老挝毗邻，北接帕尧府普桑县（Phu Sang），南临帕尧府邦县（Pong），西与帕尧府尊县（Chun）、清莱府汤县（Amphoe Thoeng）接壤。清堪县为盆地地形，有元河（Yuan）、老河（Lao）及湾河（Wan）流经。该地为典型的热带季风气候，有明显的旱、雨季节和热、凉季节。

清堪县共有 26 个傣泐村寨，在此次田野调查中，笔者以靠近清堪县县城的曼远村为中心开展研究。根据学者龙晓燕的调查研究，该村共有 225 户，总人口为 632 人，大多数村民为傣泐人。在所有村民中，公务员约占 70%，商人约占 25%，农民仅占 5%。曼远村民的传统生计方式为水稻种植，因曼远得天独厚的地理和气候条件，村民们可种植双季稻，但多数情况下村民们只种植一季。在过去，曼远所有的村民都为农民。但据笔者此次的田野调查，近年来随清堪经济的发展，村民们基本上都停止了土地耕种，转而将土地租给了外地人耕种。来租借土地耕种的人以及打工的人，大多是从山区来的其他少数民族以及来自缅甸、老挝的农民。当地人出租土地主要有两种方式：一种是分配收获的稻谷；另一种则是直接雇人来做农活。如此这般，拥有土地的村民就拥有了稳定的粮食和一定的经济收入。另外，曼远的许多年轻人都外出打工，这一方面导致村中缺少年轻劳动力从事农业种植，另一方面，村中的老人也依靠在外打工的亲戚寄钱回家来赡养，因此更加无须耕种土地了。

曼远村的社区组织主要分两种：一是有机形成的各种非正式协会，如老年人联谊会、青年人联谊会；二是由社区委员会组织的正式组织。此外，曼远村的村民几乎皆为佛教徒，宗教活动贯穿村民们的日常活动，与其生活息息相关。

靠近曼远的傣泐村寨还有曼满、曼都摸、曼塔梭湾及曼端差等，这些傣泐村寨都距离清堪县城较近，故而包括曼远村民在内的傣泐村寨的人们都可以在县城的超市中购买水果、蔬菜及其他日用品，极为便利。在市场上，商人会售卖傣泐传统食物，供当地村民与外地前来旅游的游客购买。

三、相关概念及研究方法

1. 相关概念界定

关于“社会记忆”的概念，学术界内有多种不同的定义。在此次研究中，笔者采用我国台湾人类学家王明珂对“社会记忆”所下的定义。在《历史事实、历史记忆与历史心性》一文中，王明珂解释道：“‘社会记忆’，指所有在一个社会中借各种媒介保存、流传的‘记忆’。如图书馆中所有的典藏，一座山所蕴含的神话，一尊伟人塑像所保存与唤起的历史记忆，以及民间口传歌谣、故事与一般言谈间的现在与过去。”[①] 根据王明珂的定义，我们不难得知，不同的群体、族群和民族对历史事实和历史记忆都有不同的理解，他们通过各自的经历来建构他们的历史、神话传说、音乐、文学及宗教仪式等关于本民族的社会记忆。从雕塑到建筑，从纺织品到壁画，视觉物品无一不是保存社会记忆的容器和使其在社会中传播的媒介。

2. 研究方法

（1）参与观察

在此次调查研究中，笔者选择在清堪县不同傣泐村庄的文化事项及文化场所

---

① 王明珂：《历史事实、历史记忆与历史心性》，《历史研究》2001 年第 5 期，第 138 页。

中进行参与式观察，对当地人如何保存社会记忆以及有哪些人参与了记忆过程等方面进行了重点观察与记录。主要观察对象、文化事项或文化场所如下：

①曼远傣泐文化中心（Tai Lue Cultural Center of Ban Yuan Village）的领导者以及前来参观的游客；

②曼远寺庙的僧人及其建筑；

③前来参加由曼端差举行的傣泐文化节的人们，包括游客、商贩和表演者等；

④泰国母亲节的庆祝活动；

⑤笔者酒店的老板及其家人。

（2）结构性与非结构性访谈

在进行正式访谈之前，笔者与访谈对象进行了有效的沟通，说明了此次研究的目的，他们为我们正在学习傣泐的历史与文化而感到高兴。通过访谈，笔者获得众多有效信息，同时从访谈中大致了解了他们对傣泐文化和历史的态度。主要报告人及信息如下：

① Nong，女，60 岁，傣泐人，退休的小学教师，曼远傣泐文化中心的馆长。笔者对 Nong 老师进行了三次结构性访谈，主要内容包括：

A. 曼远傣泐文化中心的建立过程及目的；

B. 政府、基金会、社区委员会、僧人、社区精英和当地村民等是如何支持傣泐文化中心的建设与运行的；

C. 曼远傣泐文化中心的组织形式；

D. 曼远傣泐文化中心所陈列的展品及其目的和意义。

② Jarat，男，退休的小学教师，曼塔梭湾博物馆的志愿者，笔者对其进行了一次非结构性访谈。他带领我们参观了曼塔梭湾博物馆——曼塔梭湾傣泐纪念馆（Tai Lue Memorial Hall of Ban That Sopwaen），通过参观，笔者大致了解了傣泐先民的迁移历史和傣泐人过去的生活方式。

③ Khun Chai Boonparn，男，70 岁，曼远寺庙的僧人，同时也是曼远寺庙的领导人，是此次研究的结构性访谈的报告人。他是第一个正式提出建立曼远傣泐文化中心的想法的人，而曼远傣泐文化中心也正是基于他的想法设计并建造的，他对曼远傣泐文化中心的发展起着十分重要的作用。

④ Chanaphorn Chanthaphun，女，37 岁，帕尧大学的研究员，此次研究的非结构性访谈对象。通过与她的交谈，笔者大致了解了傣泐人的传统饮食、舞蹈、音乐和纺织，以及在曼端差举行的傣泐文化节的组织形式和结构。

⑤ York，男，38 岁，小学教师，曼端差博物馆的志愿者。通过非结构性访谈，笔者学习和了解了傣泐人的传统建筑、房间布局和宗教信仰。

四、研究发现

博物馆是人类进行文化记忆的场所，具有文化记忆的功能，同时为民族社会记忆的呈现和传达提供了物理空间与载体。一个民族的社会记忆集中反映了该民族的文化特征，进而认同“我者”而区别于“他者”。而曼远村博物馆，即曼远傣泐文化中心，是曼远傣泐人社会记忆的直接载体，也是其社会记忆保存、呈现和传达的空间。当地人的社会记忆被储存在这一复杂的空间中，以此回答“我是谁”“我从哪里来”和“我是什么样的”等一系列问题，从而唤醒进入博物馆的包括当地的和外地的傣泐人的社会记忆。

然而，在本次调查研究中，笔者从受访者处收集到的他们自己关于傣泐民族的社会记忆并不全部是历史的“事实”，他们以自己的理解建构着傣泐人的社会记忆。在曼远傣泐文化中心，不仅有傣泐先民迁移路线的展板，还有傣泐人不同场合下所穿的服装、纺织品、宗教用品及生产工具等，全方位、多角度地展现了傣泐人的社会记忆。此外，当地傣泐人社会记忆的建构过程也是该社会中多方包容与合作的漫长过程。在曼远傣泐文化中心我们可以看到，它聚合了当地傣泐人的社会记忆，但其建筑的设计、展品的内容与布局、组织的形式等，都是在政府、社区委员会、社区精英和村民等多元互动和参与的过程中逐渐完成的，曼远傣泐人社会记忆的保存过程并不完全是当地傣泐人内部互动的过程。这一过程，由政府、社区委员会和社区精英为主导，他们决定着傣泐社会记忆的呈现内容与表述形式。

尽管此次研究聚焦于傣泐人的静态社会记忆，即曼远傣泐文化中心的展品内容及其陈列方式等，但笔者同时也观察了曼远傣泐文化中心以外的动态社会记忆。

接下来，笔者以曼远傣泐文化中心为重点，阐述当地傣泐人如何进行社会记忆的建构与保存。

1. 曼远傣泐文化中心的建立过程

据学者龙晓燕的介绍，从20世纪开始，泰国政府对傣泐人社会记忆的建构产生重大影响并在其中扮演重要角色。20世纪初，暹罗政府开始通过佛教信仰、学校教育以及统一的语言文字等来建构“泰”民族，而这一政策对泰北傣泐人的文化产生了极大的影响。尤其是在20世纪50年代末至60年代初，清堪县傣泐人的民族身份受到该政策的严重影响。主要表现为在这一时期，清堪的傣泐人开始穿着泰国服饰，吃泰国的主流食物并开始讲泰语。至20世纪80年代，他们几乎完全融入了泰国社会，同时形成了对泰国、泰民族和其文化的认同。在如今的清堪县，傣泐人认为自己和这个国家其他地方的人一样也是泰国人，只是拥有不同的地方文化。

从20世纪70年代开始，泰国政府开始将旅游业作为国家支柱产业加以推广和发展。因此，80年代末至90年代，清堪当地的民族文化也开始被当作促进新地区旅游业发展的工具。在政府的支持下，傣泐人的传统纺织品迅速成为当地旅游的卖点。与此同时，游客对当地傣泐人的传统食物、传统服饰以及纺织品等产生了浓厚兴趣，使傣泐人独特的民族文化与历史得以融入泰国“民族时尚”这一更为宽广的民族潮流。此外，自1994年开始至今，帕尧府为了推动当地旅游业发展进而促进经济发展，每年都在清堪县举行傣泐文化节。泰北旅游业的发展极大地促进了泰国人对泰北傣泐文化的认识与了解，同时，当地文化场所与众多文化事项也成了傣泐人向游客展示傣泐文化认同和其社会记忆的空间与载体。这是泰北傣泐人的社会记忆随社会条件和背景的变化而变化的一个动态过程。

也就是在上述背景下，曼远傣泐文化中心应运而生。在傣泐文化中心建造以前，其土地归曼远寺庙所有。20世纪80年代，曼远寺庙的僧人Khun Chai Boonparn注意到，之前穿着傣泐传统服饰前来寺庙进行活动的人穿其传统服饰的频率越来越少，此外，从前以纺织为生的村民也鲜少使用纺织工具了，甚至许多年轻人已经完全不知道如何使用这种传统工具了。Khun Chai Boonparn对此感到十分忧虑并十分想保护傣泐的传统文化。于是，他请求村长借来四台纺织机器置于寺庙中，而这四台纺织机器皆由曼远村民自愿捐助。Khun Chai Boonparn 邀请村民们来寺庙里学习纺织，最初仅有 5 人来学习。

1988 年，Khun Chai Boonparn 提出了在当地建立一座博物馆的想法，他与当地村民及包括村长在内的社区精英讨论建造博物馆的相关事宜，于是修建博物馆的项目就此开始。

Landawan 是最初来寺庙中学习纺织的五人之一的女儿，1993 年，她向泰国旅游局作了一份关于修建当地博物馆的报告，于是泰国旅游局开始拨款资助当地人建立博物馆，这是博物馆的第一笔启动资金。1994 年，曼远博物馆——曼远傣泐文化中心修建完成。其主体结构由一位村民的儿子设计，这位村民也是当初来寺庙学习纺织技术的村民之一。次年，曼远寺庙的僧人们开始着手装修博物馆并在同年完成了博物馆的全部修建工作。

Khun Chai Boonparn 向博物馆捐赠了自己收藏的经文、一尊佛像及其他宗教用品。同时，他还向村民收集傣泐的纺织品和纺织机器供博物馆使用和展示，包括傣泐传统服饰和一些衣料。另外，一些村民还向傣泐文化中心捐赠了傣泐传统生活用具，如厨房用具和卧室用品等。上述捐赠皆为自愿，捐赠者并未从其中获利。通过此种方式，曼远傣泐文化中心初步建立。

2. 曼远傣泐文化中心的展品布局

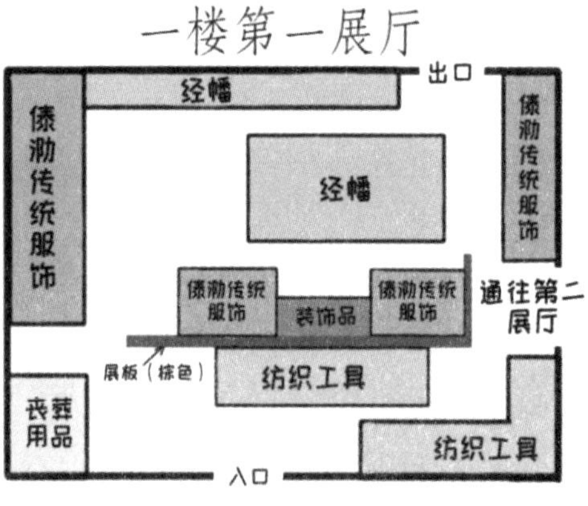

图 1　博物馆一楼第一展厅布局图　作者 / 绘

曼远傣泐文化中心共有两层，第一层共有两个展厅。进入第一个展厅，映入眼帘的是介绍傣泐先民迁移路线和迁移历史的展板，该展板正对着第一个展厅的入口，十分醒目。展板以图文并茂的方式，形象且详细地向参观者解释了“我们是谁”和“我们从哪里来”的问题，以此诠释当地傣泐人的身份认同。在该展板的左侧还有介绍泰国傣泐人分布区域和其他地区傣泐人文化的展板。由于纺织曾是傣泐人基本的生计方式之一，故而在一楼第一个展厅的显眼位置，即展板右侧，陈列着五种纺织工具，分别对应纺织的前五个步骤。此外，在入口的左侧，还陈列着傣泐人传统的丧葬用品，以展示傣泐人的传统丧葬习俗。在展板后方的空间中，陈列着众多傣泐人的传统纺织品，包括经幡和传统服饰两种。在该空间的左侧、右侧及紧靠展板的展柜中，陈列着傣泐人在不同场合中穿着的男性、女性传统服饰。同时，在正对展板的墙壁上以及该空间正中央的展柜中，陈列着傣泐人在不同场合中使用的多种经幡。

在一楼的第二个展厅中，放置着八台织布机。据傣泐文化中心的馆长 Nong 老师所述，平时会有曼远当地的村民以及外地人前来学习纺织技术，这些织布机就供这些前来学习技术的人使用。在织布机上，我们还可以看到为了方便学习者操作而贴在织布机上的纺织口诀。可以说，在一楼的两个展厅中，纺织品、纺织工具和织布机占据了极大的空间，并且都在相对显眼的位置上，这表明了当地社会对传承傣泐纺织技术的重视。同时，傣泐文化中心将有关纺织的物品置于如此重要的位置，既说明了纺织在傣泐人传统生活中的重要地位，也通过实在的物品展现了当地傣泐人的社会记忆。

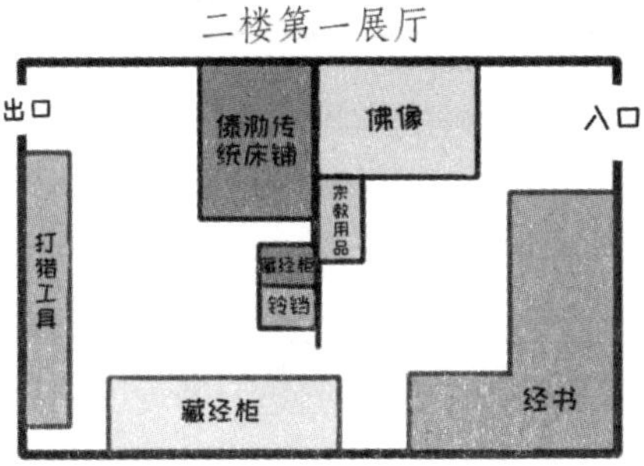

图 2　博物馆二楼第一展厅布局图　作者 / 绘

在傣泐文化中心的二楼，也有两个展厅。在第一个展厅中，入口处即是一尊佛像，这便是前文提及的曼远寺庙的僧人 Khun Chai Boonparn 捐赠的佛像。傣泐人信仰佛教，宗教活动几乎贯穿其生活的方方面面，宗教在其生活中扮演着重要角色，然而佛像却没有被放置在一楼。这是因为，倘若把佛像放置在一楼，当有人在二楼活动时，即意味着人踩在了佛祖的头上，极为不敬，故而才将佛像放置于二楼展厅中最显眼的位置。在佛像左侧，陈列着相关宗教用品。在入口左侧的展柜中，摆放着众多经书。紧挨着该展柜的是藏经柜。在该展品左侧的墙壁上，悬挂着傣泐人在传统生活中使用的各种打猎工具。在展厅出口处，陈列着当地人使用的傣泐传统床铺。不难看出，该展厅中几乎四分之三的空间中都陈列着与宗教信仰相关的展品，体现了傣泐人虔诚的信仰，从中我们得以窥见宗教信仰在傣泐人社会记忆中的地位。此外，无论是傣泐文化中心的建立还是其展品的收集，宗教都参与其中，故而在一定程度上反映出宗教信仰在建构傣泐人社会记忆中不可忽视的重要作用。

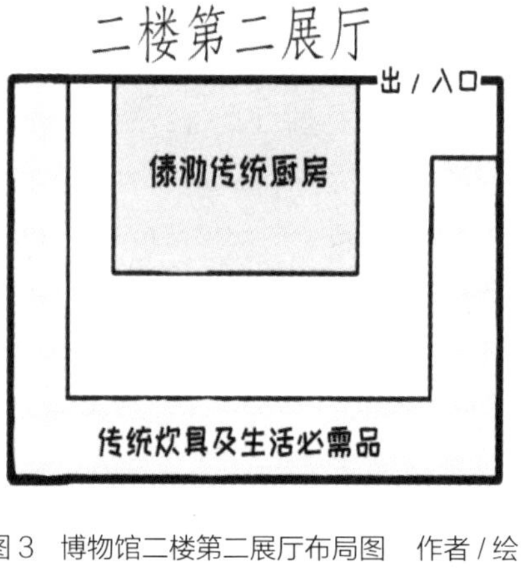

图 3　博物馆二楼第二展厅布局图　作者 / 绘

二楼的另一展厅中，主要陈列着傣泐人传统的生活用具，包括炊具和其他生活必备工具，在其入口右侧，还原了傣泐人传统的厨房构造及做饭场景。

曼远傣泐文化中心的展品通过人为的精心挑选与布局，为参观者直观呈现了傣泐人的传统生活，且其展品内容和展品布局都直接反映了傣泐人的社会记忆：

首先，展品所呈现的内容即是当地傣泐人对其过去生活和社会的部分记忆；其次，展品的布局和排列体现了各展品所承载的传统文化在傣泐人历史发展过程中及其社会记忆中的地位和作用。它们是静态的社会记忆，却无不述说着傣泐人过去的生活场景。与此同时，尽管建立傣泐文化中心的主观目的并不是加强当地傣泐人的身份认同，但在客观上，傣泐文化中心的展品和其布局结构都在向参观者展示着傣泐人的民族身份，即谁是傣泐人、傣泐人从哪里来和傣泐人有什么特点等，从而唤起了当地傣泐人对自己民族的社会记忆，加强了对傣泐的身份认同。

3. 曼远傣泐文化中心的代表性展品

（1）纺织工具及纺织过程

据曼远傣泐文化中心的馆长 Nong 老师所述，傣泐的传统纺织过程共分为六步。首先，需把棉花中的种子挑拣出来，把棉花整理干净；紧接着，把棉花搓成长条；第三步，把上述长条搓成棉花线；第四步，把棉花线搓成细线；第五步，把细线转成线团；最后即可用织布机纺织成布。纺织过程的前五个步骤都对应着一种纺织工具或机器，如上文所述，这五种纺织工具或机器在曼远傣泐文化中心一楼展厅中皆有展出。

图 4　傣泐传统织布工具　作者 / 摄

傣泐的传统纺织技术较为复杂且要求纺织者拥有极大的耐心，然而随着当地旅游经济的发展，也有不少人对此产生了浓厚的兴趣并前来进行专门的学习，包括当地村民和一些学生。另外，也有部分来自其他地区的傣泐人前来学习传统纺织技术。在此次田野调查中，笔者有幸跟随译员美盈一起拜访了她的祖母。其祖母是一位纺织技艺十分精湛的织工，因此当地政府十分支持她种植棉花，以此传承傣泐传统纺织技术，助力发展当地旅游业。

纺织作为傣泐人的传统生计方式之一，在其过去的生活中扮演着十分重要的角色，无论是在世俗的生活场景中还是在神圣的宗教空间中，纺织品都有其不可替代的作用。然而，据笔者的观察与访谈，如今的傣泐人在日常生活中几乎已经完全抛弃了纺织技术，年轻一代的大部分傣泐人也不再会使用传统的纺织工具了。在近些年当地旅游业的带动下，傣泐人的传统纺织工艺才开始逐渐振兴。尽管如今的傣泐人已不再出于日常生活需要而纺织，但傣泐人的传统纺织工艺随旅游业的开发而再次振兴，在一定程度上被赋予了新的时代含义，从而在新的历史时期重构了傣泐人关于其过去生活的社会记忆。

（2）经幡

图 5　傣泐经幡　作者 / 摄

傣泐经幡是傣泐人身份的重要标志之一，也是其极具代表性的纺织品之一，在我国云南省的傣族地区也可见到。曼远傣泐文化中心共展出了三种不同用途的傣泐经幡：一是用来纪念逝者的经幡，在葬礼中使用；二是用来为自己祈祷和祝福的经幡，通常悬挂在寺庙中靠近佛像的位置；三是用来表达对佛陀的尊敬的经幡，在傣泐节日如每年 10 月的出夏节中使用，通常悬挂在寺庙中佛像的正前方。无论是何种经幡，都承载着傣泐人的美好愿望。经幡上的图案结合了傣泐人日常生活中与宗教中的符号和意象，并被赋予了特殊含义，以此表达人们心中的祈祷与祝福。如在纪念逝者的经幡上绣有房子的图案，它象征着逝者在另一世界中的住所，可以保佑逝者去往天堂。再如用来为自己祈祷和祝福的经幡上绣有大象的图案，大象在傣泐人中象征财富和社会地位。在经幡上绣大象的图案，是为了祈祷自己的生活可以富足美满。傣泐人对逝去亲人的纪念、对佛陀的尊敬以及对个人未来生活的希望都在经幡上深刻表达了，表明宗教信仰是其生活的重要精神支撑。在曼远傣泐文化中心，展示了众多不同图案、不同用途、不同风格的经幡，说明经幡是其社会记忆的重要组成部分。

尽管如此，傣泐经幡还是随傣泐传统纺织工艺的消亡而逐渐淡出了人们的生活。如今的傣泐人基本上已不再自己制作经幡，在葬礼上使用的经幡和在寺庙中悬挂的经幡也都是从商店中买来的。

（3）传统服饰

在曼远傣泐文化中心，共展有六种傣泐传统服饰：贵族服饰、日常穿着服饰、家居服、结婚礼服、演出服饰以及打仗时所穿服饰。傣泐人的传统服饰有着独特的色彩和风格，且每一种服装的设计各不相同，但在每一件女性的裙子上都有一条明显的水流图案，即流水纹。因傣泐人生活在河流沿岸，傍水而居，故而该图案象征着好运，意味着水流可以将坏的运气和其他不吉利的东西都带走，让人们的生活变得更加美好。据 Nong 老师所述，该图案是区分清堪傣泐人与其他地区傣泐人的重要标志，是当地的一大特色。由此，傣泐传统服饰在维系傣泐人身份认同中的重要作用便灼然可见。

图 6 傣泐传统服饰 作者 / 摄

如今，如同经幡等其他传统纺织品一样，除了重大节庆，传统服饰也很少出现在傣泐人的日常生活中。然而传统服饰却是傣泐文化的重要标志和象征，代表着傣泐人的民族身份。在当地每年的傣泐文化节上，当地人又重新穿起傣泐传统服饰，以展现傣泐文化的独特性和傣泐人的民族身份，如在 2019 年 8 月由清堪县曼端差举办的傣泐文化节中，小商贩都穿着傣泐传统服饰，另有来自不同村寨的人穿着不同颜色的传统服饰进行傣泐传统歌舞表演。无论是过去还是现在，民族服饰都是傣泐人参与重大节庆或重大事件时必不可少的要素，是其文化的直接表达。

正如上文所述，虽然包括经幡、服饰等在内的传统纺织品都在新的历史时期被赋予了新的意义，但傣泐服饰是傣泐人参与社会交往的媒介之一，是傣泐人过去和现在的社会记忆的一种表现形式。

（4）宗教用品

在曼远傣泐文化中心二楼的第一个展厅中，陈列着众多宗教用品。除一尊佛像以外，还有介绍佛教重大事件、风水和占星术的经书，这些经书皆由曼远寺庙的僧人 Khun Chai Boonparn 捐赠。Khun Chai Boonparn 表示，他想与其他人分享这些经书而不是将它们放在寺庙中占为己有，另外，当外地游客前来参观时也可从中感受到傣泐文化。事实上，宗教是傣泐文化的一种表达方式，包括经书在内的各种宗教用品不仅是傣泐人社会记忆的载体，也是其社会记忆的重要组成部分。

图 7　经书　作者 / 摄

（5）铃铛

在曼远傣泐文化中心，展有两种铃铛，一种以宗教用途为主，为僧人化缘时所用；另一种为百姓的日常生活用品，称为“牛铃铛”。在日常生活中，不同的铃铛被挂在不同的牛身上，发出不同的声响，从而可以对不同家户的牛加以区别。另外，在放牛时，主人也可以根据铃铛的声音辨别牛所在的大体方位。

该铃铛展现了傣泐人传统的生活方式，它使神圣的宗教生活与世俗的日常生活紧密相连，是傣泐人社会记忆的又一物质载体。

图 8　牛铃铛　作者 / 摄

4. 曼远傣泐文化中心的组织形式

在建立之初，Khun Chai Boonparn 召集曼远寺庙的僧人来运营曼远傣泐文化中心。僧人运营了 15 年之久，结果却是好坏参半，不尽如人意。2010 年，Nong 老师从教师岗位上退休，成为曼远傣泐文化中心的第一位志愿者。Nong 老师精于纺织技术，且十分了解傣泐文化。在她接手傣泐文化中心后，她着手重新设计了展品内容与展品布局。

目前，傣泐文化中心共有 13 名志愿者，皆为当地村民。他们被分成三组，共同负责博物馆的日常运营。第一组成立于 2017 年，共有三名成员，在周三和周四由第三小组其中的两名成员带领他们参与博物馆的工作，这两名成员也会协助第三小组的工作。第二组成立于 2018 年，共有五名成员，在周五和周六来博物馆工作，同样也由第三组中的两名成员带领并协助他们的工作。第三组为领导小组，成立于 2019 年，共有五名成员，在周日来参加博物馆的工作。由上可知，傣泐文化中心的日常运营工作皆由三个小组的志愿者轮班完成，且志愿者皆为当地村民，因而这是一项社会性的公共任务。这三个小组常制作傣泐的传统手工艺品卖给游客，但其收入并不是分配给志愿者，而是用来支撑博物馆的日常运营——主要用于支付电费（每月 300—600 泰铢）和水费（主要为购买游客的饮用水的花费)。在访谈中，Nong 老师表示，这 13 名志愿者都没有工资，他们制作傣泐的传统手工艺品卖给游客并不是为了赚钱，而是为了延续傣泐文化。当然，售卖手工艺品所得费用除了用于运营博物馆，剩下的由志愿者平均分配。

5. 保存社会记忆的参与者及主导者

首先，当地村民是保存傣泐人社会记忆的主要参与者。他们围绕曼远傣泐文化中心以及其他文化事项参与的社会活动，都是其参与社会记忆保存的生动体现。如村民们在业余时间自愿前往博物馆帮忙且不收取报酬，上文所述的 13 名志愿者就是很好的例证。此外，除宗教用品外，曼远傣泐文化中心的众多展品也是当地村民捐赠的，包括纺织品、纺织工具、织布机和一些傣泐传统生活用品等。同时，村民还会把钱放入博物馆的功德箱以支持博物馆的日常运作。除此之外，在曼远村，如何向他人呈现傣泐人的社会记忆以及具体呈现什么内容，村民有一定的选择自主权，如在一年一度的傣泐文化节中，展示的内容与形式都相对灵活，基本上可由村民自己决定。

但根据笔者的观察，曼远傣泐文化中心不大，且不是很受游客青睐，大多数情况下只有一些当地人前来参观。而前来参观的游客大多来自泰国的不同地区，在参观的过程中，他们可以了解和学习傣泐的传统文化，从而将其进行传播。离开之前，按照泰国的文化习俗，部分游客也会将钱投入功德箱，以支持博物馆的运营和持续发展，实质上推动了傣泐社会记忆的保存，因此游客也是保存傣泐人社会记忆的参与者之一。

其次，包括僧人和村长等在内的社区精英不仅是保存当地傣泐人社会记忆的参与者，亦是其主导者。这表现为：一方面，曼远傣泐文化中心的构想和建立是在与社区精英讨论后才最终决定的，同时，傣泐文化中心的设计过程也是由村中领导人在咨询其支持者——泰国政府和皇家基金会的过程中完成的。可见，在傣泐文化中心的构想和建立伊始，村民对其并没有十分强烈的热情。另一方面，傣泐文化中心的展品主要用于介绍傣泐人的迁移历史、传统文化和宗教信仰，这三方面是傣泐人社会记忆的最突出体现。而社区精英在这三方面比当地村民拥有更大的话语权，无论是在官方写作还是在官方文化交流中，社区精英都比当地村民拥有更大的权力和影响力。然而，这并不是一个封闭的过程，而是一个协调与包容的过程。村民直接选举村干部，再经由包括村干部在内的社区精英讨论与决策，进行博物馆的相关工作。

同时，僧人在这其中也扮演着重要角色。以 Khun Chai Boonparn 为领导的曼远僧人在曼远傣泐文化中心的建立和前期运作方面都发挥着至关重要的作用。曼远寺庙不仅为傣泐文化中心的建立提供了灵感来源和劳动力支持，同时也为其提供了物质支撑，如 Khun Chai Boonparn 向曼远傣泐文化中心捐赠的各种宗教用品。他不仅是曼远寺庙的领导人，也是了解并试图延续傣泐文化的社区成员。另外，Khun Chai Boonparn 作为掌握社区话语权的社区精英之一，可以解释傣泐人社会记忆中蕴含的佛教内容和佛教思想，从而以宗教的方式呈现傣泐的历史和傣泐人的民族身份。这表明在曼远村，宗教不仅是通常意义上的精神支撑，还是傣泐社会记忆的保存者、解释者和主导者。在一定程度上，宗教通过推动傣泐文化的传承而达到了较为理想的社会记忆整合效果。一方面，佛寺储存着社会记忆，同时僧人和村民又通过互动以及各种宗教仪式重构了傣泐人的社会记忆；另一方面，佛教信仰维系着村民对傣泐村寨的认同、对傣泐民族身份的认同，从而进一步促进了社会记忆的保存与延续。在此我们应当注意的是，寺庙作为社区中较有权威的组织机构，不仅是傣泐人保存和传承其传统文化的地方，也是保存其所建构的社会记忆的地方，实质上对当地傣泐人社会记忆的表达具有很强的控制力。

来自帕尧大学的研究者则是保存当地傣泐人社会记忆的参与者，且在一定程度上也主导着当地傣泐人社会记忆的保存过程，因而亦是其主导者之一。帕尧大学的研究人员常带领学生前往清堪的各个傣泐村寨研究傣泐文化，其中包括曼远傣泐文化中心。他们从博物馆获取相关研究信息，同时也在相关研究中为傣泐文化的传承与发展出谋划策，在很大程度上推动了当地博物馆的发展。傣泐文化中心的馆长 Nong 老师在访谈中表示，来自各个地方的学者和研究人员对傣泐文化的传承、发展与传播具有重大意义。事实上，学者和研究者虽不是傣泐社会记忆的主要主导者，但其学术活动以及与当地人的互动，帮助当地傣泐人重新认识了自己的文化与民族身份，并向外界传播了傣泐文化，进而不仅促进了当地社会记忆的保存，且在一定程度上推动了傣泐社会记忆的重构。

最后，政府组织也参与了傣泐人社会记忆的保存过程，主要包括泰国国家旅游局和泰国政府文化部下属的学术研究机构诗琳通公主人类学中心（Princess Maha Chakri Sirindhorn Anthropology Center）。在泰国文化复兴时期，政府大力倡导发展旅游业。1993 年，在曼远村民 Landawan 的沟通协调下，泰国国家旅游局拨发第一批资金支持曼远村建立博物馆，直接推动了曼远傣泐文化中心的建立。而诗琳通公主人类学中心每年都会定期举办与傣泐文化相关的会议，曼远傣泐文化中心的馆长 Nong 老师也会应邀出席会议。通常，在会议结束后，诗琳通公主人类学中心会拨款给帕尧大学的傣泐文化研究机构，再由帕尧大学拨款给曼远傣泐文化中心。这笔资金主要用于博物馆的日常修缮和展柜、展板的购买。

综上可知，村民、游客僧人、研究者和政府组织共同构成了支撑曼远傣泐文化中心日常运作的多元主体。他们以直接的资金支持、人力支持或间接的精神支持推动了博物馆的发展和傣泐文化的传承。但在更深层面上说，正是由于各方的共同推动，促进了曼远傣泐文化中心的完善和发展，当地傣泐人的社会记忆才得以保存。事实上，当地博物馆的各方参与者皆为傣泐社会记忆的保存者，其中，僧人和村长等社区精英也是当地傣泐人社会记忆的主导者。一方面，当地村民及僧人想要延续傣泐传统文化并以此促进旅游经济的发展，另一方面，泰国政府主导各方支持，试图通过帮助泰北少数民族发展文化以促进当地旅游业发展，拉动经济增长，更重要的是，泰国政府的该政策代表了政府的政治愿望——试图以此加强傣泐人内部的身份认同进而维持边境地区的和谐稳定。由此看来，傣泐人社会记忆的保存甚至建构过程，并不是在傣泐人内部的封闭环境中进行的，而是在泰国社会这个开放的大环境中，经过多方协调与合作逐步进行的。

五、结论

曼远博物馆即曼远傣泐文化中心，是当地傣泐人社会记忆的“储存容器”和“呈现载体”。随时间流逝，傣泐先民不断迁移与重建家园的艰辛对如今的傣泐人而言已经越来越远，但无论是呈现在博物馆、寺庙还是一年一度的傣泐文化节中的社会记忆，都十分明晰。通过宗教仪式对傣泐身份的维系，通过佛寺壁画对迁移场景的描绘，通过博物馆对傣泐传统文化的展现以及通过傣泐文化节中对傣泐传统饮食、工艺和歌舞的呈现，当地傣泐人与社会多方协调，并在社会多方的包容下，共同保存并重构了傣泐人的社会记忆。可见当地傣泐人社会记忆的建构与保存过程是灵活且多元的，不为单一社会力量所支配。就曼远博物馆而言，多个组织、个人及社会力量参与其建立、设计与日常运营，共同在博物馆这一物理空间中塑造与保存傣泐人的社会记忆。这其中既含有深刻的文化目的，也包括主权国家视角下的政治目的。悄然沉积于曼远博物馆的诸多细节与片段，成为当地傣泐人展望未来的精神支撑与维系傣泐人身份认同的历史连接纽带，同时也成为创造傣泐人荣誉感和自豪感的文化源泉。

此外，在社会精英、政府以及少数村民的领导下，傣泐人的社会记忆随着社会的变革与时间的流逝不断被赋予新的意义从而被重构。在这之中应格外注意宗教人士的作用。由于佛教在泰国文化中占主流地位，且佛教活动贯穿傣泐人生活的方方面面，因而宗教人士对傣泐人社会记忆的建构、保存与重构都有极大的话语权——从曼远僧人和寺庙对曼远傣泐文化中心的支持与主导中便灼然可见。另外，在曼远傣泐人的宗教信仰体系中，佛教信仰与祖先崇拜可以并行不悖。由于曼远的大部分村民最初皆是从中国西双版纳的勐腊地区（今云南省西双版纳景康）迁移至此地的，因而他们信仰的神灵的名称与其祖籍的地名紧密相连，如从西双版纳勐腊地区的“勐满”迁移为曼远村民信仰的“勐满神”。举行此类祭祀仪式的目的似乎也十分世俗化——加强村寨的团结，使村民不要忘记他们是同一祖先的后裔，进而在日常生活中持续互帮互助，共同追求美好生活。无论发生什么，傣泐人在这一方面始终保持着认同感。由此，祖先崇拜和佛教信仰一同构成了傣泐人民族身份中最显著的文化标志之一，这也是为何曼远傣泐文化中心占用大量空间来展示宗教用品的原因。

除曼远博物馆、曼远寺庙等极为稳定的空间以外，临时的文化空间如傣泐文化节以及各种祭拜仪式等，皆为当地傣泐人提供了实践傣泐人这一身份的机会，进而在加强当地傣泐人的身份认同的同时也促进了社会记忆的保存。进一步来说，身份认同的加强与社会记忆的保存二者相辅相成，彼此促进——当地傣泐人通过加强身份认同来促进社会记忆的保存与重构，也通过推动社会记忆的保存、重构来加强傣泐人的身份认同进而维系社区的稳定和发展，如重构傣泐先民迁移历史的社会记忆，进而加强当地人的身份认同，区分“我者”与“他者”，在此基础上又促进了其社会记忆的保存。

翻开泰北傣泐人的历史扉页，我们看到傣泐先民自愿或是被迫迁移，颠沛流离，重建家园，并不断融入迁入地的社会文化。如今，当地傣泐人与外界社会不断交流与互动，而他们关于过去生活与文化的记忆始终存在于他们的日常生活中，由此我们便得以窥见社会记忆在傣泐人社会中的凝聚作用。诚如傣泐文化节中的一位商贩所说，“尽管我不知道自己具体从哪里来，过去的生活又是什么样的，但我是泰国人，也是傣泐人，这是我始终都不会忘记的事情”。

六、总结与反思

尽管此次田野调查时间为期甚短，但在总体上，此次调查在探究社区博物馆如何维持傣泐人的身份认同和保存其社会记忆方面取得了一定的成效。调查伊始，笔者主要以游客的身份进行了参与式观察和非结构性访谈。如在曼端差的傣泐文化节，笔者以游客的身份参与其中，通过购买傣泐人的传统食物和手工艺品，与商贩进行了短暂的交谈，切实感受到了当地人的淳朴和热情并以此获得了一些有价值的田野材料。在曼远傣泐文化中心及曼远寺庙，笔者则以研究者的身份进行了参与观察和结构性访谈。曼远傣泐文化中心的馆长 Nong 和其建立者 Khun Chai Boonparn 都十分友好且热情，为我们的田野调查减少了诸多障碍与压力。然而，由于笔者时间有限、经验不足，并缺乏相关理论知识的储备，因而此次调查研究仍存在诸多不尽如人意之处。

首先，由于笔者第一次亲身体验异域文化，难免产生个人的主观看法，故而在此次田野调查的过程中，笔者常难以处理客位与主位的关系。尽管笔者常反思自己的行为并试图尽量避免文化偏见，同时笔者也认为作为民族学专业的研究者应摒弃文化偏见且摆脱民族歧视的囹圄，然而，在田野调查开始时，无论如何努力，笔者仍对泰国文化产生了许多困惑与不解。如在个性方面，泰国男性与女性几乎同样温柔，而在中国环境中成长的笔者对此难以适应；再如，在进入佛寺与他人家中时，首先要脱鞋，而笔者却认为该行为十分烦琐。虽然经过几天的调查与亲身体验，笔者重新找准了位置，以主位视角进入当地社会，努力适应了当地文化环境，但还是由于在前期过程中难以融入当地社会文化而错失了一些观察机会。

其次，笔者在知网上检索了相关中文文献，对傣泐历史和文化有了初步的了解，但对于国外的相关研究与著作，由于时间与能力所限，未能进行详细的梳理，遂与借鉴学习前人众多理论成果的机会交臂相失。如英国心理学家 Frederick Bartlett 的“心理构图”和社会学家 Maurice Halbwachs 的“集体记忆”等理论，对此次研究都极有裨益，但笔者未能深入了解和学习这些宝贵理论。

另外，由于语言上的障碍，我们与访谈对象的交流也受到了一定的阻碍与限制，从而导致我们对彼此的理解受限。同时访谈中也存在许多问题：一是提问不够深入且不注重细节，如笔者常忘记询问报告人的详细信息和访谈中涉及的数据的具体来源等；二是提问不是层层递进的，缺乏逻辑性。尽管笔者在访谈之前已列好访谈提纲，其中也有学姐的引导，但由于笔者第一次参与田野调查，还是十分缺乏提问的技巧性。

最后，由于时间的限制，笔者未能深入探究当地傣泐人重构其社会记忆的原因与条件，更没有深入了解非官方的社会记忆与官方社会记忆具体有哪些不同之处，以及它们之间存在差异的原因。事实上，笔者虽针对泰北傣泐人的社区博物馆对其社会文化进行了微观考察，但对其社会记忆的具体组成部分还是缺少深入探究，如祖先崇拜、重构的迁移历史和其传统饮食、服饰等。

整体上，此次研究虽取得了一定的成果，但仍存在诸多不足。在日后的研究中，笔者将加强理论知识的储备与专业素养，同时也会努力克服上述缺点，吸取经验与教训。

一个汉族移民岛民间博物馆的调查与研究

——以广西田东县右江天书民俗文化博物馆为例

广西民族大学民族学与社会学学院2017级民族学专业　黄子玲

指导老师　黄家信

摘要：当今，中国的民间博物馆不断蓬勃发展，成为国有公立博物馆的一种重要补充。田东右江天书民俗文化博物馆位于平马镇四平村，是百色市第一家民间博物馆，也是一家处在汉族移民岛中的博物馆。本课题以田东右江天书民俗文化博物馆这家位于汉族移民岛中，且还处在发展初期的民间博物馆为例，希望通过民族学的研究视角，探索出一套民间博物馆健康发展的道路，同时也希望能对壮、汉民族关系的发展与演变进行更深入的理解。

关键词：民间博物馆；移民岛；汉族；壮族

一、绪论

1. 研究背景及意义

近年来，中国的民间博物馆不断蓬勃发展，成为国有公立博物馆的一种重要补充。但是，我国对于民间博物馆的建立和发展仍然处于摸索阶段。民间博物馆目前面临着各方面的困难。当前，我国已经处在从物质需求转向文化需求的转折点，国家鼓励发展并完善文化产业，并且将其作为我国未来的工作重点之一。因此，鼓励发展民办博物馆对我国社会文化事业的发展来说具有重要的意义。

四平村位于百色市田东县，是壮、汉杂居的村落，当地汉族大多是清朝乾隆时期之后迁徙而来的，形成了汉族移民岛。田东右江天书民俗文化博物馆位于田东县平马镇四平村，是百色市第一家民间博物馆，也是一家在汉族移民岛中建立的民间博物馆。经过长期的交流与融合，壮、汉两族还是在很多方面保持着各自的文化和习俗。民办博物馆对我国物质文化财富和非物质文化财富的保存、保护都具有不可替代的重要作用，可以担任保护本民族文化并将之发扬光大的重要角色。

本课题以田东右江天书民俗文化博物馆这家位于汉族移民岛中，且还处在发展初期的民间博物馆为例，希望从民族学的研究视角，对该博物馆的建立、发展、困境及其意义进行研究，全面了解该民间博物馆的建立过程，从而探索出一套民间博物馆健康发展的道路，为民间博物馆的发展提供新的视角和思路，同时也希望能对壮、汉民族关系的发展与演变进行更深入的理解。

2. 研究综述

（1）移民岛研究

我国关于移民岛的研究很少，在期刊网站上搜索“移民岛”仅得到 8 条结果。最早的是刘见于 1998 年刊登的文章《纽约移民岛》①，该文仅简单描述了伊利斯岛作为美国主要的联邦移民机构所在地，因此被称作移民岛，并没有进行深入研究。而最早关于中国移民岛的研究是 2012 年邓玲发表的论文《海南家谱与汉文化南迁研究》②，该文将海南岛称为“移民岛”，通过深入分析海南岛各时期的家谱，总结出了连续性、地域性和多元融合性三个汉文化南迁的特点。2015 年吴建勤在《西南民族地区明清汉族移民文化孤岛研究》③中，分析了明清时期西南民族地区汉族移民的历史背景、分布与现状，并对三个区域的五个汉民族移民岛进行了比较研究，探讨了西南地区民族关系和谐发展的现实意义和参考价值。安歌在

① 刘见：《纽约移民岛》，《科技与经济画报》1998 年第 4 期，第 10—13 页。

② 邓玲：《海南家谱与汉文化南迁研究》，博士学位论文，华中师范大学，2012。

③ 吴建勤：《西南民族地区明清汉族移民文化孤岛研究》，博士学位论文，西南大学，2015。

2016年发表的文章《移民岛上漂泊的心》[①]中，也对海南岛的移民文化进行了描述。2016年朱军玲发表的论文《临沂库区移民方言岛音变扩散研究》[②]，从语言学的研究视角，通过研究临沂库区移民方言岛的音变扩散状况和语音演变机制，得出了移民方言岛的语音演变是在普通话和当地方言的双重影响下相互竞争形成的结论。聂晶在2017年的《万荣光华罗池村巨野、商水方言岛语音调查研究》[③]中，也从社会语言学的角度，对万荣光华罗池村的移民岛进行分析研究。2018年，田阡和唐欢的研究项目《明清以来中国南方汉族移民研究的知识图谱分析》[④]总结归纳了明清以来中国南方汉族移民研究主题及其演变脉络，并预测了未来的研究发展趋势。

可以看出，我国对于移民岛的研究尚不丰富，且大多研究项目聚焦于历史角度，部分学者从语言学的角度进行分析。目前还没有从博物馆的角度对汉族移民岛进行分析的研究。

（2）中国民间博物馆研究

近年来，我国关于博物馆的研究成果较多，但大多集中于文物性质和行业性质的博物馆。在期刊网站上搜索“博物馆”可以得到75133条结果，但进一步查询“民间博物馆”得到402条，搜索“非国有博物馆”得到349条，搜索“私人博物馆”得到251条。因此，民间博物馆在我国的博物馆研究中所占的比例很小。

关于我国民间博物馆的发展研究，赵志刚在1995年发表的《私人博物馆与民间收藏》[⑤]中，从民间收藏的角度，论述了我国私人收藏和民间博物馆的关系。李慧净在2007年发表的《中国私人博物馆发展问题浅析》[⑥]中，论述了我国民间博物馆在现代发展中的价值和作用，以及分析了当前存在的问题和不足，寻找解

① 安歌：《移民岛上漂泊的心》，《中国三峡》2016年第8期，第18—21页。

② 朱军玲：《临沂库区移民方言岛音变扩散研究》，博士学位论文，上海外国语大学，2016。

③ 聂晶：《万荣光华罗池村巨野、商水方言岛语音调查研究》，硕士学位论文，山西师范大学，2017。

④ 田阡、唐欢：《明清以来中国南方汉族移民研究的知识图谱分析》，《中央民族大学学报（哲学社会科学版）》2020年第1期，第99—109页。

⑤ 赵志刚：《私人博物馆与民间收藏》，《中国博物馆》1995年第1期，第38—41页。

⑥ 李慧净：《中国私人博物馆发展问题浅析》，硕士学位论文，吉林大学，2007。

决方案。彭文静在 2012 年撰写的《民办博物馆发展政策研究》[①]中，考察了我国民间博物馆的历史与现状，归纳了民间博物馆的发展趋势，总结了民间博物馆发展不规范和不专业的内因和外因，重点借鉴各国各地区办馆模式及其配套政策，提出了解决这一问题的制度框架。曹兵武在 2014 年发表的《从私藏到公享——谈从民间收藏到民办博物馆发展的相关问题》[②]中认为，民间博物馆是文化建设和社会发展的工具，与国有博物馆同样肩负着遗产保护、社会服务的责任，以及开展历史科学艺术传播教育的功能。

随着我国于 2015 年 3 月 20 日起施行的《博物馆条例》[③]，以及国家“将博物馆事业纳入国家战略”的总体布局和《国家文物事业发展“十三五”规划》[④]的颁布实施，我国的博物馆事业迎来了前所未有的发展机遇。[⑤]可以看出，随着我国各项战略布局以及博物馆相关政策的更新，对民间博物馆的研究需要与社会的发展相互联系。而目前对于我国民间博物馆的研究大多是综合性分析，缺少具体案例的支撑。

（3）广西博物馆研究

相较于我国其他省份和地区，广西的民间博物馆数量较少，且大都尚未发展成熟。根据广西壮族自治区文化和旅游厅发布的《2016 年度广西 102 家博物馆名录》[⑥]数据统计，广西壮族自治区共有 102 家博物馆，含非国有博物馆 18 家，其中柳州有 11 家，桂林有 3 家。百色仅有 14 家博物馆，且都是文物和行业性质的博物馆。2020 年 8 月 7 日，右江天书民俗文化博物馆正式注册成立，成为百色市第一家非国有的民间博物馆。

---

① 彭文静：《民办博物馆发展政策研究》，硕士学位论文，复旦大学，2012。

② 曹兵武：《从私藏到公享——谈从民间收藏到民办博物馆发展的相关问题》，《中国博物馆》2014 年第 1 期，第 2—6 页。

③《博物馆条例》，中国政府网，http://www.gov.cn/zhengce/2015-03/02/content_2823823.htm，2015-03-02。

④《国家文物事业发展“十三五”规划》，国家文物局，http://www.ncha.gov.cn/art/2017/2/27/art_2237_43663.html，2017-2-21。

⑤ 吕建中：《推动非国有博物馆健康发展》，《中国文物报》2017 年 3 月 10 日第 3 版。

⑥《2016 年度广西 102 家博物馆名录》，广西壮族自治区文化和旅游厅网站，http://wlt.gxzf.gov.cn/zwgk/bmcxfw/jngcx/t4049825.shtml，2017-03-22。

在期刊网站中搜索“广西博物馆”，得到330条内容。《广西博物馆文集》（年刊）于2004年创刊，是由广西壮族自治区博物馆主办的综合性学术集刊，收录了大量关于广西博物馆的研究成果。但是从现有的广西博物馆研究来看，学者们大多集中于非物质文化遗产、文物保护和民族手工艺方面的研究，没有民族学角度的研究。例如潘郁生和黄槐武于2006年发表的《广西博物馆汉代铁器修复保护研究》[①],从化学角度探讨广西博物馆铁器的保护研究。龚世扬在2016年发表的《探索与实践：对广西民族生态博物馆“1+10工程”的回顾、评价和思考》[②]中，回顾了广西民族生态博物馆的建设历程、建设方法，总结其经验及教训。王婉菲在2019年发表的论文《博物馆在传统手工艺保护中的责任与行动》[③]中，以广西博物馆为例，探讨了博物馆在保护和传承传统手工艺上如何能发挥更大的作用。

由于广西民间博物馆数量较少，因此学者们对于这方面的研究关注不多，研究成果非常少，也没有针对性的研究。因此在本次研究中，笔者将把目光放在广西民间博物馆的发展问题上，并以右江天书民俗文化博物馆为田野点，发挥创新性，寻求独特性。此外，笔者是民族学专业出身，能够从民族学、人类学的角度出发，通过田野调查和数据分析，对研究对象和现象进行剖析，具有专业性和实践性。

3. 研究思路与方法

（1）研究思路

从理论研究方面看，本文拟从民族学研究的视角，通过分析右江天书民俗文化博物馆的建设缘由和过程，并结合当地汉族移民岛的特点，了解民间博物馆发展中的困境，探索新的发展路径，以及其对社会文化发展的影响，从而能够更好地帮助民间博物馆发展，丰富民间博物馆研究的视角和方向，拓展民族学与人类学的研究内容与范围，同时也对壮、汉民族关系进行深入了解。

从实际应用方面看，本文将通过对右江天书民俗文化博物馆的分析，研究当

① 潘郁生、黄槐武：《广西博物馆汉代铁器修复保护研究》，《文物保护与考古科学》2006年第3期，第5—10页。

② 龚世扬：《探索与实践：对广西民族生态博物馆“1+10工程”的回顾、评价和思考》，《广西民族研究》2016年第1期，第143—149页。

③ 王婉菲：《博物馆在传统手工艺保护中的责任与行动》，硕士学位论文，南京大学，2019。

地发展本民族特色文化的方法，分析壮、汉之间的民族关系，从而助力该地区民族团结、乡村振兴等工作的开展；通过关注文化事业的发展，助力加快扶贫攻坚的力度与速度，促进当地非物质文化遗产的保护与传承，为社会主义文化强国建设贡献自己的一分力量。

（2）研究方法

①文献研究法

通过文献法收集资料，梳理汉族移民岛研究情况，了解我国民间博物馆的发展情况，回顾学者们对民间博物馆历史、民间博物馆的政策、民间博物馆现状及其困境等相关内容的研究。

②田野调查法

在田野工作中通过实地调查，观察当地人的生活，参与博物馆的日常经营和管理，搜集更多的一手资料，更好地了解博物馆的运营和建设，对田野点的自然地理环境、民族人口、交通状况、文化教育等状况进行调查研究。在田野调查中运用参与观察法和深入访谈法，主要的访谈对象有四平村的村民、村干部、博物馆馆长、工作人员等。

③自传调查法

以黄馆长为调查对象，通过对其人生经历的调查记录，间接勾勒出家族史、民族史，从而能够更加全面地了解博物馆的建设缘由。

4. 相关理论与概念

（1）族群理论与族群关系理论

族群一词最早是 1930 年开始使用的，被用来描述两个或者多个群体文化相互接触的结果，或者是小规模群体向更大社会中转移时所产生的涵化现象。[①] 族群作为一个学术的词汇，可以涵盖民族和次级群体，例如汉族中的客家人、广府人、蔗园人等。社会学家马克斯 · 韦伯认为：“族群是指因体质的或者习俗的，或者对殖民化以及移民的记忆认同的相似而对共同的血统拥有主观信仰的群体。”[②] 族群关系属于关系研究，以族群主体之间的互动与交往形态为研究对象。关于族

① 周大鸣：《多元与共融族群研究的理论与实践》，商务印书馆，2011，第 10 页。

② 周大鸣主编《中国的族群与族群关系》，广西民族出版社，2002，第 56 页。

群的关系讨论有许多不同的理论，周大鸣总结了六种主要的理论：同化理论、文化多元理论、生物学的理论、人文生态理论、权利和分层理论、整合的族群关系理论。[①]

（2）社会变迁与文化变迁理论

社会变迁是社会学中的概念，泛指任何社会现象的变更，包括社会的一切宏观和微观的变迁，如社会纵向的前进和后退，社会横向的分化和整合，社会结构的常态和异态变迁，社会的量变和质变，社会关系、生活方式、行为规范、价值观念的变化等。

文化变迁，又称“文化变异”，指由于民族社会内部的发展或由于不同民族之间的相互接触而引起的一个民族文化系统。美国学者伍兹总结出了文化变迁的总体过程：社会文化或自然的环境的改变会促发新的文化反应，从而引发创新，而创新采取渐变、发现、发明和传播的形式产生适应。[②]

文化变迁与社会变迁既有区别又有联系。文化变迁一般指文化环境中的现象，社会变迁一般指社会环境中的现象。一般而言，社会变迁将引起文化变迁，从文化变迁中也可看出社会变迁。文化变迁是局部的、缓慢的变化，对人产生的是潜移默化的影响。

（3）汉族移民岛概念

目前，关于移民岛的核心概念尚在探索之中，学者研究中使用的概念也各有不同，有的使用“移民孤岛”，还有的使用“族群岛”。但是无论使用何种称呼，大都是将地理学科中的岛屿概念与民族学、人类学中的族群概念结合起来，以更好地理解两个或多个民族群体之间在居住空间和民族关系互动中的动态过程。

根据近年来的考古发现，壮族先民自古以来就在四平境内生产生活。从四平村中收集到的族谱来看，清朝乾隆后，汉族不断迁入村中定居。经过繁衍生息，四平村汉族人口比例不断增加，壮族人口比例不断减少，逐渐在该地区形成了汉族移民岛。根据黄凌智、黄家信在2020年发表的论文《高山汉族群岛中的壮族

① 周大鸣：《论族群与族群关系》，《广西民族学院学报（哲学社会科学版）》2001年第2期，第13—25页。

② ［美］伍兹：《文化变迁》，云南教育出版社，1989，第35页。

岛》[①]中统计："田林县的浪平乡汉族占比为 98.56%，平山乡为 80.9%，高龙乡为 71.11%，龙车乡为 68.11%；乐业县的逻沙乡汉族占比为 89%；凌云县的东和乡汉族占比为 79.14%，逻楼镇为 77.63%，加尤乡为 76.49%；隆林县的隆或乡汉族占比为 79.13%，桠杈镇为 74.88%。这是桂西地区汉族人口占比例最大的十个乡镇，也是著名的高山汉群岛。"桂西其他乡镇汉族大都占比很小。但是，田东县平马镇汉族人口接近 50%，而四平村是蔗园人的聚居地之一，根据 2000 年的统计数据，汉族人口占全村人口的 74.18%，形成了汉族移民岛。因此，四平村是一个特殊的区域。

（4）民间博物馆概念

民间博物馆是我国博物馆事业的重要组成部分，是重要的公益性公共文化服务机构。根据《国家文物局关于民办博物馆设立的指导意见》第一条："民办博物馆是指经过文物行政部门审核、民办非企业单位登记管理机关批准许可取得法人资格，利用非国有的具有历史、科学、艺术价值的人类活动和自然环境的见证物及其他非国有资产设立的博物馆。"[②]为统一名称，本论文将非国有博物馆统称为民间博物馆，以其指称由独立法人或自然人独立出资、自主经营并管理的定期向社会开放的具有民间文化性质的博物馆类型。

二、右江天书民俗文化博物馆依托的社区

1. 依托的自然环境

四平村，位于百色市田东县南部，右江南畔，东临合恒村，南接游昌村，西邻升太村，北与百谷村、乐德路、靖逸村隔河相望。村民委员会设于高平屯。右江流经四平村境北部和东部，流到永平屯终端，有龙须河自东南流入，与之汇合。该村处于北回归线上，属南亚热带季风气候。

① 黄凌智、黄家信：《高山汉族群岛中的壮族岛》，《广西民族研究》2020 年第 4 期，第 117—125 页。

②《国家文物局关于民办博物馆设立的指导意见》，中国法律信息网，http://service.law-star.com/cacnew/201408/3810094916.htm，2014-08-20。

2. 依托的人口与民族

四平村主要居住着壮、汉两个民族。从四平村中收集到的族谱看，当地的汉族大多都是清朝乾隆以后迁来定居的。据传，该村最初是当地壮族人黄朝英在“渡头”（今隆平）定居下来，繁衍生息，扩大到近百个家支而形成的。随着黄氏家支增多，居住范围跟着扩大，除第四代黄班、黄理迁徙至陇揽外，有一家族在“那麦”居住下来。后因受到虎豹侵袭，又迁到“岑三爷庙”附近，逐渐形成壮族的下村①。

清朝乾隆年间，汉族（当地称蔗园人）随右江顺流而下，在四平村定居，逐渐发展壮大。四平村委搜集到的族谱中记载：境内汉族黄姓、李姓、廖姓、卢姓等大族的后代于清康熙、乾隆年间，先后从南宁等地，沿着右江，逆水而上到达四平境内定居创业。最终，四平村形成了以黄姓血缘（包含壮、汉）为多，还有壮族的覃、周、陆、韦以及汉族的李、陈、廖、卢、邓等姓氏血缘，形成高平、永平、兴平和隆平四个杂居村落。四平村现有姓氏为黄、卢、廖、李、陈、覃、韦、梁、欧、邓、周、余、黎、蒙、刘等十五个姓。其中以黄、卢、廖、李为四大姓。②

表 1　四平村人口、民族比例统计表

单位：人

年份	总人口数	汉族人口数	汉族人口比例	壮族人口数	壮族人口比例	瑶族人口数
1982	3277	2584	78.9%	685	20.9%	8
1990	3271	2505	76.6%	757	23%	9
2000	3040	2255	74.18%	785	25.82%	\

数据来源：此表为 2010 年统计数据，2020 年 8 月由四平村民委提供，人口比例为引者计算

① “上村”与“下村”为相对而言的。上村，壮语称“晚琼”；下村，称“晚拉”。它们原先同是一个大家族，不分“上下”的。后来有一支族分出，到高平屯地定居，遂分为上村、下村。

② 四平村志编委会编《四平村志》，未刊稿，2020 年 8 月收录。

表 2　四平村村落姓氏分布

村落	汉族姓氏	壮族姓氏
高平	黄、李、廖、卢、周、韦	黄
永平	黄、卢、廖、刘	欧
兴平	黄、廖	\
隆平	李、陈、邓	黄、覃

数据来源：此表为 2010 年统计数据，2020 年 8 月由四平村民委提供

四平村于 1958 年成立人民公社，各小村自然消失，代之以生产队。生产队的划分曾多次变动。1995 年村公所改为村民委员会，所辖 16 个村民小组不变。[①] 右江天书民俗文化博物馆属于第四村民小组。第四村民小组位于村西部，属隆平屯（古称村上）的一部分。

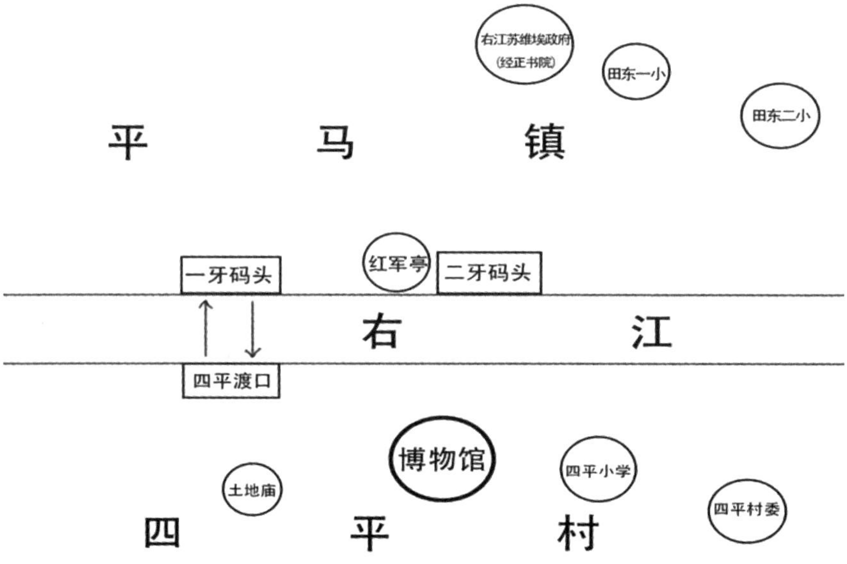

图 1　右江天书民俗文化博物馆位置示意图　作者 / 绘

① 四平村志编委会编《四平村志》，未刊稿，2020 年 8 月收录。

表 3 四平村村民小组数据统计

村民小组	主要民族	主要姓氏	人口数	现任组长
第一村民小组	壮、汉	李、黄、陈、邓	179	黄 SH
第二村民小组	壮、汉	陈、黄、卢、李	203	黄 WZ
第三村民小组	壮	黄	165	黄 SS
第四村民小组	壮	黄	150	黄 TS
第五村民小组	壮、汉	\	220	黄 ZX
第六村民小组	汉	黄	213	黄 ZP
第七村民小组	汉	\	193	黄 Q
第八村民小组	汉	黄、廖	226	黄 WC
第九村民小组	汉	黄、廖、韦	246	黄 YK
第十村民小组	汉	黄、廖、卢	207	黄 HY
第十一村民小组	汉	黄、卢	276	卢 RL
第十二村民小组	汉	黄、卢、廖	211	黄 BS
第十三村民小组	汉	黄、卢、刘	253	卢 ZN
第十四村民小组	汉	黄、李、卢	79	黄 ZT
第十五村民小组	汉	卢、黄	171	卢 XX
第十六村民小组	汉	李、廖、黄、卢、姚、陈	215	廖 HC

数据来源：2010 年统计数据，2020 年 8 月四平村民委提供

3. 壮、汉交融的文化习俗

从前四平村的壮族有自己的专属墓地，壮语叫“坝防”，当地汉族人称之为“棺材岭”。此墓地只能葬壮族的死者及其家属，家属可以是其他民族。村中的汉族和其他民族虽同居一村，但死后只能到离村较远的“那鲁”地埋葬，不能埋在壮族的墓地中。到“文化大革命”后期，壮族的专属墓地逐渐消亡。

四平村主要方言为壮话和平话。当地人也把壮话称为四平土话。而汉族所用语言平话，也被叫作“蔗园话”。据传，由于四平蔗园人长期与壮族人杂居，在语言上受壮语的影响，有的词汇直接借用壮语，有的则将壮语与蔗园话重新组合，形成新的词汇。

民国时期，壮族居民与汉族居民相处没有重大的矛盾和纠纷。壮、汉两族子

女都同在一个学校读书，但是在思想和语言上有相互歧视的现象。在婚姻上，新中国成立之前，壮汉之间很少相互通婚。1949 年，兴平村汉族青年妇女黄翠娇自愿嫁给壮族青年黄永昌的时候，曾遭到大部分汉族人非议。[①] 新中国成立后，壮、汉民族逐渐消除了思想上的隔阂，不再在语言上互相攻击、讽刺，从未发生械斗。特别是 20 世纪 70 年代以后，在婚姻上也破除了民族界限，壮、汉通婚已成普遍现象。2020 年，四平村被评为民族团结进步示范村。

图 2　四平村民族团结进步示范村标语　作者 / 摄

三、右江天书民俗文化博物馆的兴建过程

右江天书民俗文化博物馆，位于田东县平马镇四平村隆平屯，与红军亭隔右江相望，是目前是百色市第一家民间博物馆。[②] 黄馆长建设博物馆的想法源于村里老一辈人经常提起的家族史。

① 四平村志编委会编《四平村志》，未刊稿，2020 年 8 月收录。
② 班绍明、黄子玲:《我市首家民间博物馆开馆》,《右江日报》2020 年 9 月 15 日。

1. 黄氏的家族史

通过采访黄馆长和他的父亲得知：黄家祖上在清朝时出了几代武官，其中一代有七个兄弟，他们的名字已经无法考究。七兄弟中一个外出从军，在战争中立下战功，最终在云贵总督治下当了一名武官。他回乡的时候携带了大量的金银珠宝和家具等物件，运输的马队前后连成十里。他回到家乡后挑选地址修建的房屋，后来成为现在的博物馆的主体。当时，这栋房子用青砖建造，门前也用青砖铺就，还用砖头搭起一道防御用的围墙，十分气派。据说现在博物馆门前的两颗龙眼树就是那时候种下的。

根据黄馆长的姐姐回忆："我们家的两棵龙眼树比我姑婆（年纪）还大。我生孩子的时候，我姑婆已经八十五岁了，再加上我孩子现在已经二十五岁，所以龙眼树至少在一百一十年以前就已经在了。"

房子靠近右江，地势高，风水好，土地肥沃。往年发大水的时候，周边差不多高度的房子都被洪水淹没了，唯独这栋房子没有被淹，水位最多到门前的龙眼树前。那位武官买下了房子正下方的一大片土地用于种植，还组建了一支马帮用于做生意。为了出入方便，也为了造福家乡父老，他出钱修建了一道横跨右江、通向平马镇的铁索桥，可惜的是已经损毁了。房子建成后，他的后代便一直生活在这里。

黄馆长的父亲在被采访时说道："我爷爷是做木工的，他的手艺很不错，所以到处去下乡，帮人家做木工。我爸爸还在的时候，是以织土布和种田为生的。可是我爸爸在四十几岁的时候就去世了，后来我姑姑就一辈子没有嫁人来养我。"

黄馆长父亲口中的姑姑（黄馆长兄弟姐妹的姑婆）就是他父亲的妹妹，她一生没有出嫁，一直照顾侄子直到她去世。姑婆小的时候，家里条件还很好，她喜欢向小一辈讲以前的故事。

黄馆长的姐姐黄YA和黄YC接受采访时说道:“小时候我们和姑婆睡在一起，她就喜欢和我们讲以前家里的事。她和我们说小时候，我们家里有很多的油缸。有一次，她哥哥，也就是我们的爷爷，不小心把鞋子扔进了油缸里，她爸爸觉得脏，就把整缸油都倒掉了。”

因为家里的条件比较好，姑婆从小读书，周边很多人会到家里向她请教学问，姑婆因此被别人称作“女秀才”。姑婆还在待嫁时，家里人便给她准备了一栋离家不远的小楼让她居住。但是哥哥和嫂子意外去世后，留下了还年幼的侄子，于是姑婆就搬回老房子里，肩负起照顾侄子的责任，直到她85岁去世。

到了黄馆长这一代，老房子已经有一百多年的历史了，他们5个兄弟姐妹都在这里出生和成长。家里人自己在原有的结构基础上对老房子进行过两次维修，但效果都不理想。后来因为孩子们逐渐长大成人，都嫁人或者外出工作读书了，于是一家人便搬到了平马镇上居住，老房子就逐渐荒废了。

黄馆长被采访时回忆道:“我们以前是在老房子那里出生的，也是在那里住的。后来我们出来读书，参加工作了，我的姐姐和妹妹们也都出嫁了，都在外面工作买房子了。之后老房子就没人回去住了。那个房子本来就很破的，没有人回去住之后就荒芜了，那些砖都已经风化腐蚀了，再不维修就要坍塌了。”

2014年9月份，黄馆长开始对老房子进行第三次维护和装修，最终在2015年底将老房子改建成了博物馆。

图 3 右江天书民俗文化博物馆外景 作者 / 摄

2. 博物馆建设过程

2013 年，馆长黄先生开始有想建设博物馆的想法，也得到了家里人的支持。黄馆长向负责非物质文化遗产工作的姚主任透露了自己想要在自家祖宅里建设一家博物馆的想法，姚主任认为可行。之后，百色市文化、旅游工作的相关领导陆续到现场参观，给博物馆建设提出了一些建议。

右江天书民俗文化博物馆从 2014 年初开始筹备，9 月份正式动工建设。黄馆长在一些专家的指导下对祖宅进行修复、加固、加高，前后花费将近 100 万元人民币，最终在 2015 年底将老旧的祖宅建成博物馆。博物馆维修好且藏品到达一定数量后，黄馆长开始着手申请注册博物馆。经过一系列鉴定过程后，专家将所有资料整理成册，由黄馆长向田东县文化广电体育和旅游局提出注册博物馆的申请。2020 年 8 月 7 日右江天书民俗文化博物馆注册成立，成为百色市第一家民间博物馆。

当黄馆长被问及对未来博物馆的发展有什么期望和规划时，他说："我们这个博物馆是百色市第一家民间博物馆。之前也没有什么经验可以借鉴，只是在相关部门和一些专业人士的指导之下办到现在这个规模的。以后我想参观更先进更好的博物馆，多和别的地方的人交流经验，在我们博物馆现在的基础之上做得更加完善、更好。”

3. 运营与藏品

（1）运营情况

右江天书民俗文化博物馆在 2020 年 8 月 7 日正式注册成立，成为百色市第一家民间博物馆。但是在手续还没有办下来之前，博物馆一直没有正式对外开放。只在有组织或个人预约或者有节庆活动时才暂时对外开放，例如四平小学组织学生参观等。

右江天书民俗文化博物馆还没有注册成立之前，博物馆名下已经有三个非物质文化遗产的项目挂名。其中两个是自治区级的蔗园山歌和汉族师公舞，一个是市一级的古壮拳项目。壮族和汉族的非物质文化遗产项目均有。

（2）藏品情况

右江天书民俗文化博物馆目前拥有馆藏文物 1018 件，设有三个展室，其中第一展室为古壮拳展室，第二展室为生产生活用具展室，第三展室为非物质文化遗产展室，主要介绍右江流域的部分非物质文化遗产，比如汉族师公舞和蔗园山歌。三个展室共展出各类民族民俗文物 600 余件，藏品种类丰富，包含了壮族、汉族的民族元素。

当我问黄馆长，为什么他作为壮族人，但是建设的博物馆却兼有壮族和汉族的元素时，他回答道:“我们家在壮族和汉族的一起共同居住的村落里。一直以来，壮族、汉族都团结互助，大家都是平等互利共同生活的，所以壮汉是不可分割的，壮族中有汉，汉族中有壮，所以我们这个家乡博物馆也是没有排外的，这也是民族团结的一种特征。”

四平村作为壮、汉民族世代杂居的村落，壮族中有汉族，汉族中有壮族。右江河谷流域内融合了多民族文化。因此，黄馆长虽然是壮族人，但是他认为在建设博物馆时不能把壮、汉两个民族分开，这样的博物馆才能代表真正的文化，也可以体现出的四平村的民族团结。

①蔗园山歌系列

蔗园山歌在2016年被列为第六批自治区级非物质文化遗产。四平村内的蔗园人是300多年前从南宁的亭子、心圩、石埠等地，随着右江漂流，最后定居在田东境内右江两岸的。又因为擅长种植甘蔗，所以当地人就称呼他们为“蔗园人”。蔗园人迁徙至壮族聚居的地区，逐渐发展壮大，他们使用的语言被称为“蔗园话”，他们的歌被称为“蔗园山歌”，而蔗园人自己把唱歌称为“唱家”。山歌主要的内容是历代蔗园人生产、生活、家庭和婚姻的真实写照，内容充满乡土气息，意境清新，比喻丰富。蔗园山歌曲调高亢，嘹亮奔放，音域宽广，属于高腔类型。

右江天书民俗文化博物馆收集了蔗园山歌相关的唱本及其乐器，日常也会组织村里的传承人在博物馆前进行交流和表演。

②师公舞系列

师公舞在2014年被列入第五批自治区级非物质文化遗产。师公舞最早是从南宁市沙井的马村流传来的，传播者是黄奉山，他于清朝光绪三十年（1904年）来到田东县中平村传教师公舞，并组成了舞班。此后，师公舞便成为蔗园人世代传递的一种艺术形式，主要流传在田东四平村、升太村、中平村和百渡村，其中又以四平村积累最为深厚。

师公舞结合了蔗园话的特点，又融合借鉴了当地壮族山歌的表演风格，还吸收了其他剧种的长处而不断演变和发展。多民族文化融合发展，最终形成了师公舞唱腔婉转悠扬的风格，有浓厚的乡土气息，带有很强的艺术感染力，因此逐渐变成了受到群众喜爱的地方剧种。

在新中国成立前后，四平村每逢节假日都会组织师公舞表演，受到群众的欢迎。“文化大革命”后，师公舞表演渐渐落寞，观众也越来越少。但是最近几年，四平村逐渐开始拾起师公舞，重新编排《八娘过渡》，师公舞重新回到群众表演的舞台上。右江天书民俗文化博物馆收集了师公舞相关的服装、剧本、道具和乐器等藏品供人参观和学习。

③古壮拳系列

古壮拳是流传于岭南一带的古代壮族地区的武术，有昂拳、傅氏家拳等分支，现为广西百色市非物质文化遗产项目，正在申报自治区级非物质文化遗产。壮族先民擅于从自然和日常劳动中总结经验。壮族先民观察自然中的猛禽捕猎，从而领悟出古壮拳，他们还擅于在劳动生产中丰富古壮拳的招式。

右江天书民俗文化博物馆的古壮拳展区收集展示了从右江流域各地征集的曾经使用过的与古壮拳相关的各种器械，其中有刀、枪、剑等常见的兵器，还有结合生产生活需要，创造出的刀担、禾枪等具有鲜明民族特色的古壮拳专有器械，也有锄头、扁担、镰刀等农具，这些农具可以作为日常生活生产的工具使用，遇到危险时也可以立即变成武器抵御外敌。壮族先民还善于转化农耕工具和兵器，比如一种称为“两头尖”的工具，日常用于搬运稻草垛，战乱时两端装备起锐利的角状类武器或刀刃便可参战。①

四、右江天书民俗文化博物馆面临的困境

在右江天书民俗文化博物馆建立的过程中，博物馆管理者面临着各种方面的问题，这些问题也大都体现在其他民间博物馆成立的过程中，具有一定的代表性和参考性。本论文通过研究该博物馆当前的困境，思考解决问题的方案，对未来民间博物馆的建立具有重大的参考价值。

1. 场馆陈列有隐患

右江天书民俗文化博物馆目前在场馆陈列上存在一些问题。博物馆场馆分区不明显，展品缺少必要的指示标志和藏品说明，指导观众参观的路线混乱。博物馆的展示场地面积较小，群众参观时容易拥堵，形成了安全隐患。大部分藏品陈列在开放式的架子上，容易因参观造成损毁，也不利于藏品日常的清理和保养。场馆内光线较暗，没有灯光设计，使观众在欣赏藏品时无法观察到细节，造成参观过程中的不便，也容易形成安全隐患。

---

① 古壮拳资料由田东右江天书民俗文化博物馆提供。

图 4　博物馆内部陈列　作者 / 摄

2. 缺乏相关专业人员

右江天书民俗文化博物馆作为一家非营利性的民间博物馆，经营面积小，预算资金不足，因此也难以雇佣固定的专业技术人员进行管理。博物馆的管理工作大部分由馆长本人进行决策，在藏品的整理、鉴定、保存，场馆的安全、清洁，以及参观过程中的讲解等方面工作上存在相当大的困难。

博物馆如果想要完成服务社会的职能，就需要相关的专业人员对藏品进行收集、保存、研究等必要工作。民间博物馆往往专注于某一领域的藏品和展览，比国有博物馆更加需要文物与博物馆方面的专业人才。但是民办博物馆一般由于办馆规模小，待遇较低等方面的因素，人才吸引能力大大低于国有博物馆，很少有专业人员愿意在民间博物馆专职工作。这种恶性循环影响了民间博物馆的服务水平，造成博物馆内的管理不规范，使得民间博物馆的工作难以得到有效的开展。

3. 公众对博物馆的认同度低

博物馆的社会参与性和服务性是自身价值的重要展现，这需要群众对博物馆的认可。右江天书民俗文化博物馆位于四平村内，与平马县城有一定的距离，人流量小，很少有人会专门到村中参观博物馆。目前只有相关的领导和工作人员，以及附近四平小学的师生会到博物馆参观。而且博物馆在 2020 年 8 月 7 日才正式注册成立，社会知名度还比较小，缺少文化吸引力。未来，右江天书民俗文化博物馆必须思考的是作为本土文化的代表，如何根据当地的环境和特色，将博物馆融入社会中，如何积极参与社会活动和完成社会服务，赢得社会认同。

4. 资金短缺

博物馆的公益性质与其运营成本之间的矛盾是无法忽视的问题。右江天书民俗博物的资金大多由馆长自筹，在博物馆建设的过程中缺少政府及社会的资金支持，藏品也是由馆长自费收集而来的。目前，右江天书民俗文化博物馆仅收到两笔政府拨款：蔗园山歌和师公舞两项自治区级非物质文化遗产项目的相关补助。田东县文化馆为了综合管理，把这两项非物质文化遗产项目移到了右江天书民俗文化博物馆。博物馆所得的政府补助也都用于购买、收集相关的藏品。随着博物馆正式注册成立，日后可能会向政府申请补助，也接受社会捐助。博物馆如何健康稳定地运营也是管理者需要思考的重要问题。

5. 缺乏法律保障

民间博物馆存在法律定位缺失、政府管理不到位、缺乏具体的扶持政策和措施、专业性和规范化不够等社会保障问题。我国还没有专门针对民间收藏权利的法律文件出台，只在相关法律，例如《中华人民共和国文物保护法》和《博物馆条例》中有所涉及，但是并不明确。我国对民办博物馆的经营模式没有法律的明文规定，尽管国家对博物馆的设立、年检、终止等进行了规定，但针对私人民办博物馆，从审批到藏品流通，都缺乏专门的法律依据进行有效的规范和管理。

五、右江天书民俗文化博物馆未来的规划

右江天书民俗文化博物馆作为一家刚刚成立且没有充足经验的民间博物馆，在各个方面都有很大的提升空间，因此需要探索出一条适合自己的发展道路，这也给其他的民间博物馆带来未来如何发展的思考参考。

1. 右江天书民俗文化博物馆的未来规划

为了解决博物馆场馆不足，藏品陈列等问题，黄馆长计划在未来增建新楼并重新设计参观路线。新楼的建设将解决博物馆的接待问题和藏品储存与修复的问

题。[①]博物馆新楼计划增设四平村“乡村振兴”成果和民族团结示范村的图片展和实物展，还计划建设古壮拳、师公戏等非物质文化遗产的展示表演舞台。目前，黄馆长已经向田东县政府提交了用地审批申请。

关于博物馆资金短缺和缺乏社会知名度的问题。右江天书民俗文化博物馆属于非营利组织，未来将面向观众免费开放。百色市作为红色旅游胜地，右江天书民俗文化博物馆作为百色市第一家民间博物馆受到了当地的重视。田东县在规划旅游路线时，将博物馆与右江苏维埃政府遗址、红军亭、红军村等景点一起作为田东一日游的推荐路线。日后，博物馆可以趁这个机会打开在大众层面的知名度，增加群众认同感。博物馆免费对外开放和接待游客，政府也会给予相应的补助，用以支撑博物馆的经营。

2. 民间博物馆发展问题思考

我国的民间博物馆相比较于国外的私人博物馆，发展体系还不成熟。而根据我国的国情，民间博物馆能健康稳定地发展，一部分取决于办馆者自身的经济实力和管理理念，但很大程度上还是需要政府相关政策的扶持，这在有些时候甚至能起到决定性作用。目前，虽然缺少有针对性的扶持政策，但是民间博物馆可以根据本身的办馆特点，发扬特色文化，积极寻求与政府进行各方面的合作。民间博物馆除了积极申请政府补助之外，还可以吸引外部资金进入博物馆，补充日常经营所需。

面对民间博物馆缺少专业人员的问题，我认为博物馆可以加强与各大高校和其他博物馆的合作，设立公益岗。在假期可以面向高校招募文博、艺术设计等相关专业的学生或者是对于博物馆工作感兴趣的学生，提供社会实践天数，吸引人才入驻。这种方法不仅可以缓解民间博物馆缺少专业人员的困难，还可以为学生提供工作平台，有利于其积累社会实践经验。民间博物馆还可以与其他国有博物馆进行合作，组织专业人员相互交流，引进专业义工，使其在帮助改善民间博物馆陈列布局、提高鉴别藏品能力、加强藏品保养力度的同时，也获得服务社会的成就感和满足感。

---

① 2021 年 3 月 5 日 15：00 于四平村访谈。

六、结语

右江天书民俗文化博物馆既是百色市第一家民间博物馆，又处于一个汉族移民岛的特殊环境当中。汉族定居在壮族的聚居地，汉壮从相互敌视、相互竞争逐渐走向和平共处、交流融合，形成了独特的地区文化。因此右江天书民俗文化博物馆在规划设计时必须既要兼顾壮、汉两个民族的文化，又要体现民族团结。而通过右江天书民俗文化博物馆的建设，也可以体现出壮、汉民族关系的发展历程，为寻求民族团结发展道路提供重要的参考。

民间博物馆是非营利性的博物馆，具有很强的公益性。目前我国民间博物馆并没有一个成熟的、具体的发展体系，在其发展的路上还会遇到很多困难。这不仅需要民间博物馆建设者对于文化有足够的喜爱和坚强的使命感，而且还需要建设者有一定的实力和政策的支持。随着我国乡村振兴战略和文化产业的不断发展，民间博物馆作为重要的文化展示窗口必然会受到更大的重视，这不仅能够促进文化产业发展，也可以增强民族团结。因此，找到一条适合民间博物馆自身发展的道路至关重要，这是政府、社会和个人都要思考的问题。

政府需要充分考虑民间博物馆的需求和目前遇到的困难，制定出更加适合当前社会形势的政策法规，用以规范、引导民间博物馆的发展。有了相关政策作为支撑，民间博物馆的发展才能有所保障。社会各界需要关注民间博物馆的发展，并且在其需要的时候给予一定的支持。民间博物馆建设者需要坚定信念，善于取长补短，积极寻求发展与合作，并且能够根据自身的特色判断合适自己发展的道路。

右江天书民俗文化博物馆是中国许许多多新兴的民间博物馆的代表之一，相信在不断的改进和探索中，我国的民间博物馆事业终究会迎来繁荣的春天。